教育部人文社会科学研究一般项目，项目编号：17YJAZH085

U0966219

大学科研评价

全景考察与范式转换

王玉秋　著

知识产权出版社
全国百佳图书出版单位

图书在版编目（CIP）数据

大学科研评价全景考察与范式转换/王玉秋著. —北京：知识产权出版社，2019.8
ISBN 978－7－5130－0969－0

Ⅰ. ①大…　Ⅱ. ①王…　Ⅲ. ①高等学校—科学研究工作　Ⅳ. ①G644

中国版本图书馆CIP数据核字（2019）第190666号

责任编辑：荆成恭　　**责任校对**：谷　洋
封面设计：臧　磊　　**责任印制**：孙婷婷

大学科研评价全景考察与范式转换

王玉秋　著

出版发行：	知识产权出版社有限责任公司	**网　　址**：	http://www.ipph.cn
社　　址：	北京市海淀区气象路50号院	**邮　　编**：	100081
责编电话：	010－82000860转8341	**责编邮箱**：	jcggxj219@163.com
发行电话：	010－82000860转8101/8102	**发行传真**：	010－82000893/82005070/82000270
印　　刷：	北京九州迅驰传媒文化有限公司	**经　　销**：	各大网上书店、新华书店及相关专业书店
开　　本：	720mm×1000mm　1/16	**印　　张**：	19.25
版　　次：	2019年8月第1版	**印　　次**：	2019年8月第1次印刷
字　　数：	294千字	**定　　价**：	89.00元

ISBN 978－7－5130－0969－0

出版权专有　侵权必究
如有印装质量问题，本社负责调换。

序　言

科研评价是促进科研水平提高的重要保证，也是我国教育研究中受到高度关注的热点领域。大力提高我国的科研水平，非常需要加强科研评价研究，为创新科研管理机制、改进科研管理方式建言献策。王玉秋教授的《大学科研评价全景考察与范式转换》一书及时地反映了这种需求，可喜可贺。

作者抓住了大学科研评价中存在的一些普遍性问题，例如，数量化评估较多，质量性评估不足；简单将研究成果与杂志档次、项目级别、学校类别、研究者头衔等挂钩；对跨学科、团队合作研究缺少有效评价和促进办法等。通过文献分析、数据统计、个案研究、叙事研究和调查研究，进一步明确问题、透析原因，结合新技术语境以及创新与发展的时代主题，提出了我国大学科研及其评价的若干新观点。

作者围绕研究主题阅读了大量经典和新近出版的中英文文献，选取了其中有价值的观点、证据和方法，开阔了视野，增强了研究的说服力。

著作内容主题鲜明、观点明确、论证充分、关联性强。全书共分七章，遵循了“总—分—总”的逻辑。第一章绪论首先提出了研究的目的、意义、原则、方法；然后从“理论基础—评价标准—评价模式—评价方法—评估文化—网络机制”六个方面提出了“大学科研创新评价模型”并贯穿到全书中。第二章至第五章分别从文献计量、大数据分析、国际比较、个案研究等视角对大学科研评价的元研究、全景式管理、国内外大学科研评价活动、大学科研创新生态进行了全景考察和深入研究。第六章和第七章提出了大学科研评价范式转换的文化人类学视角和科教融合路径，重视大学科研评价的社会语境性和科学人道主义精神，重视大学科研与教学的深度融合。

《大学科研评价全景考察与范式转换》一书对推动科研评价理论和方法创新，构建合理的科研评价指标体系，提高科研评价的科学性、公正性，提高政策的正确导向性有诸多启发。这是一个重要的研究领域，也是一个非常复杂和需要深耕的领域，需要学者、政策制定者和成果应用者的共同努力，才能实现科研评价与科学研究的相互促进、共同繁荣。

袁振国

前　言

2017 年对我来说是值得庆贺的一年。这一年我首次获得了教育部人文社会科学研究一般项目“大数据支持下的大学科研创新评价模型及其网络机制研究”（17YJAZH085）。感谢教育部人文社科基金委对我的信任，给我这样一个系统反思和深化研究的机会，激励我在学术研究的道路上专心致志、坚持不懈地探索前行，促进学术创新和专业发展；同时我也感受到了沉甸甸的学术责任。

为了更好地实现研究目标，我查阅了大量国内外研究资料，实地考察和访谈了不同层次和类型的大学科研管理机构和教师，收集了大量科研评估文件和实施方案，并利用“问卷星”软件通过新媒体针对“高校教师科研绩效评价与对策”进行了问卷调查，与课题组成员邢占军、李中国、刘兰剑、辛琳琳、李正堂、王保宁、初承桢一起通过线上和线下多种形式进行研讨，对一些重要问题达成了共识，最终确定由项目负责人具体负责对研究数据的收集和整理，梳理评估历史，夯实理论基础，构建评估模型，完成书稿写作。

大学科研评价是一个“中国难题”。一是因为科研本身具有价值的多维性和形式的多样性；二是由于中国大学层次、师资水平和研究质量参差不齐；三是因为对大学科研评价的研究不仅是为了鉴别和评等级，更重要的是建构和引领，通过评价，更好地发现问题、推广典型，促进科研创新和共进机制的形成，也促进各研究主体科研评估素养的提升。

相关学者对我国大学科研评价存在的问题揭示得比较透彻，但建构不足，现有的研究多是强调要根据不同的大学、不同的学科采取区分性评价，但具体到实践中如何操作没有更好的指导性建议。本书在系统梳理国内外评价历史和评价现状的基础上，提出大学科研评价的文化人类学路径，并且结合具体案例提供了可操作性方案，希望能够为我国大学科研以及科研评价研究和实践提供有价值的参考。

2013 年，山东人民出版社出版了《走向生活世界的教师——对大学教师生存方式的考察》一书，书中以“生活世界”理念为指导，对大学教师的教学和科研生活进行了文化人类学和现象学考察；提出科研是大学教师的一种生存方式，大学科研评价要将理性范式与非理性范式相结合，重视叙事和地方性知识，重视评价的适切性和导向性，重视教师“生活世界”的重构。既关注知识管理的研究也关注生活世界和本地行动，如工作中的讨论、师徒制、专题研讨会、组织学习与咨询等。

2017 年，江西人民出版社出版了《教育生态研究》一书，书中强调通过评价改革加强科研与教学的深度融合，建设良性教育生态。大学教师基于自己的教学，选择自己感兴趣并且能够胜任的课题，采用适切的研究方法进行研究。通过研究深化对所教学科知识的理解，培养科学精神和“证据”意识，增强教学的说服力；同时又能够在教学过程中不断发现新的问题加以研究，教学和研究相互促进。为了保持较高的学术水准，了解科学规范、学科文化以及科研伦理、科研范式，寻求科学共同体的认同和支持，大学教师需要加入学术组织，加强学术交流，不断促进学术能力和人格的提升。该书还从科学哲学及科研生态两个方面对大学科研及科研评价中存在的问题进行了理性反思和现实考察，并从生态学视角提出了改革建议。

《大学科研评价全景考察与范式转换》是课题负责人对自己多年科研实践和科研积累的一次反思和升华。三者既有一致之处，也有不同之处。三者都是在后现代社会学方法论指导下，对大学科研和管理中的过度“理性化”倾向进行了批判，主张大学科研要回归“生活”和“生态”范式，找回科学研究的人类学意义，同时遵循科研伦理和学术规范，将科学的求真与求善价值相统一。但三者所强调的重点不同，《走向生活世界的教师——对大学教师生存方式的考察》强调了“生活世界”理念，反对“科层化”组织模式和“管理主义”倾向；《教育生态研究》强调了生态理念，强调多样性、交互性、自适应性，并且结合新技术语境和泛在学习分析了大学科研和教学的新形态，旨在从人的生态、科学生态和社会生态三个维度促进科学、社会和人的健康发展；《大学科研评价全景考察与范式转换》则利用文献计量分析、个案研究和比较研究方法对全球创新指数、创新模式以及大学科研评估指标体系、评估范式进行了全景式考察，探索了知识生产模式 2 语境下大学科研以及科研评价范式的转换。例如，特别关注了科研评价的社会语境和人类学方式，加强科学与人文的融合，加强可视化、数字模拟、计量分析以及全息技术、新材料技术在科研成果和专利评估中的应用，提高评估的科学性和“证据感”。数字化时代，科研成果的表现形式也更加多样，不仅包括文字成果，也包括音像成果，科研评价要及时反映采用不同形式表达、存储和传播的科研成果；数字时代的新媒体技术越来越精密和灵敏，科学与艺术之间的界限越来越模糊，人文与技术的结合也越来越密切。文化创意诸如建筑设计、室内装饰设计、园林设计、工业设计、时装设计、装潢设计、多媒体设计、动漫及衍生产品设计也都被纳入全球创新指标体系中。这些都为科研评价提出了新的视角、新的问题和新的方法，我们必须与时俱进，不断更新评估观念、技术和方法，通过评估激发各类人员的创新潜能，促进科技和社会的创新发展。

科学人类学强调用人类学的参与性观察和叙事的方法来研究科学活动和科学家群落。科研是一种人类文化的存在方式，科研评价要结合大学组织目标、科研的性质以及大学教师科研的特点采取适切的方式进行，在利用科学计量和引文分析等定量分析工具的同时，要加强科研的文化人类学考察，加强质性评估、参与性观察和叙事评估，加强科研的社会语境关联性评估，从而更好地评估科研的质量和价值，明确研究中存在的问题和意义，找到改进的具体路径和创新点、生成点，获得科研评价的增值效果，形成可持续的创新价值链。

王玉秋

2019 年 6 月 1 日

目　　录

第一章　绪　　论

大学科研评价　研究意义　研究内容　研究原则
研究方法　评价模型

大学科研评价是一项系统工程，需要从科研价值、目标、主体以及评价目标、模型、方法、伦理、制度诸方面全面反思与重建。大学科研评价也是多元主体、多元方法、多学科、多视角协调共进的过程。大学科研评价与科研范式转换密切相关，需要置于具体的社会文化语境中去分析和定位，对科研的选题、方法、意义、过程、结果进行人类学考察，将量化评价与质性评价相结合、理论—方法—实践相适应，将适切性与导向性相结合，根据新的科研和知识生产模式，及时实现评价范式的转型。重视对科研的人类学考察和叙事评估，重视社会语境和建构性评估。

引　　言

大学科研评价不仅仅是为了鉴别和评等级，更重要的是建构和引领，通过评价更好地发现问题、推广典型，促进科研创新和共进机制的形成，也促进各研究主体科研评估素养的提升。大学科研评价研究旨在对大学科研评价的理论基础、方法、伦理、模型以及保障机制进行系统分析并结合具体问题提出对策建议。大学科研评估与高等教育规模扩张、市场化、绩效评估以及大学排行榜相适应，并且与各种科学计量工具的出现也密切相关。随着文献、专利数据库面向全球开放存取，各种数据挖掘和可视化工具也应运而生，知识生产效率大大提高，大学评估活动也出现了新的需求和新的范式。

美国、德国、英国是知识生产新模式的提倡者和推动者，他们在经历了半个多世纪的高等教育模式扩张和绩效评估运动后，目前更加注重从知识生产新模式的视角来评估大学科研。各类评估活动变得更加理性和务实，或者说是在更高层面上向“学术中心”模式的回归，回到科学本身，回到科研本身。在加强科研的外向转化和价值实现的同时，更加强调学者的学术身份和学术责任，用严谨、优质的科研更好地服务社会，实现知识的增值，推动可持续发展，强国福民，引领全球发展方向。美国、英国、日本、德国等国在知识产权保护、转化和协同创新机制方面有着良好的制度优势，另外其公民的科学文化素养也能够相互匹配，这为形成良好的科研氛围和基本的评估标准打下了坚实的素养基础和文化基础。

我国高等教育发展也经历了规模扩张、市场化以及与开放存取和科学计量工具的推广相适应的“大学排行榜”运动这样几个阶段，目前也开始对整个评估理论和实践进行系统反思和调整。中国特色的大学评估有积极的一面，也有消极的一面。其中的利益纷争这里不再赘述。积极的一面主要体现在通过评估促进多元主体加强了对教学、科研和管理的整理和反思，通过评估专家与基层的交流与互动，在一定程度上促进了观念更新和工作改进；消极方面主要表现在“形式主义”“弄虚作假”等做法，大家疲于应付，影响了正常的教学和科研秩序。

我国大学的科研评价依然保持着知识生产模式 1 下的评价范式，强调量化评估，重科学，轻人文；重指标，轻实质；重排名，轻改进。从 19 世纪开始西方一些人文学科的学者就开始模仿和套用社会科学甚至自然科学的研究方法，结果导致人文学科内在价值的失落和文化创新的工具化倾向。知识生产模式 2 要求重新审视科学与人文之间的关系，重新评估科学的价值，将应用情境中的创新和地方文化也纳入科研评估体系中，将模式 1 范式下支离破碎的分析单元融合为一体，形成一幅完整的人类知识图谱，找回人类的文化精神家园。

在我国的一些研究性大学，科学标准、科研评价很容易达成共识，因为无论是研究者群体还是决策层面都受过良好的学术训练，很容易在一个更高的层面上对科研标准和评价标准达成共识；而在一些地方性大学，研究者和决策者、科研管理者、其他利益相关者之间由于知识和信息的不对称，很难在一个层面上思考问题，达成共识，所以科研评价过程往往成了各利益群体“冲突”和“纷争”之时。

如何通过系统、深入的研究，从全球、国家、地方、大学等不同层面，将科研和评价置于历史和现实不同社会语境中去梳理、定位并提出合理性建议？为此，我查阅了大量中外文献，进行了大量调查和访谈，并利用文献计量工具、大数据挖掘与分析技术、质性研究技术等，对大学科研及其评价的历史和现状进行了全景考察，梳理了大学科研的本质、功能，大学评估的缘起、社会背景、基本趋势，以及在不同国家和不同时期的各种“异化”现象，在分析的同时不断进行反思和重构，结合中国大学科研和评价的现实提出了有针对性、可行性和导向性的对策建议。

一、本书研究的目的和意义

（一）大学科研评价研究的目的

“西方理性具有通透性、启蒙性、超越性、客观性、证据性以及明晰性、逻辑性、合理性等特质，这对现代科学发展起到了重要作用。[1]”古希腊哲学家具有怀疑和批判精神，喜欢逻辑和思辨，提出了有关自然哲学的许多问题、假说和猜测，为近代科学的产生奠定了方法论、认识论等方面的基础。

近代以来，随着科学理性的兴起，实验、实证研究范式一直主导着科学研究。后现代科学哲学强调科学的文化人类学意义及其方法，反对纯粹的实验室实验研究，认为科学研究具有相对性，即使实验研究得出的科学结论也受到实验条件、个体观念、状态以及时间、地点诸因素的影响。所

[1] 王玉秋．正本清源：西方理性及其对科学发展的作用［J］．临沂大学学报，2014，36（4）：21－24.

以对科学研究及其评判要进行人类学考察或田野研究。随着大数据技术的兴起，科研方法及其传播发生了革命性的变革，科学与人文的结合更加密切。大学科研评价需要结合新技术语境和科研范式的转型及时实现范式转换，引领科学研究走向更加光明的未来。

科研评价关系到个体科研积极性和科研质量，关系到大学的办学定位和办学质量，关系到国家的创新能力和可持续发展。大学科研评价与大学科研的功能、发展历程、不同阶段范式的转型以及具体的历史社会文化语境紧密关联。大学科研评价研究的目的有以下六个方面：一是明确大学科研的范式转换与具体的社会语境。科研评价需要考虑全球、国家、地区、大学不同层面的相关政策以及科技发展总体趋势，全球面临的重大问题，不同层次和类型大学的组织目标、不同学科领域的不同评价标准。二是为了更加全面地把握大学科研的总体质量、选题类别，判明是否与全球科学研究范式、重大问题以及科技发展趋势相适应，或者是否能够满足地方性发展的需要。三是了解大学科研创新能力和人才资源分布状况，为大学可持续发展提供证据。四是对教师个体的科研质量、科研绩效、科研水平和科研能力进行评判，为其学术研究和专业发展提供参考。五是对大学科研氛围、组织文化、创新景气进行测度，为进一步优化科研环境和科研制度提供研究基础。六是为科研管理及咨询服务部门提供有关大学教师科研现状、科研困境等实证材料，提高科研管理效率，形成协同创新机制。

（二）大学科研评价研究的意义

2014 年，欧盟发起了历史上最大的科学研究和创新项目：“地平线 2020”。整体思路是致力于负责任的研究和推动创新。它认为世界级科研是未来技术、就业和福祉的基础。欧洲需要开发、吸引和留住研究人才，获得最佳基础设施，整合部分活动，超越“孤岛”，拓宽参与范围。负责任的研究不仅重视选题的意义，而且重视研究方法与伦理，重视研究结果的合理应用。

2004 年，英国政府发布了为期十年的《科学与创新投资框架》。英国为了保持自身在世界的科技领先优势，将知识转化为新的产品和服务而采取了一系列措施。在这样的语境下大学应该从文化、基础设施和资金保障方面为多学科融合提供支持。加强知识世界与劳动世界之间的联系，并重新配置教师人力资源以符合更高要求。自2012年以来，政府投入超过4亿英镑用于装备英国学术界和工业界的研究人员。建立了专业技术中心，将大数据技术融入新的培训课程设计等项目中去，而商业、创新和技能部门（BIS）发布了英国提升数据能力战略。为了研究高性能计算（HPC）建模和仿真的基础数学和算法，政府宣布为Alan Turing Institute提供资金。所有这些政策和措施对大学都有重大影响。大学必须承担起开展优秀研究并适应高科技要求的责任。相应地，大学科研范式、课程和教学模式必须变革。

大学科研质量评价不同时期强调的重点不同。在知识生产模式1范式下，大学科研质量评价标准执行科学共同体内部的标准，如公有性、无私利性、可重复性、遵守科研伦理等。科研质量评价的目的有以下三个方面：一是发现优秀成果，树立科研典范；二是找出科研中存在的问题和不足，有目的地加以培训和改进，促进教师科研水平的提高和方法、态度的改进；三是发现制度性障碍，为大学科研提供有力保障，优化科研资源配置，提高科研效率和效能感。

从我国大学发展范式转换的视角看，近20年来，我国大学科研评价从单纯的成果取向转向成果与应用并举，重视绩效评价和科研团队建设，争取更多的科研经费，解决重大科学和应用问题，加强产学研的深度融合，推动科研向经济和社会建设转化。但现实中大学科研评价依然是以论文发表为主，即使是科研项目经费也多用于论文发表和著作出版费用。经费助力高层次科研，加强知识源头创新，这也是正确的战略选择。但如果科研项目只是强调论文发表，那就失去了项目的初衷。研究型大学科研经费除了推动重大科研发现和研发转化外，还用于年轻学者的培养，建设合理的人才梯队。导师指导研究生以及优秀本科生做科研，形成研究团队和系列成果。这是目前我国基金项目运行的模式之一；模式之二是利用科研经费加强与行业或跨学科成员之间的合作，集体攻关，解决一些重大科研问题，同时加强成果的传播和应用。重点大学的重点项目除了带动人才培养和知识生产外，还可能支撑重点实验室和实验基地建设，或者建立起初创公司，或者与已有公司合作，提供咨询服务和产品研发。

现实中对于科研创新成果的利用率还比较低，对于如何加强知识管理，如何打造知识增值模式还没有形成具有共进性的价值链。我国高校科研创新成果向实践转化的渠道仍然不畅通，只有在已发表论文基础上申请项目的渠道，其他基于人才培养、知识生产和社会服务转化等证据申请高层次科研项目成功的概率比较低，难以在科研与应用之间形成共进机制，评价体系中缺乏可见的评价指标和应有的权重。

由于受世界大学科研绩效评估范式的影响，我国大学近20年来在科研项目和绩效评估的驱动下，科研产出无论是数据还是发表期刊层次都在不断提高，科研立项的数量和资金投入也在不断增长，但我国科技创新的转化能力却与科研产出不成正比，具有国际领先水平的科研成果总量不足。表1－1是2018年全球创新指数中国四城市的出版及专利数量和排行情况。

表1－1　2018年中国四城市按照出版和专利的全球排名❶

Patent rank	Cluster name	Number of patents	publication rank	Cluster name	Number of publications
8	Beijing	18 041	1	Beijing	197 175
17	Shanghai	7 718	8	Shanghai	102 132
43	Hangzhou	2 482	33	Hangzhou	39 968
44	Guangzhou	2 330	19	Guangzhou	51 013

从大学层面看，影响创新的因素之一是利用数字化技术加强各大学之间以及产学研深度融合的有效机制没有建立起来；因素之二是我国大学科研管理中存在信息不对称现象。郭建宏指出，“信息不对称成为科研活动的一个重要特征，引发众多的逆向选择和道德风险问题，降低了科研市场的总体运行效率”。❷叶深溪等指出，我国科研评价中“不同单位和主体之间缺乏有效的合作；尚无全面、科学、系统的科研创新评价管理信息系统应

❶ Cornell University，INSEAD and WIPO. The Global Innovation Index 2018：Energizing the World with Innovation［R］. Ithaca，Fontainebleau and Geneva，2018：241.

❷ 郭建宏．科研活动的信息不对称与科研管理的作用：问题和对策［J］. 社会科学管理与评论，2012（1）：36－41.

用软件与模块”；❶ 因素之三是大学科研评价标准存在偏颇。彭卫民指出，“大陆学术评价链条中，学术成果—科研经费—学术期刊—学术评价单位—学术共同体形成了当下的学术界一条牢固的利益链……学术评价单位无法在‘以刊评文’之外寻找更好的学术评价标准，严重影响学术创新和学术生态。”❷

根据已有研究和各大学的科研评价实践看，目前基本达成共识：一是有关科研评价标准的问题，既要有共性标准，也要有学科标准和地方性标准；既要关注原创性科研成果，也要关注专利和实际应用类成果。二是有关被引指标与同行评价哪个更科学的问题，主张将二者结合，究竟二者所占权重多少还要具体问题具体分析。同行评审中的专家意见是非常重要的，但必须保证专家的学识水平和公正心。文献计量分析、被引指数可以与专家评审相互印证，对于有争议的成果进行专家会诊以便做出更加公正合理的评判。三是主张将量化评估及同行评价与具体的社会语境相关联，加强对科研的文化人类学考察和叙事研究，在评估过程中展现价值，凸显问题，建构意义，推动科研创新和价值实现。

有关大学科研评价标准的争议主要是由于各阶层的立场不同，所受专业训练的层次和境界不同，难以达成共识。一般来说，受过良好博士训练的毕业生往往拥有更精深的专业知识，有自己的独立见解和一致性思维逻辑，思路清晰，融会贯通，并且掌握了适切的研究方法。这是进入学术领域的必备修养。如果大学所有师资都受过规范性的学术训练，拥有统一学术标准，并且遵守学术伦理和学术规范，那么就很容易在科研选题和评价标准上达成共识。为此，需要在不同层次的大学教师中进行科研范式和评估思维的启蒙和培训、研讨。

对于科研评价的类型，各大学都将其扩展到了成果类、项目类、专利类和奖励类等，但在一些大学由于人员素质不匹配，所以实施起来仍然是困难重重。对于具体的量化标准只好以“级别”定质量，而难以进行实质

---

❶ 叶深溪，许为民．科研与科研创新评价的研究进展［J］．科技管理研究，2004（2）：78－80.

❷ 彭卫民．失落的期刊分级与本真的同行评议——再论我国大陆与台湾学术评鉴的比较分析［J］．社会科学管理与评论，2013（2）：14－22.

性的质量评价和价值实现。另外，大学的科研评价标准趋同性严重，具体表现在不同层次和类型的大学标准趋同；不同领域和学科的评价标准趋同；重视规范性科研指标而忽视创新性指标；一般学术性成果多，具有重大创新价值的成果少，能够向政策和经济社会服务转化的成果更少。

科研评价中的矛盾和困境在研究性大学相对少一些，因为大家都在一个较高的学术水准上进行评判，遵循科学精神和学术伦理，所以很容易达成共识，对于一些卓越科研项目大家也是一目了然。至于一些正当的学术辩论不涉及利益问题，纯粹属于科学范畴内的同行讨论，有利于科学发展。但在成分复杂的地方性大学情况就不同了，各利益冲突更加明显。由于地方大学的特殊性，教学、人才培养和社会服务是大学重要的办学目标和功能定位，所以在科研评价中各种“地方标准”都有用武之地。在具体实施过程中，必须根据大学的性质和发展阶段，实事求是，因地制宜，适当超前。地方性大学更重视奉献精神、服务年资以及科研、教学、社会服务之间的有效结合，不能用一流大学的科研标准来评判地方性大学教师的学术水平和绩效，但也不能忽视科研对大学教师专业发展、教学质量及社会服务的基础作用和动力作用。关键是把握好“度”和几个关键结合点。例如，地方性大学教师的课堂教学质量、本科生学科竞赛和科研指导、科研立项、教学立项、特色优质教材的编写以及特色著作的出版等，而不能一味地关注在 SCI、SSCI、CSSCI 等核心期刊上发表文章的数量。从学校发展的长远规划看，鼓励年轻博士进行前沿性学术探索也是必需的，但对于多数教师来讲，强调教学、研究、社会服务的有机结合和奉献精神是地方性大学教师科研评价的价值导向。

本研究尽可能地直面现实，通过理论探索、文献计量研究以及叙事研究、比较研究、调查研究等方法，将理性范式与叙事研究相结合，更好地反映大学科研的性质、功能以及大学科研评价的历史嬗变和现实选择，进而提高研究者、科研管理者及政策制定者对大学科研及其评价的全面认识水平，在更高层面上达成科研评价共识，最终实现研究者的自我解放和大学的自主发展。

二、本书研究的基本框架

本书共分七章。

第一章绪论。本章重点阐明了大学科研评价研究的目的、意义、框架、原则和方法。提出了大学科研评价的六维模型。介绍了文献计量方法、叙事研究法、个案研究法、比较研究法、调查研究法五种主要方法以及科研评价的基本原则。

第二章基于文献计量的大学科研评价元研究。本章通过对评价研究自身的历史进行文献计量和内容分析，全面呈现了科研评价研究的共进脉络、趋势、主题、合作网络及研究特色，最后结合研究发现提出了对策建议。

第三章大数据支持下的大学科研全景式管理。本章结合具体的学科研究领域分析大数据对科研带来的机遇和挑战，论述了大数据与科研范式的转换，全景式科研管理理念和技术。最后从大数据技术创新源头、规则建设、模型建构、行业融入、素养提升五方面提出了利用大数据推动科研全景式管理的对策建议。

第四章国内外大学科研评价活动比较研究。本章对美国、澳大利亚、英国以及中国大学科研评估活动进行了比较，关注了具体的社会背景，最后结合我国大学科研评价的特点进行了指标体系构建并提出了对策建议。

第五章大学科研创新生态研究。本章探讨了在工业 4.0 背景下全球创新的范式转换，回顾了历史上不同时期占主导地位的创新模式，分析了新时代建立创新生态范式的必要性和可行性。通过对 2018 年全球创新指数的解读，展示了全球重大能源问题解决的路径，增强创新预见性，把握创新机遇，并从源头创新和大众创新不同模式考虑我国创新对策。最后提出从知识供给侧推动创新向融合式创新模式转换的路径。

第六章大学科研评价的文化人类学考察。本章分析了科学的文化属性以及在大数据技术下，科学的艺术化以及艺术的科学化，科研、教学、社会服务的有机融合。指出大学科研评价要强调价值的多元化、方法的多元化、主体的多元化、标准的多元化，并且将伦理、文化、人才培养、社会服务、环境可持续发展等指标融入评估指标中，相应地，质性评估、文化人类学评估、叙事评估、智能评估与计量方法和同行评估一起构成更加完整的评估体系。

第七章大学科教融合及其实现路径。本章针对大学科研与教学相分离的现状提出促进科研与教学有机融合的对策，一是进一步明确大学科研的性质与功能；二是通过多元导师制、高年级科研体验以及基于任务、项目、问题、产出等教学模式改革，提高学生的自主学习和研究能力；三是通过加强大学生学习社区的建设，加强师生之间、同伴之间以及大学与社会、行业之间的联系，资源共享，多元参与，形成学习与创新共进机制；四是加强课程整合，提高创造力。最后介绍了科研方法与科研伦理有关的内容，也是对科研创新评价六维模型研究的一个呼应和提升。

本书研究的基本框架如图 1－1 所示。

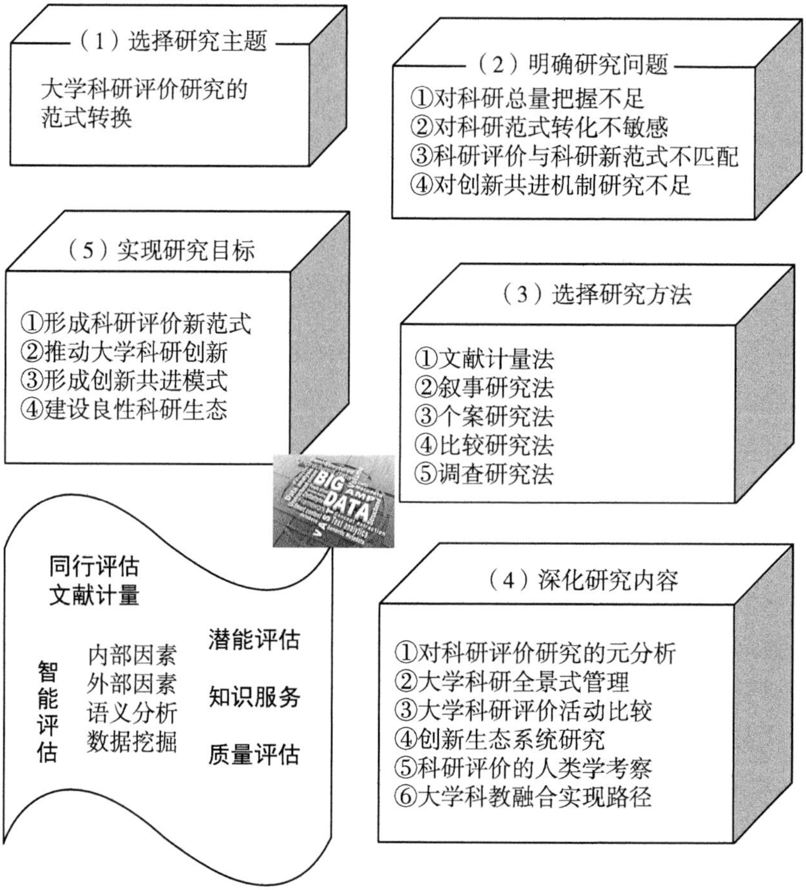

图 1－1　大学科研评价全景考察及范式转换研究框架

三、大学科研评价研究的基本原则

（一）历史和现实相结合的原则

大学科研评价具有历史性。大学科研评价与大学规模扩张、市场化以及绩效评估、质量问责等范式相适应，并且在不同的社会背景下所强调的重点不同。为此，大学科研评价研究必须贯彻历史和现实相结合的原则，将评价指标、评价实践置于具体语境中进行全景考察和调适。反对一切僵化和形式主义的做法。通过评价观念、标准、实践的理性启蒙和创新，更好地推动科研创新和组织目标的达成，推动国家创新体系的建立。

（二）量化评估和质性评估相结合的原则

对大学科研评价要实事求是，与时俱进。既能够及时采用新的评价方法和手段，提高科研评价的科学性和说服力，又能够“面向事物本身”，扎根实地，基于具体的社会语境进行深入考察和研究，将量化评估与质性评估相结合。例如，将期刊质量、文章质量、科研绩效等内容综合加以考察，同时还要关注科研的社会背景，考察各种科研事件之间的关联性和动态生成性，进而更好地把握科研创新的价值和真相，提高科研评价的客观性、交互性、建构性和可持续性。

（三）理论、方法、实践相适应的原则

科研评价是一个价值判断的过程，也是一个实证研究和收集证据的过程，更是促进创新发展，优化创新环境，培育创新文化的过程。科研评价首先要明确科研评价的价值基础和评价标准。不同层次和类型的高校可以根据各自特色赋予科学价值、技术价值、应用价值以不同权重。大学科研评价还要不断吸收新的评价技术和方法，例如 CIPPV（Context－Input－Process－Product－Value，背景、输入、过程、结果、价值）、CRPC（Creative－Risk－Producing－Commercialization，创新、风险、生产、商业）、NSP（Numeral unit－Spread assessment－Pedigree，数据单元、离散评估、

谱系）、PALA（Product－Active－Life cycle－Application，成果、活力、生命周期、应用）等模式。大学科研评价还要关注新的知识生长点、关联点以及组织网络、扩散图景。一项具有创新性的研究成果出现后，会引发整个专业共同体的协同效应，引发一系列研究并推动实践创新，形成创新集群效应。为此，科研评价需要具有共进性思维，打造评估的价值增值模式。

有关科研评价方法的研究主要从文献计量、全景式管理以及同行评议等几个方面进行具体分析。对大学科研的现象学和博弈论分析主要是对大学科研的社会语境、组织形式、创生机制、“大学—政府—企业”复杂自适应机制等现象进行考察。大学科研评价必然涉及多元利益群体，所以需要关注对各种环境变量、风险及“时机”的把握，并在积极博弈中实现科研创新评价的求真与求善价值，同时借助大数据和可视化技术增强创新评价的证据感和掌控感。大学科研评价还要考虑伦理和文化向度，关注公正意识、求是精神以及情境评估与博弈生成机制，营造良好的创新环境，形成自我约束、自主适应的网络机制。

（四）适切性和导向性相结合的原则

科研评价既要实事求是，又要开拓创新；既要考虑现实问题，又要考虑长远利益和发展趋势。大学科研评价的标准有国际通用标准，有国家标准，也有省份和地方的区域标准及学校标准。国际标准强调科研信度指标，科研信度重视研究问题与研究方法的适切性，研究仪器的精准性以及研究程序的严谨性。实验研究要严格控制各种无关变量，发现关键的影响因素，必要时对各种相关因素按照其重要性程度进行排序。实验过程中的微小疏漏都可能导致结果的不可靠；国家和地方标准在考虑信度指标的同时，强调实用性指标，用科学理论解决实际问题。

近年来，发达国家开始重视专利指标及其对创新的影响。专利是科研向技术转化的中介，对创新具有重要作用。专利包括不同层次和类型的专利。对专利指标的建构可以反映专利的关键要素及其重要性程度。在不同的环境和时期专利指标所强调的重点也不同，但专利之间的关联性、系统性和生态性也是影响专利效率的重要因素。在国外，专利指标越来越多地用于评估创新研究的竞争优势或技术发展趋势。有的专利是基于上游科研成果和有价值的发现而发明的，有的专利是基于基本原理和生产实践而发明的；科研与专利之间相互促进而不是单向的。我们需要构建一种基本的专利框架结构来构建专利指标体系，在关注关键指标的同时关注综合相关性及其影响力，重视专利的数量、专利增长趋势、专利被引和应用以及专利保护情况，进而从专利指标的应用中发现更广泛和系统的创新洞见。

大数据时代，科学知识根据一定的算法会自主生成，复杂适应，形成许多新的问题和解决方案。科研成果、专利、生产应用之间相互作用，共生共进，形成知识生态系统。没有权力干预的自主性知识生态系统也遵循“优胜劣汰”的竞争法则，那些没有生命力的成果经过一段时期自动被淘汰掉，而那些具有强大生命力的成果会不断繁殖和扩散，成为创新的源头和动力，甚至成为一种范式，引领科学发展的潮流。无论是研究者，还是科研管理者、决策者都需要及时了解科研及其评价的新范式、新工具、新平台、新方法；既要关注现实中存在的棘手问题，通过评价改革平衡多方利益关系；又要通过科研评价更好地引领大学和国家科研向更高、更远的方向发展，激发创新活力，瞄准前沿问题，鼓励原创性，多出高水平研究成果，推动国家创新体系的形成。

四、本书采用的研究方法

（一）文献计量分析法

文献计量分析（Biblimetric analysis）通过引用研究来衡量所有形式的书面交流的出版模式及其作者身份，提供了有关知识结构及其传播方式的信息。艾伦·普里查德（Alan Pritchard）于1969年首次提出文献计量学的概念。《大英标准词典》（1976）对其界定为“运用数学和统计学方法对书面文件或发表文献进行研究”。霍金斯（Hawkins，1977）又将其总结为“对文献的书目录信息进行量性分析”。范拉恩（Van Raan，2004）研究发现，通过文献计量分析可以发现有关知识结构及文献传播过程中的社会关系和学缘关系、关键作者及其追随者，同时引入了图画分析工具如文献计量分析地图，通过横纵坐标、颜色、大小、标签等方式将结果呈现出来，使各种比例关系和进化趋势更加可视化。内容分析法是社会科学中用于研究传播内容所含信息量、关键词及其变化情况的方法。

通过文献计量法分析科研选题的前沿性、现实性、焦点性等特征；发现文献之间的进化和引用关系；发现作者之间的学缘和地缘关系；发现文献与专利之间的被引关系。

例如，研究者可以利用“中国知网”内置的功能，对文献主题、发表年度、机构、关键词、学科分布、基金来源等项目进行自动可视化分析。也可以利用 CiteSpace 可视化分析工具，通过 Web of Science 文献数据库，选取其中的前 N 篇高被引文章、最新发表文献、高相关度文献进行可视化分析，发现其总体趋势和研究热点、关键词共现网络等。具体步骤可以将相关数据导出到 Excel 中进行分析。然后通过 CiteSpace 或 VOSviewer 软件对所有文章的主题词进行频次分析，绘制出发表文献的主题地图，并对关键词进行频次分析，绘制关键词地图。

下面以“文献计量分析”为主题通过“中国知网”的嵌入性功能进行可视化分析。检索时间节点为 2019 年 5 月 22 日。共检索到中文文献 5302 篇，去掉无关文献，保留 4297 篇高相关文献，结果发现其研究的总体趋势及关键词分布情况如图 1－2 和图 1－3 所示。

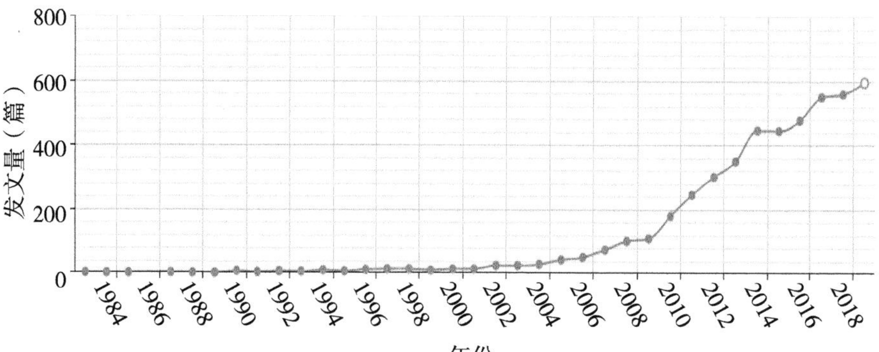

图 1－2　文献计量分析研究的总体趋势（中文文献）

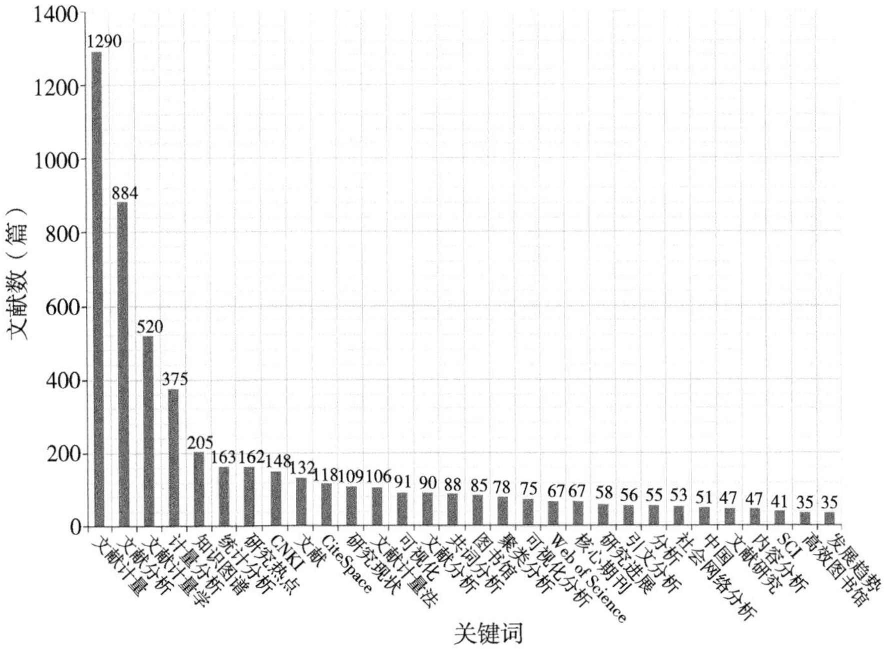

图 1－3　文献计量分析研究的关键词分布情况（中文文献）

从图 1－2 及图 1－3 可以看出我国文献计量分析的研究和应用始于 1984 年，直到 2004 年其文献数量增幅才不断提高，2013 年达到热点，之后呈现出持续增长趋势。其中的关键词主要集中在对具体方法的介绍，如知识图谱、统计分析、CiteSpace、可视化等工具，以及应用这些工具进行研究热点、研究现状、研究进展的分析；共词分析、聚类分析、引文分析、社会网络分析和内容分析。再进一步的内容就是不同学科和研究领域的文献计量分析。

学科分布主要集中在图书情报学，并且具有广泛的学科渗透性。文献计量分析已渗透到图书情报学与档案管理、中国语言文学、教育学、临床医学、计算机科学与应用、科学技术史等多个学科，并衍生出多个交叉学科主题。文献计量学研究的关键作者如图 1－4 所示。

同时作者又以英文“bibliometrics”为文章标题词通过百度学术数据库进行文献检索，共检索到 10 800 篇相关文献。所涉及的学科领域依次为图书情报学、计算机科学与应用、临床医学、信息与通信工程、教育学、生

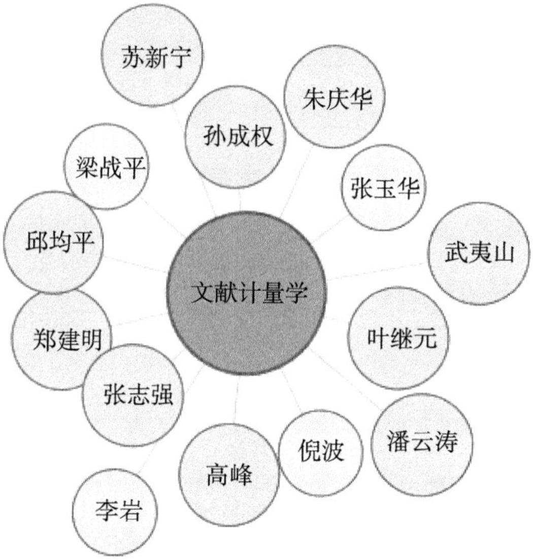

图 1-4 文献计量学研究的关键作者（中文）

物学、社会学、公共管理、化学、心理学等。关键词包括：citation analysis，bibliometrics analysis，information science，impact factor，bibliometric analysis，web of science，statistical analysis，webometrics，evaluation，information retrieve，等等。

其中重要的高被引文献有：

Scholarly communication and bibliometrics❶（2002），被引量 822；Forecasting emerging technologies：Use of bibliometrics and patent analysis❷（2006）被引量：608；Bibliometrics of the World Wide Web：An exploratory analysis of the intellectual structure of cyberspace. ❸（1996）被引量：489；

---

❶ Borgman C L，Furner J. Scholarly communication and bibliometrics［J］. Annual Review of Information Science & Technology，2002，36（1）：2－72.

❷ Daim T U，Rueda G，Martin H，et al. Forecasting emerging technologies：Use of bibliometrics and patent analysis［J］. Technological Forecasting & Social Change，2006，73（8）：981－1012.

❸ Larson R R. Bibliometrics of the World Wide Web：An exploratory analysis of the intellectual structure of cyberspace［C］. Asis Meeting. 1996，33：71－78.

Impact of bibliometrics upon the science system: Inadvertent consequences?❶（2005）被引量：425；Patent bibliometrics❷（1994）被引量：386；Bibliometrics: The leiden manifesto for research metrics❸（2015）被引量：358；The Literature of Bibliometrics, Scientometrics, and Informetrics❹（2001）被引量：309；Allocative efficiency in public research funding: Can bibliometrics help?❺（2009）被引量：131；Citation mining: Integrating text mining and bibliometrics for research user profiling❻（2014）被引量：121；Beyond Bibliometrics: harnessing multidimensional indicators of scholarly Impact❼（2015）被引量：118；Bibliometrics and research data management Services: Emerging trends in library support for research❽（2013）被引量：113；Bibliometrics and evaluation of research performance❾（1990）被引量：100；The use of bibliometrics to measure research quality in UK higher education institutions❿（2009）被引量：

---

❶ Weingart P. Impact of bibliometrics upon the science system: Inadvertent consequences? [J]. Scientometrics, 2005, 62 (1): 117-131.

❷ Narin F. Patent bibliometrics [J]. Scientometrics, 1994, 30 (1): 147-155.

❸ Hicks D, Wouters P, Waltman L, et al. Bibliometrics: The leiden manifesto for research metrics [J]. Nature, 2015, 520 (7548): 429-431.

❹ Hood W W, Concepción S Wilson. The literature of bibliometrics, scientometrics and informetrics [J]. Scientometrics, 2001, 52 (2): 291.

❺ Abramo G, et al. Allocative efficiency in public research funding: Can bibliometrics help? [J]. Research Policy, 2009, 38 (1): 206-215.

❻ Kostoff R N, J Antonio del Río, Humenik J A, et al. Citation mining: Integrating text mining and bibliometrics for research user profiling [J]. Journal of the American Society for Information Science and Technology, 2001, 52 (13): 1148-1156.

❼ Haunschild R. Beyond bibliometrics: Harnessing multidimensional indicators of scholarly impact [J]. Science & Public Policy, 2015, 4 (1): 40.

❽ Corrall S, Kennan M A, Afzal W. Bibliometrics and research data management services: Emerging trends in library support for research [J]. Library Trends, 2013, 61 (3): 636-674.

❾ Luukkonen, Terttu. Invited review article: Bibliometrics and evaluation of research performance [J]. Annals of Medicine, 1990, 22 (3): 145-150.

❿ Adams J. The use of bibliometrics to measure research quality in UK higher education institutions [J]. Arch Immunol Ther Exp, 2009, 57 (1): 19-32.

78；Bibliometrics：A potential decision making aid in hiring，reappointment，tenure and promotion decisions[1]（2007）被引量：53。

以上高被引文献基本涵盖了文献计量分析研究的关键主题，有方法介绍，也有趋势预测和引文分析；有关于科研评价和资助相关的研究，也有基于文献计量的人才预测研究；有关于图书馆基于文献计量进行知识服务的优势及专业性不足的论述，也有文献计量优点和缺点剖析；等等。对不同时期重要文献的研究，有利于把握研究主题的核心理念和研究走向。

近年来，各领域利用文献计量法进行学科发展趋势、研究热点分析的文章不断增加。例如，李勇军等基于国际性的核心期刊数据库即 WoS（Web of Science），利用文献计量研究发现，“我国水产领域研究的研究方向前十位的分别是渔业（3425 篇）、海洋淡水生物学（3221 篇）、环境生态学（2896 篇）、分子生物学（2056 篇）、化学（1060 篇）、遗传学（1451 篇）、免疫学（1163 篇）、食品科学与技术（1133 篇）、毒理学（1125 篇）。从中可见，我国水产领域研究的研究方向和国际主流基本一致，更偏重生物、化学领域的研究，在动物学、海洋学、兽医学等领域的水产研究相对不足”[2]。研究的主题包括：海洋资源开发、海洋矿物的开发、海洋能源开发、海洋娱乐开发、海洋生活用水开发、海洋交通与商贸、海洋文化（文学、饮食、服饰等）、海洋生物制药、海洋生物营养保健品的开发等。文献计量对准确把握学科发展趋势，推动学科和专业建设也是极好的研究工具。

华薇娜、刘艳华基于 SSCI 和 A&HCI 的数据调研与分析，“对国际著名人文社会科学文献检索工具 SSCI 和 A&HCI 在 2005—2009 年收录的中国（包括香港和台湾地区）论文进行综合性、多层面的统计分析，包括论文的数量、国际排名、学科分布、地区分布、机构分布、文种分布、国内外合著以及被引用和引用等情况。从我国人文社会科学国际论文发展的角

---

[1] Holden G，Rosenberg G，Barker K. Bibliometrics：a potential decision making aid in hiring，reappointment，tenure and promotion decisions［J］. Social Work in Health Care，2005，41（3-4）：67-92.

[2] 李勇军，任光超，杨德利. 文献计量分析近 20 年全球水产学科布局及发展趋势［J］. 上海海洋大学学报，2018，27（6）：956-964.

度，审视我国人文社会科学研究走向世界的发展动向，尤其是我国人文社会科学研究在国际学术界的地位和影响，为我国学术界和管理层提供一些可资参考的实证研究数据。”❶

赵美娣基于 SSCI、A&HCI 数据库相关信息的研究，“采用国际性的核心期刊数据库 WoS，全面地收集中国高校作者在 1956—2008 年主持或参与的有关人文社会科学方面的期刊论文，并用文献计量学的方法进行深入的统计分析，以期多方位地反映和展示我国高校人文社会科学研究领域走向世界的研究成果。”❷ 此类研究为拓展高校人文社会科学研究发表渠道提供了参考，也为我国人文社会科学研究走向世界开阔了视野。

李中国、黎兴成“通过关键词分析、共词分析、聚类分析和多维尺度分析，绘制高校教师教学研究的热点网络和发展走势图谱，发现高校教师教学研究主要有教学学术与文化研究、教学能力与方法研究、教学质量与评价研究三个领域。这三个热点领域处于不同的研究阶段和战略位置，教学质量与评价研究位于整个研究网络的核心，教学学术与文化研究已形成一定的规模和稳定的研究结构，教学能力与方法研究尚不成熟。”❸

文章主题词通常是指文章的题目，是数据库管理员进行文献分类的标签，而关键词是文章研究的重点内容和节点，是作者对自己发表论文的科学定位，也是读者进行文献检索的重要线索。VOSviewer、CiteSpace 是文献计量共词分析、耦合分析和可视化分析常用的软件，具体应用哪一种软件要根据研究主题来选定，需要考虑计算机运行速度和分辨率等匹配问题。Web of Science、中国知网、Scopus 等数据库中有自动分析和可视化工具。但仍然需要通过高级选项界定研究所需要的文献范畴，如文献发表的时间区间、机构、题目、关键词等，以便清除文献中的一些无关变量或干扰信

---

❶ 华薇娜，刘艳华．中国高校人文社会科学走向世界的历史进程——基于 SSCI 和 A&HCI 的数据调研与分析［J］．中国高教研究，2009（12）：30－34.

❷ 赵美娣．高校人文社科研究国际化发展的分析及思考——基于 SSCI、A&HCI 数据库相关信息的研究［J］．图书情报工作网刊，2010（12）：14－22.

❸ 李中国，黎兴成．我国高校教师教学研究的热点状况分析——基于 2005—2015 年 CNKI 文献的共词分析［J］．教育研究，2015，36（12）：59－66.

息，以保证数据的精准性，但也不能过度筛选，否则会影响整体文献样本的真实性。其中一个重要的判断标准就是与主题的相关度，一般选取高相关度的文献进行深入分析。

文献计量中常常会发现一些文献在一段时期内被引次数少于 1 或等于 1，但 5 年后被引才出现高峰期，年被引次数超过 10 次。这种现象通常被称作“睡美人”现象。有的文献具有前瞻性，发表后需要一段时间才能被研究者认可和追随，而这些文献往往具有范式革命性功能，当被更多的研究者认同时就容易形成新的研究范式。

（二）叙事研究法

叙事研究法属于质性研究的范畴，目前科研评价研究和实践一般采用期刊档次、文章被引次数、转载数量等量化指标配以专家评价并按照一定比重得出最后分数，而采用质性评估的方法比较少。只有少数评估运用了访谈和实地考察的方法，但利用叙事研究的方法，将科研成果与具体的科研过程及社会语境关联起来的叙事研究方法却不多见。而科研活动不仅是论文的发表或者项目的申请和结题，其中还涉及科研价值、科研与组织目标、国家利益以及多元利益群体的关系；个体的兴趣、动机、角色要求以及绩效考核和职务晋升等内容，而这些背后的情境很难用量化的方式鉴定。通过叙事研究凸显关键事件，更好地展示个体和组织科研活动真相。

叙事研究法也是一种人类学的方法，将关键事件与现实情境以及历史的背景、评估范式相结合，更好地反映研究的理论基础、价值取向、社会语境和关键技术，从中发现规律及存在的困境。通过对科研和项目研发、应用过程的叙事可以进一步厘清科研中的关键技术、突破性创新和关键政策的作用，同时不断显露真相，找出解决问题的方法。

第一，本书第六章介绍了 Turner T R 等在“生物人类学中女性学者的参与、代表和经验分享”❶一文中所做的对 14 名女性生物人类学家的个人

---

❶ Turner T R, Bernstein R M, Taylor A B, et al. Participation, representation and shared experiences of women scholars in biological anthropology [J]. American Journal of Physical Anthropology, 2018, 165 (7): 126－157.

学术生活叙述来研究女性职业道路的多样性，这些人类学家包括从研究生到教授各个层次。从中可以看到这些女性研究者在学术生涯发展过程中所遇到的主要挑战和机遇以及她们都具备哪些共同的优秀品质，都做了哪些有价值的研究，以期能对我国的科研管理和科研评价有所启发。

第二，我国大学教师的科研生活的叙事研究。介绍了我国地方性大学和研究性大学中不同年龄和层次的教师对科研意义、方法、动机、评价的看法以及自己的科研历程，所遇到的困境和机遇、优势和劣势等。对了解我国大学教师科研生存方式以及改进大学科研管理模式都具有重要参考价值。

第三，我国大学院系科研生活的叙事研究。列举了某研究性大学历史文化学院的科研生活，以及某省重点大学物理系生活实验室的科研生活。从对以上大学两个单位的科研叙事研究，进一步了解目前大学院系科研的方式、大学科研如何与教学相结合、如何实现大学科研向生产和社会服务的转化，以及科研资助体系对大学教师科研及其生命形态所产生的影响。以便从中发现积极的因素，反思存在的问题，为对策研究提供证据。

叙事研究也需要考虑研究的伦理问题，例如，数据收集技术、数据分析报告以及有效性、可靠性和道德问题。研究者以什么身份进入现场，如何从各种档案文件中挖掘所需要的数据，案例研究中数据收集和互动性问题，定性数据的分析和报告，分析技术和数据管理，分析水平，计算机辅助数据处理以及处理有效性、可靠性和相关对策，案例研究报告的特殊要求以及尊重隐私权和知识产权等问题。

（三）个案研究法

个案研究主要是根据研究主题的需要，找到具有典型性的人物、事件或组织进行深入细致的分析，“解剖麻雀”以获得对某一类现象更加详尽的信息，然后可以推及至其他同类现象中加以借鉴。例如，新加坡在促进能源创新、推动国家创新发展中有很多非常好的做法，并且形成了产学研以及大学、政府、行业之间和公共部门与私人部门之间相互合作、共进的创新机制。通过新加坡如何利用生活实验室和知识产权管理优势加强产学研深度融合的个案分析，揭示其背后的先进理念、制度和文化语境，以期能对我国大学的科研创新及项目合作与评估有所启示。

新加坡最近几年在新能源生产和创新方面成绩斐然，其中生活实验室和知识产权管理发挥了关键作用。生活实验室模式旨在促进开放式创新和公私合作伙伴关系，以实现可再生能源技术的快速开发、测试和部署。新加坡为推动光伏研究投入巨大，例如，“国家研究、创新和企业2020计划”专门拨出6.6亿美元用于太阳能技术、智能电网领域和能量存储系统方面的创新和研究。强有力的政府承诺有助于促进众多研究机构合作推动光伏研究。

新加坡太阳能研究所（SERIS）成立于2008年，是最早使该国确立亚洲太阳能中心地位的研究机构之一。南洋理工大学能源研究所成立于2010年，研究风能和海洋可再生能源、储能电池和燃料电池。卓越研究与技术企业园区（CREATE）成立于2012年，专注于储能系统的研究，汇集了顶尖的国际大学和研究机构，以解决全球能源问题。除了研发外，还重视建立与政府机构及国际、地方能源市场参与者之间的伙伴关系，以创建可行的光伏解决方案。

新加坡理工学院（SIT）和新加坡电力（Singapore power—SP）集团合作建立了新加坡首个实验性城市微电网，该电网将位于昆士兰大学未来的榜鹅数字校园区内。电网将成为国家对研究界和企业开放的基础设施。该平台允许在受控环境中测试新技术和解决方案，同时为学生提供与能源初创企业合作的机会。新加坡理工学院将成为东南亚第一所拥有多能源微电网的大学。

小国可以利用数字技术和广泛的合作关系，通过研究性大学的生活实验室推动光伏创新，使公共和私营部门能够参与实验、创新和协作。2010年，新加坡在南洋理工大学设立了ERI@N，专注于能源领域的系统研究。他们的旗舰项目——ERI@N加速器，专门通过培育衍生产品来激发企业家精神，这些衍生产品显示出将研发成果转化为可行的产品和服务的潜力。

在从研究和发明到形成无形资产和最终商业化的过程中，任何创新型企业的关键成功因素是拥有一种新颖的专利技术，并为潜在投资者提供经证实的商业价值，另外产品必须满足市场需求。新加坡善于利用知识产权完善创新价值链，世界一流的法律框架和强大的知识产权制度是创建生活实验室所必需的基本推动因素。

新加坡在这些领域有良好传统，知识产权、技术研究、开发和评估、市场化必须形成连续的体系。凭借其有利的商业环境和广泛的全球网络，新加坡知识产权局（IPOS）已从其作为注册机构和监管机构的传统角色发展成为新加坡创新生态系统的建设者。它通过与其他公共机构和企业合作，利用知识产权作为加速器将理念转化为市场资产。

本书第五章“大学科研创新生态研究”还提供了两个具体案例。第一个案例是哈佛大学社会学系及其“哈佛圈”。“哈佛圈”是几代哈佛大学社会学系的学者们艰苦卓绝、不断努力的结果，体现了科学建制下社会学研究与学科发展及人才梯队建设之间相互促进的互动机制和学缘关系，其中涌现了一批世界知名的社会学家，形成了特色鲜明的社会学流派。从最初的功能主义学派到后来的社会互动学派，哈佛大学社会学系在继承优良学术传统的同时不断创新，始终走在社会学领域研究的前沿。哈佛大学社会学系重视科研与教学的融合，重视专业人才的培养和学术梯队的建设。

21 世纪，哈佛大学社会学系更加注重理论和方法创新，注重多学科融合，为学生开设了大量选修课程，形成了立体交叉式课程体系，进而保证了其毕业生可以运用所学理论和方法更好地解决复杂的社会问题，诸如有关贫困、不平等、移民与种族、人口与健康、性别与文化、经济与社会、政治与社会等世界性重大议题，担当起促进人类和平与发展的社会责任。在研究方法方面，除社会调查法、访谈法、人类学方法外，注重计量研究方法和大数据技术的采用，从而保证了其学术创新及学科和专业发展具有强大的生命力。

第二个案例是斯坦福大学的学术创业和学术生态图。与哈佛大学不同的是，斯坦福大学更重视学术研究与创新创业的融合。这不仅体现在人才培养模式和课程设置方面，而且在机构设置和经营模式方面也存在明显差异。

斯坦福大学更重视学生的首创精神和企业家精神的培养，重视前沿科技探索及其应用。在机构设置和经营模式方面，斯坦福大学设立了知识转让和知识产权办公室，为师生创新搭建服务与咨询桥梁；另外还有众多的高科技初创公司、风险投资，为师生创新创业提供实验基地和资金支持，同时大学也不断为已有公司注入新生力量和新思维、新动力。

斯坦福大学与周边大学形成了美国西部的学术中心，同时与工业、政府合作形成了大学科技园区，聚集了 70 个中心、16 个实验室、10 个研究所以及各种项目、团队 25 个。其学术研究与创新创业相互促进，形成了良性创新生态系统，在推动学术创新、人才培养及社会发展方面发挥着先锋作用，成为现代学术创新型大学成功经营的典范。

通过以上个案研究，研究者、管理者、决策者、其他利益相关者对创新生态系统及其生成和保障机制有了更深入的理解。创新需要学术探索和人才梯队的建设，从源头上保证创新的活力。创新也需要加强多方合作，形成共进机制。需要加强大学之间以及大学与政府和企业之间的合作，还需要知识产权与技术转让办公室、风险投资等中介机构提供专业咨询与服务。

大学科研评价不仅要重视对个人科研成果、科研项目进行质量评价，而且要重视对大学组织、科研团队、区域创新文化、创新景气进行测度，关注创新的具体社会文化语境，进而使个体科研创新与群体创新、组织氛围、区域创新能力相互促进。

大学科研评价研究要重视个案研究，通过解剖典型，发现并推广其先进经验。重要的是，能够结合具体的社会政治、经济、科技、文化语境，展现大学科研与大学发展目标、国家与区域创新战略以及自身的角色要求之间的关联性，展现其评价理念、方法、技术与良好的激励机制，进而更好地促进个体和群体创新。

（四）比较研究法

比较研究法主要是从纵横两个维度从全球、国家、区域和大学不同层面对相关主题进行相同点和不同点的分析，关注科研评估活动与历史背景之间的关系。例如，有关文献计量研究和科研评价的历史梳理，发现不同时期的政治、经济、科技、文化等历史背景对评价模式、评估方法和评估指标体系的影响。横向比较主要是看同一时期不同国家或地区所采用的不同或相同评估模式、评估方法、评估指标体系，分析其背后的动机、目标及各利益群体的立场、价值观对评估的影响；比较同一种评估指标体系和评估方法在不同国家应用的实效性。

（五）调查研究法

调查研究法包括问卷调查和实地考察、访谈等方法，是量化与质性研究的结合体。问卷调查是指根据调查主题设计好调查问卷，保证问卷良好的信度和效度，然后选择调查对象进行实际调查，最后运用相关分析和统计处理等软件进行数据处理，发现问题和规律，提出可行性对策的一种实证研究方法。

为了保证调查的可靠性，研究者往往配合实地考察和访谈等方法，进一步收集有关数据，运用相关方法对所获取的一手材料和数据进行处理，发现问题和证据，寻找解决问题的对策。实地考察和访谈属于质性研究范畴，需要掌握质性研究的操作规范和对研究者素质的要求，避免主观和先入之见，尽量抓住关键事件，展现现象本身，同时还能够通过研究促进事态向积极方面转化。既能够获取真实研究材料，又能够推动实践改进。

本研究主要是结合大学科研评价现状的调查，深入到不同大学教师群体中进行考察和访谈，了解大学教师的真实想法和科研生存状态，分析原因，并参考已有研究，提出合理性、可行性对策建议。例如，有关大学教师科研绩效的调查；大学教师科研投入的调查；大学教师对科研管理满意度的调查；大学“导师制”应用现状的调查；本科生科研状况的调查；大学人文社会科学与自然科学、工程技术科学领域科研评价差异性的调查与访谈，并结合已有研究进行不同领域科研评价指标体系的构建。

五、大数据支持下的大学科研创新评价六维模型

从国内外研究和实践可以看出，目前各国都强调“卓越科研”“负责任的研究”，对科研评价也变得更加理性和多元。在关注科研成果质量的

同时，更加强调科研与教学和生产的结合，同时加强了科研方法与伦理的教育；关注科研质量标准、科学精神与文化建设。评价方法重视计量分析与同行评估、智慧评估、叙事评估相结合，提高评价的社会语境关联性，提高评价的信度和效度；重视大数据思维与评估范式的变革；提高证据意识，改善评估思维；重视科研评价的民主参与、网络机制及自适应机制的研究。

2019 年 6 月，中共中央办公厅、国务院办公厅印发了《关于进一步弘扬科学家精神　加强作风和学风建设的意见》。要求科研工作者要“严守科研伦理规范，守住学术道德底线。不人为夸大研究基础和学术价值，未经科学验证的现象和观点，不得向公众传播。推广转化科技成果不得故意夸大技术价值和经济社会效益，不得隐瞒技术风险，要经得起同行评、用户用、市场认。反对科研领域‘圈子’文化。破除各种利益纽带和人身依附关系。反对盲目追求机构和学科排名。大幅减少评比、评审、评奖，破除唯论文、唯职称、唯学历、唯奖项倾向，不得简单以头衔高低、项目多少、奖励层次等作为前置条件和评价依据。加快转变政府职能，构建良好科研生态。”❶

为适应国家“双一流建设”以及对“卓越科研”和“负责任研究”的需要，这里从“理论基础—评价标准—评价模式—评价方法—评估文化—网络机制”构建了大学科研创新评价的六维模型（如图 1 - 5 所示）。重视评价理论、评价标准和科研价值的基础性作用以及评价方法的多样性，重视评价伦理和科学精神、科研文化建设；完善大学科研评价分类标准及绩效评价资助体系；结合大数据语境，利用模拟技术，从大学科研资源、条件、能力及知识创新、技术创新、创新转化、创新传播、多元参与、保障体系、平台建设、环境学习等方面构建大学科研评价生态系统及持续创新的网络机制。❷

---

❶ 中共中央办公厅、国务院办公厅．关于进一步弘扬科学家精神　加强作风和学风建设的意见［EB/OL］.（2019 - 06 - 11）．新华社，http：//www. gov. cn/zhengce/2019 - 06/11/content_ 5399239. htm.

❷ 王玉秋．教育生态研究［M］．南昌：江西人民出版社，2017：291 - 293.

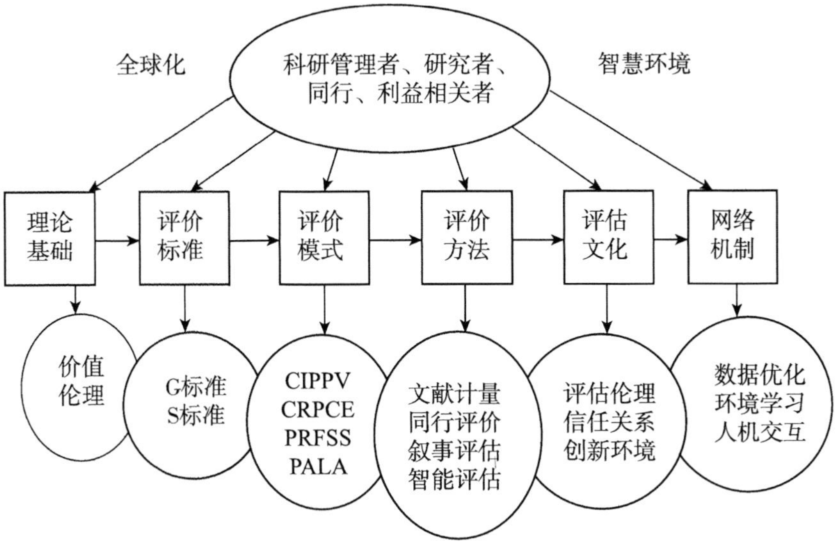

图 1-5 大学科研创新评价六维模型

大学科研创新评价首先要明确其价值基础。以往科研评价的价值判断有内在标准和外在标准，但现在科学和社会、科学与文化的融合越来越密切，其分界也越来越模糊。在进行科研价值分析时，除考虑其科学价值和应用价值外，还要考虑其文化艺术价值和人类的可持续性等指标。有关科研评价伦理和文化向度的研究关注创新伦理、科研伦理及评价伦理，关注公正意识、求是精神及多方博弈与生成机制，营造良好的创新文化环境，形成自适应创新网络机制。

有关科研伦理问题需要考虑以下几个方面的问题："利益冲突，包括经济利益冲突、职责冲突、个人关系的冲突和学识的冲突；数据的所有权、数据的共享、数据的保护；导师与学生的责任；合作关系；署名与出版等。"❶

大学科研评价既有共同标准，也有差异性标准。本书在第四章和第五章梳理了国际、国内、地方、大学不同层面的大学科研评价标准，可以在此基础上，结合科学的文化人类学向度赋予各项指标不同的权重，并且不

❶ 曹南燕. 科研伦理入门——ORI 介绍负责任研究行为［M］. 北京：清华大学出版社，2005：63-129.

同类型的大学、不同学科领域的科研评价也可以在以上模式基础上进一步细化或者赋予不同条目以不同权重，以制定适切标准。基于绩效的我国大学科研创新评价资助体系，重视卓越科研与滚动式发展模式，重视社会语境性和叙事评估。结合已有的评价模型 CIPPV、CRPCE、PALA 及 PRFSS，借助大数据语境，通过网络平台建设，利用各种社交媒体及泛在学习环境，在一定标准和共识基础上形成科研创新评价的反馈调节与自适应机制。加强各科研主体之间的互动，规范科研行为，激励卓越科研，提高评价的透明度与创新激励机制。降低信息不对称对创新和评价所带来的消极影响，不断提高各主体对科研创新评价价值基础、标准、伦理的理性认识水平和大数据评估意识。进一步开放各类数据库，构建网络平台，建立信任关系，优化创新环境，形成多元参与、人机交互的开放式科研创新评价网络机制。

大学科研评价还要重视知识产权管理。知识产权被看成是驱动创新和经济社会发展的重要抓手和保障。我国大学在科研管理过程中往往重视一些事务性管理，而忽视了知识产权管理。知识产权管理是一个动态的环境，包括技术、品牌或内容在内的各种新理念和新标准、新方法不断出现，专业人员需要广泛的知识和技术视野。知识产权专业人员还需要有国际视野，了解国际技术发展的前沿和动向，并且对本地的适应性做出很好的判断。有关科研伦理和知识产权的研究在第七章有详细论述。

小　结

大学科研评价必须建立在坚实的理论基础上，弘扬科学精神，通过评价更好地促进创新，推动“卓越科研”和“负责任科研”等科研范式的转化，同时构建与之相适应的新的科研评价范式。新范式强调科研的语境性以及文化建设，推动科研与教学和生产的深度融合；及时采用新技术、新方法、新媒体，形成“人—人”“人—机”以及人与环境的多元交互和自适应机制，通过科研评价研究将科学精神、科研伦理、科研评价标准、科研方法嵌入到科研过程和科研评价过程中，推动科研创新，规范科研行为；改善大学组织文化氛围，激发持续性创新。大数据语境和技术为科研创新及其评价提供了新平台、新技术和新方法，大学教师、科研管理者、决策者要不断提高自身的数据素养，提高科研创新与科研评估意识，形成多方共进机制。

第二章　基于文献计量的大学科研评价元研究

科研评价　元研究　研究趋势　文献计量

内容分析　STAMP　共进模型

文献计量法是科研评价研究重要的方法或视角。作者通过对评价研究自身的历史进行文献计量和内容分析，全面呈现了科研评价研究的共进脉络、趋势、主题、合作网络及研究特色。研究发现：科研评价的元研究和反思改进意识增强；科研评价的公共责任意识增强；科研评价研究主题、技术、应用、管理、政策（STAMP）之间具有密切关联性和共进性。政策建议：加强科研评价元研究和学科建设；完善基于绩效的科研评价与资助体系；建立STAMP科研评价创新共进模型；建立科研评价的多元参与机制；重视创新景气监测，形成共进评估思维和积极创新文化；将科研评价与人才评价相结合。

引　言

科研评价关乎个体与组织的科研效能，也关乎国家的创新发展，是科技治理的重要抓手。发达国家的科研评价重视在政策法律框架下通用标准与分类标准的结合，及时采用新技术、新方法，质量兼顾，目标导向，问题纠偏，效益优先。将理论探索、标准制定、政策配套、研究改进相结合，成果评价与传播、应用、创新景气测度相结合，形成多元共进模式。

我国大学科研评价存在诸多问题，这些问题有一些是共性的问题，有一些是特殊性的问题，其中涉及评价标准问题、不同利益群体的倾向性问题以及制度性问题。科研评价包括对科研成果的评价、专利评价以及科研项目和科研绩效的评价等。不同类型的科研评价侧重点不同，对科研成果的评价强调创新性、前沿性、基础性等要素，执行的是“学术标准”；对项目的评价强调系统性、实效性、团队能力等。

目前，对科研成果的评价主要是根据科学共同体的“内在标准”进行评价，而这些内在标准又主要看期刊层次，期刊的层次主要看总体被引指数，而对单篇文章的质量关注不够。如果某期刊发表了某位有影响力作者的文章，其被引指数很高，即使其他作者的文章被引指数一般，由于某一“特例”而抬高了某期刊的地位，进而导致学术发表中的“蝴蝶效应”，而并非单纯由于文章质量决定期刊的被引指数。由此可见，单纯依靠对期刊层次来评价成果质量的做法是有失偏颇的。

沈固朝在“好文章，好刊物，好评价——兼谈期刊评价与 CSSCI”一文中指出，“一味强调期刊影响因子及论文被引指数是不科学的。引文索引通过广泛大样本的统计分析数据，较客观地反映出科研成果的继承与发展关系，期刊影响因子以期刊论文在学术界的反响、影响为依据，在一定程度上较客观地反映了期刊的质量”❶。但不能反映单篇论文的创新指标。

科研评价的影响力指标以及基于绩效评估的科研资助体系导致大学学术目标的功利化。大学科研评价应该强调创新性及成果活力，通过评估增强创新活力。首先应建立科学的评估指标体系，采用科学的评估方法，对成果、项目等进行基础性评价；其次应加强科研生态建设。良好的科研生态有利于激发创新活力，形成共生效应。

汤建民、邱均平教授在“高校科研业绩量化评价中的常见陷阱及超越策略”一文中指出，“我国目前的科研评价对学科间存在的学科差异了解不够，对各种科研成果的宏观总量了解不够，对各类科研活动及成果的真

❶ 沈固朝. 好文章，好刊物，好评价——兼谈期刊评价与 CSSCI [J]. 评价与管理，2013，11 (2)：6－7.

实发展速度了解不够。”❶ 另外，作者在“基于图书计量视角看我国评价研究近百年来的发展”一文中又提出，“从科学计量学、情报学视角对评价研究自身的历史进行评价并从中洞察问题，明晰科研评价研究的历史与价值，也是科研评价研究重要的方法和视角。”❷

“波尔认为，知识存在于知识生态系统中。在自然生态系统中生物的多样性越丰富，则系统越健壮，存活力越强，生产力越高。这种情况同样适合知识生态系统。”❸ 在大数据时代，大学科研创新更强调知识网络和生态语境下的自主创新与动态生成，进而使得知识演化与人工探索相得益彰。大学科研创新评价需要加强对知识进化图景的动态考察，进而更好地定位科研成果、科研项目的创新价值。另外，在关注显性科研评价的同时，也应重视对隐性创新文化、创新景气、创新人才的监测与评估，监测科研创新传播与扩散网络。不同时期科研创新主题、技术、应用、方法、政策之间具有密切关联性和共进性。

本章通过对大学科研评价研究的文献计量与内容分析，展示科研评价研究的走向、主题分布情况、研究热点、学科渗透状况，从中洞察科研评价研究目标、主题、方法、技术之间的共进性，同时发现漏洞及问题，并精准定位知名专家、经典文献、重要观点及创新景气，为我国大学科研评价改革提供理论和证据支持。最后针对现实中存在的问题提出了我国大学科研评价与治理的对策路径。

一、大学科研评价研究的文献计量与内容分析

（一）英文相关文献分析

作者通过百度学术以“ research evaluation”为关键词进行文献检索，

---

❶ 汤建民，邱均平．高校科研业绩量化评价中的常见陷阱及超越策略［J］．科技进步与对策，2017，34（15）：101－106.

❷ 汤建民，邱均平．基于图书计量视角看我国评价研究近百年来的发展［J］．情报杂志，2017，36（8）：101－105.

❸ 汪社教，沈固朝．知识生态学研究进展［J］．情报理论与实践，2007（4）：572－576.

共搜索到英文文献 547 篇，关键词包括：biblimetrics，peer review，simulation，citation analysis，H-index，performance-based system，data-base，等等。研究趋势如图 2－1 所示。

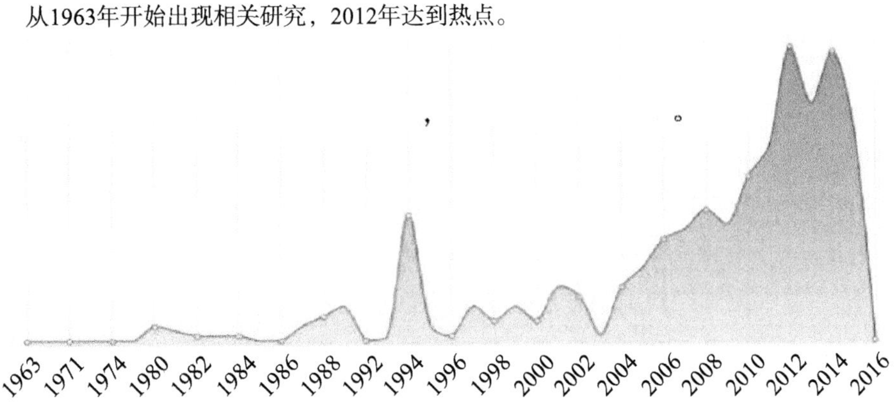

图 2－1　科研评价研究总体趋势（英文）

第一篇外文文献：对研发结果的评论：我们的立场在哪里（1963）❶，主题是评估研发的经济结果，从宏观经济和产业、企业以及个体科研项目三个层面，对不同层面所用的一般数学模型进行了评价并提出了改进建议。这篇文章对以后的评估计量方法与评估模型建构起到了奠基作用。

1969 年普里查德（A Pritchard）发表了“统计书目学还是文献计量学?”❷ 一文，首次提出了文献计量学这一概念，即把数学和统计学应用于图书和其他交流媒介的一门学科。20 世纪 70 年代后文献计量学迅速发展起来。

1972 年开始出现引文分析研究，2011 年达到最热。1972 年《science》发文：引文分析作为期刊评估的一种工具——根据被引频次及其影响将期刊分等可以用于科学政策研究❸。引文分析主要包括三种类型：引文数量

---

❶ Horowitz I. Evaluation of the results of research and development: where we stand [J]. Engineering Management IEEE Transactions, 1963, 10 (2): 42－51.

❷ A Pritchard. Statistical bibliography or bibliometrics? [J]. Journal of Documentation, 1969, 25 (4): 348－349.

❸ Garfield E. Citation analysis as a tool in journal evaluation journals can be ranked by frequency and impact of citations for science policy studies [J]. Science, 1972, 178 (4060): 471－479.

分析、引文间的网状关系或链状关系研究、引文反映出的主题相关性研究。引文分析作为对科研成果重要性及其扩散网络分析的重要依据之一具有一定的科学性，但还需要结合其他评价方法对期刊的影响力及文章本身的价值进行综合评价。

1994年科研评价研究出现了第一次高峰（24篇），一是基于临床自建数据库进行相互检索❶；二是有关案例研究在科研评估中的作用的研究❷，以具体学科研究为个案探讨了如何将研究方法与研究目标相匹配的问题；三是有关质性评估和研究方法的内容，强调研究者自身的评估意识，研究者检验或判断研究成效时也是在进行评估。当这种检验和判断通过认真的系统数据收集和经验反思分析时，他们也是在做评估研究。这种研究强调收集有用的信息并产生有价值的发现。访谈及观察分析都可以看作是基础性的质性调查，这类方法在应用研究和项目评估中经常采用。

学者在探索引文分析功能的同时也对其局限性进行了研究。如：引文分析可以作为合法性的评估工具吗？（1979）❸；引文分析存在的问题：批判性评论（1989）❹；对科学的错误评估（1991）❺；引文分析存在的问题（1996）❻；超越文献计量学：利用学术影响的多维指标（2015）❼；对科学

❶ Hersh W, Buckley C, Leone T J, et al. Ohsumed: An interactive retrieval evaluation and new large test collection for research [C]. International ACM SIGIR Conference on Research and Development in Information Retrieval. New York: Springer - Verlag Inc, 1994: 192 - 201.

❷ Yin R K. Discovering the future of the case study method in evaluation research [J]. Evaluation Practice, 1994, 15 (3): 283 - 290.

❸ Garfield E. Is citation analysis a legitimate evaluation tool? [J]. Scientometrics, 1979, 1 (4): 359 - 375.

❹ Macroberts M H, Macroberts B R. Problems of citation analysis: A critical review. [J]. Journal of the Association for Information Science & Technology, 1989, 40 (5): 342 - 349.

❺ Kleppner D. The mismeasure of science [J]. Sciences, 1991, 31 (3): 18 - 21.

❻ Macroberts M H, Macroberts B R. Problems of citation analysis [J]. Scientometrics, 1996, 36 (3): 435 - 444.

❼ Scharnhorst A. Beyond bibliometrics: Harnessing multidimensional indicators of scholarly impact [J]. Science & Public Policy, 2015, 42 (3): 429 - 431.

的错误评估——引文分析（2018）[1]；等等。

以上学者认为，引文分析主要依靠的是期刊的影响力指标，而不是单篇文章的影响力，如果某一期发表了某领域知名专家的文章，其被引量很高，就会提升期刊的被引指数，其他质量平平的文章也会出现“搭便车”现象。文献计量数据也就会出现一些错误，有些引用数据库中并没有显示，特别是一些著作的引用情况很多被忽视。还有一些成果受知识产权保护也无法进行计量研究；其他诸如署名不规范、单位不规范以及受文章发表语言的影响，文献计量所包含的信息是不全面的。

另外，从社会资本与大学科研之间的关系看，引文关系也反映了学者之间的学术交往圈子，而这种交往圈子的存在能够促进本领域学者的交流研究质量的改进，进而提高发表的概率。文献计量学方法源自科学和技术领域，其中联合作者和共同引用比人文学科更常见。然而，人文学者之间的社会联系及其相互影响也是强大而持久的，特别是通过个人关系链。学术界最重要的社会联系是师生之间的学术影响和学术传承，同行之间以及通过参加学术会议建立的学术联系也是常见的学术关系网，但比起师生之间的学缘关系其关系强度要弱一些。这些交流也反映了学者之间隐形的学术圈子和知识传播渠道，以及研究的势力范围。人文社会科学学者之间经常通过“沙龙”“论坛”“虚拟学习社区”等非正式形式交流；而自然科学领域的学者则更多通过“被引”形成各种学术圈子。沙恩霍斯特（Horst Shane）对文献计量学的起源和成就进行了回顾，主张科研评估要超越文献计量学，要利用学术影响的多维指标，考虑到单纯依靠文献计量学鉴定学者身份的伦理和文化后果。

我们在批判引文分析对科研评价的消极作用的同时，也应该看到其积极的一面，并且努力促进其向积极方向发展，最终目标是推动研究质量和发表效率之间的积极共进，推动知识创新及其扩散。同行评议往往因专家

---

[1] Macroberts M H, Macroberts B R. The mismeasure of science: Citation analysis [J]. Journal of the Association for Information Science and Technology, 2018, 69 (3): 474-482.

的学术水平、视野以及人际关系等因素，影响了评价的客观性。关于修正同行评审中“同行偏见”和流程透明度的问题，一派认为，所有期刊都应该实行严格的双盲同行评审，以达到减少偏差的目的；另一派则表示，同行评议必须有更多的透明度，实行网络运行协作同行评议程序；还有些人认为，同行评议应该是一个连续的过程，其中涵盖研究的反复和更新，以及对新的反馈信息的发布。目前国家各级社科评奖基本采取同行评议与引文分析相结合的方法，兼顾论文质量以及影响力、应用价值等多元指标。

20 世纪 90 年代开始，有关科研创新评价指数及影响因素的研究较热。1996 年相关学术文献有 1 086 篇，1997 年有 1 179 篇；其后总体趋势是上升的，到 2017 年有 10 925 篇，2018 年有 12 755 篇，又出现最热。从最初的关注组织内部创新指标的评估向关注环境要素及绿色创新指标发展；从只关注成果的评价，到关注成果、项目及专利、绩效的评估。绿色指标包括创新的成本、风险评估，创新伦理以及创新对资源环境的影响，特别强调有关新能源开发和利用的研究、基因工程与健康研究，同时又不造成污染和对自然生态的破坏。21 世纪的科研创新评价在关注顶尖科研的同时，更加强调科研向技术研发和专利转化，关注可持续发展指标。

专利也是大学知识基础的重要指标之一。专利与学术研究之间应该是相互促进的，特别是大学在人才培养过程中要善于将理论与实践结合起来，及时将高层次科研与研发转化和专利申请结合起来。Van Looy et al（2011）研究发现欧洲大学科学研究与专利活动之间存在明显正相关，并且指出专利活动与大学规模高度相关。有关大学专利量和专利活动的信息对科学和工业组织及决策者至关重要。西方发达国家一些顶尖大学在强调卓越科研的同时，也重视向专利转化。Glauber J 等研究发现，专利数量与大学规模、大学类型、专利经验、研究广度、研究质量之间呈高度相关。[1]

西方发达国家的知名大学早就重视科研评价中的专利指标，而我国大学对专利的重视只是近 10 年的事。就目前国家统计数据所显示的批准

[1] Glauber J，Wollersheim J，Sandner P，et al. The patenting activity of German Universities［J］. Journal of Business Economics，2015，85（7）：719 - 757.

专利数量和质量来看都不尽如人意，而我国学者在全球有影响力期刊上发表学术论文的数量却不断攀升，质量较以往也有所提升，但从世界顶尖期刊所发表成果的反响来看，我国学者所发表科研成果的质量声誉仍然不高。

这一时期有关科研绩效评估的研究也处于上升趋势，2011 年达到最热。Geuna A，Martin B R.（2003）通过对欧洲及亚太地区的 14 个国家的经费途径及大学科研评估的分析比较，考察了大学科研、科研评价与公共经费配置、高等教育政策之间的关系。明确了基于绩效的科研资助体系的优缺点，并与资助大批量的教学活动进行了对比。研究发现，基于绩效的评估虽然刚开始收益可能超过成本，但随着时间的推移会出现收益递减的趋势。[1] 因此各国在使用基于绩效评估的资助体系时都比较慎重。

Giovanni Abramo（2008）对基于文献计量的公共研究经费分配是否合理进行了研究，以意大利大学“硬科学”为案例，对同行评审和文献计量的方法进行了比较，旨在了解文献计量法在多大程度上可以补充和整合同行评审方法在科研评估中的作用[2]；2013 年作者研究了非高产和顶尖研究人员对整个大学研究绩效的影响[3]；2014 年研究了意大利科学家 2004—2008 年在硬科学领域的科研产出显示，32. 9% 的高引用文章是由最富有成效的科学家（Top Scientist，TS）提供的，而 67. 1% 由非 TS 提供。几乎有 20% 的 TS 在五年内没有产出任何 HCA；在同一时期 17. 6% 的非 TS 完成了至少一个 HCA[4]。2015 年作者又调查和评估了多学科机构的科研绩效，发

---

[1] Geuna A，Martin B R. University research evaluation and funding：An international comparison［J］. Minerva A Review of Science Learning & Policy，2003，41（4）：277－304.

[2] Abramo G，Ciriaco Andrea D’Angelo，Caprasecca A . Allocative efficiency in public research funding：Can bibliometrics help?［J］. Research Policy，2009，38（1）：206－215.

[3] Abramo G，Cicero T，D’Angelo，Ciriaco Andrea. The impact of unproductive and top researchers on overall university research performance［J］. Journal of Informetrics，2013，7（1）：166－175.

[4] Abramo G，Cicero T，D’Angelo，Ciriaco Andrea. Are the authors of highly cited articles also the most productive ones?［J］. Journal of Informetrics，2014，8（1）：89－97.

现这些科学家属于不同领域，如何整合各个领域的绩效指标❶；2016年又采用漏斗图方法测量和可视化了意大利大学在科学学科中科研绩效的不确定性。绩效评估在学科和大学两个层面进行。结果显示，对于大多数大学而言，使用的基于引用指标提供的统计证据不足以推断其科研产出低于或高于平均水平。这种一般性观察在非竞争性高教系统中确实是可以预期的。问题在于，在技术合理的情况下，绩效报告中引入的不确定性是否会削弱组织动力以实现持续改进。❷

Archibugi D 和 Coco A 从国家层面研究了技术能力评估指标体系。世界经济论坛（WEF），联合国开发计划署（UNDP），联合国工业发展组织（UNIDO）和兰德公司都是提供统计报告和数据的机构。以此为参照评估某机构的技术能力衡量标准，可以提供可比的国家排名。❸ 这种方法也适合于大学评估。首先我们要找到一个层面上的标准作为参照，例如，国际标准、国家标准、区域标准、大学标准等，然后制定各自适切性的评估指标体系，并以此为依据进行评估和改进。基本指标包括：基础设施（互联网覆盖率、个人电脑和移动设备拥有率）、知识创新能力（成果、项目、专利、公共研发支出投入及知识创造投入占 GDP 的比例）、人力资源（高校科技类招生数量、科学家和工程师数量、平均受教育年限、新知识吸收、应用和扩散能力）、经济指标（主要是技术核心竞争力指标）等。

有关大学科研绩效评估的研究在2010年前后不断深化，例如，戴安娜·希克斯（Diana Hicks，2012）将基于绩效的科研资助体系与公共管理语境联系起来，特别是新公共管理，以理解公共部门的绩效评估体系❹；

---

❶ Abramo G, D' Angelo, Ciriaco Andrea. Evaluating university research: Same performance indicator, different rankings [J]. Journal of Informetrics, 2015, 9 (3): 514 - 525.

❷ Giovanni Abramo, Andrea Ciriaco D' Angelo, Leonardo Grilli. From rankings to funnel plots: The question of accounting for uncertainty when assessing university research performance [J]. Journal of Informetrics, 2016, 10 (3): 854 - 862.

❸ Archibugi D, Coco A. Measuring technological capabilities at the country level: A survey and a menu for choice [J]. Research Policy, 2005, 34 (2): 175 - 194.

❹ Diana hicks. Performance - based university research funding systems [J]. Research Policy, 2012, 41 (2): 251 - 261.

Rpa T 等研究了基于绩效的科研资助（PBRF）模型❶；Bloch. Schneider J W.（2016）研究了基于绩效的基金资助模式对个体科研创新与合作行为偏好的影响，基于绩效的基金资助模式有利于合作行为但对个体科研创新出现了负相关，进而为科研创新激励机制的研究提供了证据。❷

Pierre L Kunsch，Alessio Ishizaka（2018）利用数学和计算机模拟方法基于科研总体分布对大学科研评估的多标准绩效排名进行了研究❸。讨论了多标准排名问题，其中参与排名的“对象”或“备选方案”的性能评估不是由唯一数字给出，而是由在一组有序的绩效评分级别上运行的性能总体分布给出。以这种方式获得总体排名指标，不仅考虑平均分布值而且考虑标准偏差。

近年来，研究信息系统（RIS）已成为大学 IT 领域不可或缺的一部分。与此同时，许多大学和研究机构仍在努力实施此类信息系统。研究信息系统支持大学和研究机构进行研究活动的测量、记录、评估和交流。实施这种综合系统要求各机构确保所输入的研究活动信息的质量。一般需要考虑准确性、连续性、完整性、相关性、代表性、及时性和可获取性七项指标。❹ 由于许多信息和数据源是交织在一起的，因此这些不同的数据源会对不同研究信息系统中的数据质量产生负面影响。由于该主题目前是许多机构感兴趣的，这里首先是考虑如何在 RIS 的背景下调查数据质量，然后解释如何从不同程度评价信息系统中每篇文章所描述的数据质量。最后开发出一个研究和评估框架，根据 UML 活动设计了流程图，据此可以用于

---

❶ Roa T et al. New Zealand's Performance Based Research Funding（PBRF）model undermines Maori research［J］. Journal of the Royal Society of New Zealand，2009，39（4）：233－238.

❷ Bloch C，Schneider J W. Performance－based funding models and researcher behavior：An analysis of the influence of the Norwegian Publication Indicator at the individual level［J］. Research Evaluation，2016，158（2）：1－12.

❸ Pierre L Kunsch，Alessio Ishizaka. Multiple－criteria performance ranking based on profile distributions：An application to university research evaluations［J］. Mathematics and Computers in Simulation，2018，154（5）：48－64.

❹ Azeroual O，Saake G，Wastl J. Data measurement in research information systems：metrics for the evaluation of data quality［J］. Scientometrics，2018（11）：1－20.

监控和改进这些数据的质量；该框架可由大学和研究机构的技术人员实施。

从国外相关研究看，2008 年后的科研评估突出以卓越科研为支点的绩效评价框架，将评价置于历史语境中，形成科学—技术—社会之间良性互动网络机制，以卓越科研推动科学和社会发展。英国高校 2014 年开始以科研卓越框架（REF）替代之前的科研水平评估（RAE），在保留科研成果质量和科研环境活力的基础上，增加了“科研影响力”维度。改变“政府—高校”单向的评估途径，让社会团体参与评估过程，完善利益相关者参与机制。社会资本对学术研究也有积极作用，一些直接的或间接的关系一方面能够促进信息的流通，另一方面也有利于知识的转化；初创公司、专利市场对知识生产化、社会化也起到了促进作用。

大学科研评价的研究更多关注了自然科学和技术类的评估，但对人文学科的评估也应该引起重视。人文学科的评估体系具有特殊性，其绩效可能不明显，但其对科学和社会发展的潜在影响是深远的。Michael Ochsner 等提出的“挪威模式”试图全面覆盖所有同行评审的所有研究领域的学术文献，包括人文学科学术出版的首选格式和语言，以保证在一个单一的加权指标中所有研究在各部门和院系之间具有可比性。作者分析了该模型的主要组成部分及其实施方式以及使用该模型的三个国家的影响和经验、评估结果：比利时（法兰德斯）、丹麦和挪威。最后从人文学科的角度讨论了该模型。❶

科研评估在关注学术探索的同时也关注了研发转化和专利申请。Anthony F J van Raan 研究了专利引用、科学类的非专利参考文献、发明人—作者关系、文献计量图、科技对接、科研评估以及技术相关出版物等内容。❷ 有关创新指数的研究也有了新的进展。许多学者认为采取先进的分

---

❶ Michael Ochsner, et al. Research assessment in the humanities：Towards Criteria and Procedures ［M］. Springer，Cham，2016：79－90.

❷ Anthony F J van Raan. Patent Citations Analysis and Its Value in Research Evaluation：A Review and a New Approach to Map Technology－relevant Research ［J］. Journal of Data and Information Science，2017，2（1）：13－50.

析工具进行有效决策是影响创新的关键因素。创新指数需要对企业或机构的创新能力、创新条件、创新资源、创新环境、创新潜力等指标进行全面分析和匹配，并且关注创新过程、创新产品、技术预测和市场需求预测等指标。这些指标可以帮助管理人员，研究人员和政策制定者更好地了解创新过程、影响因素和指标之间相互作用的衍生图景。

还有一种趋势就是大学科研评估更加重视科研与教学的深度整合，例如通过教学改革项目以及指导本科生科研、进行研究性学习等途径加以实现。Böttcher F 和 Thiel F 提出了评估研究型教学：评估大学生研究能力的新工具。❶

（二）中文相关文献分析

笔者于 2019 年 5 月 17 日通过中国知网以“大学科研评价”为题目共搜索到 352 篇相关中文文献，其关键词分布如图 2－2 所示。

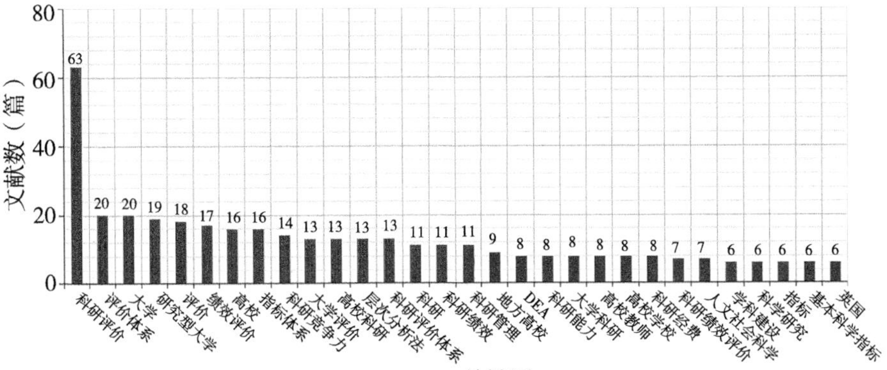

图 2－2 大学科研评价研究关键词分布情况（中文）

我国大学科研评价研究始于 1981 年，2009 年、2011 年、2015 年达到热点。通过关键词共现网络可见，我国大学科研评价研究主要集中在科研成果、科研能力、科研绩效、指标体系、研究型大学、科研竞争力、一流

❶ Böttcher F，Thiel F. Evaluating research－oriented teaching：a new instrument to assess university students’ research competences ［J］. Higher Education，2018，75（1）：91－110.

大学评价等关键点上。重点是研究型大学及一流大学科研评价，科研评价在关注成果评价的同时强调科研能力评价和绩效评价；人才培养主要通过一流学科建设加强科研向人才培养转化。

1981 年出现三篇相关文献，其中陈人鹏“关于科研成果的评价问题”一文强调对不同性质的科研成果应该有不同的评价标准，并针对基础性、应用性和发展性研究成果提出了不同的标准。❶ 吕军昌（1981）在“科研成果的经济效果评价”中强调科技评价要考虑创新性、先进性与经济的合理性指标❷。

1985 年和金生等运用层次分析法探讨科研成果的综合评价❸。张新华（1990）提出了一种基于 SPA 的科研群体的综合评价方法，建立了科研群体效能综合评价的数学模型❹；李希孔（1991）用科学情报计量指标发文量和被引量，对我国农业高校的科研学术水平进行了评价❺；许庆瑞，赵建（1991）试图利用人工智能/专家系统的方法来辅助项目的选择、评价和决策❻；金碧辉等（1998）分析了中国科学引文数据库作为科研绩效评价工具所具有的特点及应用问题。❼

2000 年以后的相关文献不断增加，2009 年、2015 年达到最热，研究内容主要有以下三个方面：一是有关评价指标体系的构建，例如，结合已有研究和不足针对我国大学科研评价指标体系及权重进行的优化设计，突出了对

---

❶ 徐荣成．研究所科研工作综合评价指标初探［J］．科研管理，1981（1）：51－55.

❷ 吕军昌．科研成果的经济效果评价［J］．科学学与科学技术管理，1981（3）：42.

❸ 和金生，赵焕臣，杜秀珍．用层次分析法探讨科研成果的综合评价［J］．系统工程理论与实践，1985（1）：33－38.

❹ 张新华．科研群体的数学模型及评价［J］．科学学研究，1999（1）：25－28＋111.

❺ 李希孔．用情报计量指标评价农业高校科研学术水平的尝试［J］．农业图书情报学刊，1991（3）：5－8.

❻ 许庆瑞，赵建．科研项目评价的专家系统［J］．科研管理，1991，12（4）：25－31.

❼ 金碧辉，刘筱敏，陆耘．科研绩效评价的重要工具——中国科学引文数据库［J］．科研管理，1998，19（5）：74－78.

成果创新性指标以及评价体系中的专利指标的设计；二是有关科研评价方法的研究。例如，替代计量学、基于 DEA 和多指标综合评价大学科研绩效的方法；三是有关科研投入产出及科研绩效评价的研究。例如，基于 DEA 的我国地区高校科研投入产出绝对效率和相对效率的评价，等等；徐婕、周宁（2012）提出了中国制度背景下如何促进公共财政支持的科研项目更好地保障公众利益的几点启示和政策建议❶；由由等（2016）建议高校不仅要有充足的经费来源，还要能充分并有效使用这些资源❷；陈瑜、丁堃提出新兴技术治理未来的研究方向，提出新兴技术价值前置型治理模式。❸

邱均平教授在科研评价、科研竞争力、社会网络分析、文献计量、学科与专业评估、图书情报学等领域都做了系统研究，及时介绍了科学计量、内容分析、ESI 等领域的新方法，如关于内容分析法的研究❹、ESI（essential science indicators）基本科学指标数据库及其应用❺、文献信息引证规律和引文分析法❻、大数据对科研评价的影响❼、利用软件对论文样本绘制知识图谱、进行可视化分析❽等，并结合学科与专业评估、智库咨询创造性地加以应用。作者与校内外同行具有广泛的合作关系，形成了具有自己特色优势的研究与扩散网络。

---

❶ 徐婕，周宁. 公共财政支持的科研项目如何保障公众利益——来自美国加州干细胞研究项目的启示［J］. 中国科技论坛，2012（9）：148－152.

❷ 由由，吴红斌，闵维方. 高校经费水平、结构与科研产出——基于美国 20 所世界一流大学数据的分析［J］. 高等教育研究，2016，37（4）：31－40.

❸ 陈瑜，丁堃. 新兴技术价值前置型治理的研究现状与述评［J］. 自然辩证法研究，2018，34（4）：26－29.

❹ 邱均平，邹菲. 关于内容分析法的研究［J］. 中国图书馆学报，2004（2）：14－19.

❺ 邱均平，韩雷. 双一流背景下 ESI 在研究生评价中的创新性应用——以 2017—2018 年研究生评价结果为例［J］. 甘肃社会科学，2018（2）：113－118.

❻ 邱均平，段宇锋，陈敬全，宋恩梅，嵇丽. 我国文献计量学发展的回顾与展望［J］. 科学学研究，2003（2）：143－148.

❼ 邱均平，柴雯，马力. 大数据环境对科学评价的影响研究［J］. 情报学报，2017，36（9）：871－877.

❽ 邱均平，董西露. 国内外教育评价知识基础与热点的可视化分析［J］. 现代教育管理，2017（8）：36－41.

二、研究发现

（一）重视科研评价的元研究和反思改进

重视从科学学的高度对评价科学进行学科建设层面的梳理、总结和展望。❶ 科研评价研究在重视元研究和学科建设的同时重视研究者自身评估意识的养成；重视研究目标、方法、技术、理论之间的关联性；重视科研环境、文化、理念以及评价制度整体的优化。

科研评价方法在不断吸收新方法、新技术的同时保留了传统评价方法的优势。每一种方法都有适用的范围和局限性，研究者在介绍和应用新方法的同时也不断反思方法的缺陷，使得研究与改进相结合。传统的以同行评议与引文为基础的计量评价结果在统计上仅存在适度的正相关性，后者更应充当前者的补充而非替代。❷

（二）科研评价研究的公共责任意识增强

科研评价在注重理论、方法和伦理建设的同时更加强调其所承担的公共治理责任。基于绩效评估的科研资助体系（Performance - based Vniversity Research Funding Systems，PRFS）的强大动机不是资金竞争而是声望竞争。PRFS 增强了专业精英的控制，目标是卓越科研，可能忽略其他诸如平等和多样性的价值，也不能增强科研的经济相关度；卓越研究框架（Research Excellence Framework，REF）是英国政府评估英国大学研究的最新尝试。其中一个关键组成部分是评估研究的经济和社会影响。作者讨论了这种影响的性质以及在理想世界中我们如何衡量它，评估了一些 REF 案例研究并得出结论，将注意力集中在影响上，注重数据的收集和分析 ❸。PRFS

---

❶ 汤建民，邱均平．评价科学在中国的发展概观和推进策略［J］．科学学研究，2017，35（12）：1813－1820＋1831.

❷ 万昊，谭宗颖，朱相丽．同行评议与文献计量在科研评价中的作用分析比较［J］．图书情报工作，2017，61（1）：134－152.

❸ Khazragui H，Hudson J．Measuring the benefits of university research：impact and the REF in the UK［J］．Research Evaluation，2015，24（1）：51－62.

在一开始可能收益高于成本，但过一段时间其优势就会消失（Geuna A 和 Martin B R，2003）。PRFS 与个体科研创新呈负相关，与合作行为偏好之间呈正相关（Bloch Schneider J W，2016）。

目前，只有少数国家基于绩效评估进行经费配置。英国、澳大利亚和波兰，以及中国香港，都是以绩效为基础进行科研评估和资源配置。在英国和中国香港是基于知情同行评审，而在澳大利亚和波兰使用科研产出指标（Geuna A 和 Martin B R，2003）。中华人民共和国《教育部 财政部关于进一步加强高校科研经费管理的若干意见》（教财 2005 年 11 号）指出，各高校要逐步建立科研经费使用的绩效考核制度，完善科研项目的绩效考评机制，对科研项目所取得的社会效益与经济效益进行考核和评价，提高项目管理水平和资金使用效益。

基于证据的科研绩效评价研究与政策的关联性不断增强，基于研究及时纠偏，减少风险与代价，进而提高科研的目标导向性以及科研效率。

（三）大学科研评价研究具有 STAMP 共进特征

大学科研评价研究主题与技术的进步、应用渠道的拓展、科研管理以及政策的配套密切相关，形成了研究共进网络，也标志着评价学科的成熟。数学建模、数据包络分析、科学计量、内容分析、科学指标数据库及其应用、大数据挖掘、深度学习、知识图谱与可视化分析等技术不仅影响着科研评价的科学性，而且也影响着科研评价主题和方向；评价结果在学科评估、智库咨询等领域的广泛应用又反作用于科研评价；科研管理以及科研政策的改进与科研评价之间也存在着共进关系。

林原等运用科学计量学引文分析方法研究发现工程学科内部与外部学科之间存在互动与协同关系❶；金本（Kanemoto Y）在“学术研究与政策分析”一文中探讨了科学学、技术和创新政策之间的关系❷；钟义信指出，

---

❶ 林原，刘盛博，丁堃，等．工程科学内在关联学科与外在支撑领域研究——基于引文分析的视角［J］．科技管理研究，2017，37（19）：253－261.

❷ Kanemoto Y. Academic Scientific Research and Policy Analysis（Science for science，technology and innovation policy）［J］. Journal of Science Policy & Research Management，2013，28（1）：74－80.

人工智能研究的重大突破在很大程度上得益于科学研究方法论的创新，从而形成了人工智能研究的统一方法和理论，为人工智能的发展开辟了新的前景❶；王博等揭示了技术标准与产业整体技术发展的关系。❷ 专利、标准以及研究报告在科研转化中发挥着重要的中介作用，应该在科研评价中受到重视。大学也是技术性知识以及学术性创业等的重要来源。

三、政策建议

（一）加强科研评价的元研究和学科建设

科研评价研究要加强对自身发展史、问题、学科边界、方法、使命等元问题的反思，提高研究本身的理性自觉。科研评价主体首先要对科研评价的价值、伦理、标准、方法有理性认识，并借助科学计量等方法了解科研评价研究史及其与科技创新发展之间的动态耦合关系，提高科研评价的科学性、实效性和前瞻性。同时利用文献计量和社会网络研究精准定位科研评价研究的重要命题、核心方法以及人才聚焦、扩散网络关系，为学科建设和人才培养提供依据。

加强科研评价指标体系的建立，关注创新性指标，例如理论创新，科学事实、科学概念、科学定律、科学理论和科学学科建设等方面的创新；应用创新，运用经典理论解决了实践中的重大问题，或在已有理论基础上实现了技术创新，促进了技术升级。还要考虑选题的价值（开创性、领先性、突破关键性难题、修补性、解决现实问题等）、研究素材的原始性和完整性（掌握一手实验数据、调查和访谈数据、统计数据等）、数据处理的科学性、方法与主题之间的适切性、结果分析的科学性、模型建构的精致性和概括性、结论和建议的独特性及价值性和引领性。

关注科研成果的时效性指标：国际领先、国内领先、区域领先；系统

---

❶ 钟义信．人工智能的突破与科学方法的创新［J］．模式识别与人工智能，2012，25（3）：456－461.

❷ 王博，刘则渊，丁堃，等．产业技术标准和产业技术发展关系研究——基于专利内容分析的视角［J］．科学学研究，2016，34（2）：194－202.

性指标：前期研究成果、学术基础、学科前景、研究的关键技术与方法、研究的可持续性。

最后还要考虑成果的创新活力、生命周期、生态状况等指标，如 CIP-PV（背景、输入、过程、结果、价值）、CRPCE（创新、风险、生产、商业、教育）、PALA（成果、活力、生命周期、应用）等评估模型都可以借鉴。

（二）完善基于绩效的科研评价与资助体系

日本的明原（2011）指出，学术排行在世界各地大学中盛行。例如，伦敦时报（THES）、上海交通大学和美国新闻与世界报道等机构都在从事学术排行活动，全球学术排名越来越制度化。几乎所有国家都为争取其机构的高排名而努力。政府、大学、学术界及其他利益相关者都关注大学排行。然而，由于他们采用的标准不适宜，排名的结果引起了诸多批评。不同主体的立场不同，反应也不同。政府和大学希望通过评估加强制度改革和各种标准的完善，而学者则希望通过制定评估指标体系，提高科研、教学产出和效率。❶

基于绩效的科研评价与资助体系（PRFS）与个体科研积极性及创新性并不存在高相关。大学科研评价可以针对个体、团队、组织不同层面制定不同的绩效评价标准。PRFS 并不能作为资助的唯一依据，在一定时期针对某些大学的某些项目来说可以强调绩效评估，但对于一些基础性研究还是要重视实质性评价与质量评价，将科研成果、科研项目、科研绩效评价与科研素养、科教融合等方面综合起来进行评价。

PRFS 必须建立在系统研究和行情分析的基础之上。PRFS 受到多种因素的影响，需要从科研资源合理开发以及成本控制、地区均衡以及 SSP（Situation，Structure，Performance）即形势、结构、表现之间的关联性等视角全面考察。另外，还要考虑不同规格高校的战略目标及制度环境建设。

科研评价的影响力指标以及基于绩效评估的科研资助体系导致大学学

❶ Arimoto A. Reaction to Academic Ranking：Knowledge Production，Faculty Productivity from an International Perspective ［M］. Springer，Dordrecht，2011：229 –258.

术目标的功利化。大学科研评价应将内在标准与外在标准结合起来，并且考虑不同层次和类型大学的特殊性，加强科研生态建设。研究性大学更强调科研成果的创新性及成果活力，地方性大学更强调对成果的吸收、传播和创造性应用能力；另外，人文社会科学与自然科学、工程技术领域的研究成果评价指标体系也应该体现出差异性，前者应注重质性评价。

（三）建立 STAMP 科研评价创新共进模型

大学科研评价在研究主题、技术、应用、管理、政策之间具有关联和共进性，通过文献计量和大数据分析可以更好地从宏观上再现研究进化图景，同时发现某些非连续性缺口和创新点，加强研究，及时弥补缺口，捕捉创新点和创新景气，从而更好地发挥各要素之间的共进及创新涌现机制。在关注主题、技术、方法之间适切性的同时要考虑制度环境，如管理、政策、网络关系、新范式的出现以及全球创新地理空间特点、区域文化特色、创新的适切度等，如图 2－3 所示。

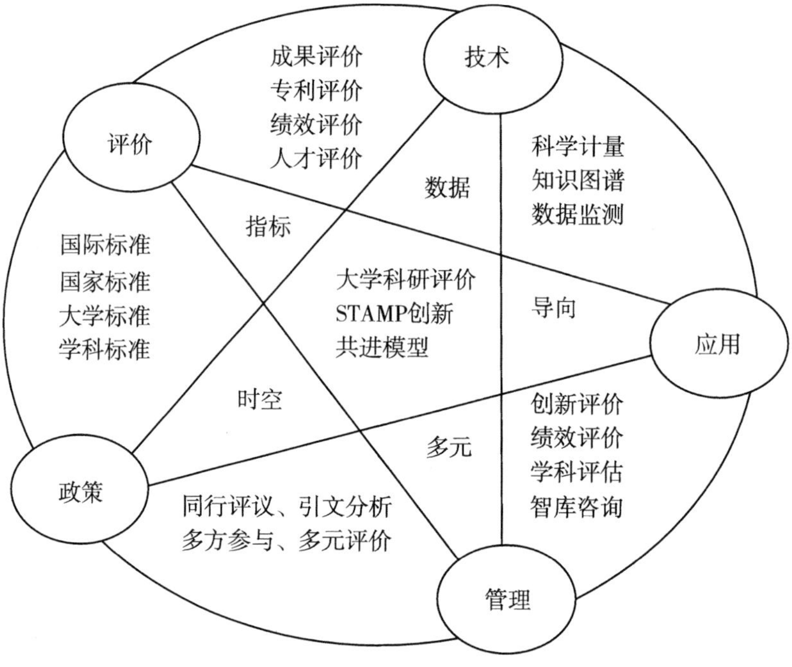

图 2－3　大学科研评价 STAMP 创新共进模型

研究与技术结合越来越密切。科学研究及其评价需要先进技术支撑，例如实验与测量仪器、模拟技术、可视化技术等，科研及其评价与技术进步是相辅相成的。

从科研评价的相对标准看，要将科学技术置于具体的社会语境中，对科学家的实际行为进行详细的社会学分析。拉图尔对引证的关联性与重要性提出了质疑，认为引证更多的是一种联盟关系。科学建制对于科学而言都是及其重要的。有关科研创新评价伦理和文化向度的研究要关注创新伦理及评价伦理，营造良好的创新环境。大学科研评价还要关注其生态指标，例如大学科研创新是否有利于科研团队的建设，是否有利于科研向生产及学科建设、教学实践的转化，科研的成本代价与风险是否得到有效控制，科研是否有利于可持续发展理念的贯彻等。

国际森林研究组织联盟（IUFRO）于2016年底组织了“与森林有关的政策和治理：环境社会科学分析”国际科学会议。该会议旨在成立与森林有关的全球森林社会科学中心，多学科视角探索与森林政策相关的经济、政治、社会环境以及科学发展前沿，也包括农村和城市森林治理的经验和研究，评估与森林有关的政策分析领域的最新科学进展，以及来自各类社会科学学科的更广泛的森林治理研究。❶

大学科研评价还需要关注不同领域的标准问题，不仅包括成果的标准，而且关注技术与专利标准。技术标准包括基础标准、产品标准和方法标准。基础标准：通用科技术语、技术通则；精度与互换性标准；结构要素标准；产品系列化和保证配套关系的标准；材料标准；等等。产品的主要技术性能指标；检查和评定产品质量的方法标准；等等。

例如，中药的国际质量标准，包括主成分分析、各种成分的含量及其性能比、毒性分析、重金属含量、农药残留、安全性与有效性分析、品种或品质退化等。再比如新型建筑板材质量标准包括强度、密度、硬

---

❶ Maryudi A，Nurrochmat D R，Giessen L. Research trend：Forest policy and governance—Future analyses in multiple social science disciplines［J］. Forest Policy & Economics，2018，91（专刊）：1－4.

度、韧性、防腐蚀性、光滑度、化学成分、比重及环保性能等。其中每项又有不同的质量标准，例如板材的环保标准，甲醛释放量 E 0 级为现有的最高环保等级标准。一些品牌还陆续推出了零醛添加的无醛板和生态板。

大学科研成果评估要与国际先进标准接轨，在应用层面还要考虑地方特征和适切性。从标准入手进行大学科研质量评估也是一个重要的视角，可以从一定程度上透析科技前沿。大学科研评价需要结合具体学科和研究领域的不同标准进行科学性评估，而不是仅仅依靠文献计量等手段进行整体性比较。

有关科研评价研究需对价值、伦理、技术、标准、政策进行系统分析，同时将显性评估与隐性评估相结合，发挥计量与模拟、大数据监测及参与性评估的作用，准确定位问题，监测创新景气，形成有利于创新发展的大环境。

（四）形成共进评估思维和创新文化

大学科研创新评估既要重视显性的成果与项目评估，也要重视对默会知识、实践智慧以及创新景气的监测评估。一方面评估专家要利用各种平台和会议对大学组织创新氛围进行定期“会诊”，掌握关键人物和原创性资源；另一方面将大数据监测评估与基于工作场所的即时评估相结合，形成创新评价网络机制，建设积极共进创新文化。更新评估理念，形成评估思维，通过积极“博弈”，推动问题解决和创新共进网络机制的形成。

大学科研评价可以借鉴发达国家的先进经验，重视具有独立法人资格的学术社团、智库机构等中介组织的参与，以质量和创新为导向，加强标准与规则建设，同时考虑到大学特色，将目标与方法相匹配。重视过程和结果的公开性，进一步开放各类数据库，构建网络平台，建立信任关系，优化创新环境，形成多元参与、人机交互的开放式科研评价网络机制。

大学科研评价要与人才评估相结合，不能仅仅看有形的科研成果项目，而且还要科学评估科研人才的科研素质、科研能力，将成果评价与水平评价、素质评价相结合，显性与隐性评估相结合，从而获得“标本兼治”的大学科研治理效果。除传统的人才素质评价、绩效评价方法外，基于文献计量、大数据监测及社会网络分析的高层次创新人才评价方法的应用也是发展趋势。

科研人才评价要考虑到绝对标准（如国际、国内领先）和相对标准（如地方特色、专业特色等），要用全面的、动态的、发展的观点评估高层次创新人才。知识结构、知识存量以及持续不断的学习能力是高层次科技人才创新的基础；品质、创造性思维、人格、兴趣与爱好方面的素质以及事业心和使命感也是高层次创新性人才所必须具备的核心素养。另外，创新也是一个在实践中不断摸索的过程。研究表明 78% 的拔尖人才毕业后一直从事所学专业或相关领域的工作，创新与专业学习和事业发展之间存在着一定的连续性和强相关。

小　结

本章采用文献计量和比较分析方法对大学科研评价研究趋势、主题分布情况、研究热点、学科渗透状况等进行了系统梳理，从中洞察科研评价研究主题、技术、应用、管理、政策之间的共进性，并精准定位知名专家、经典文献、重要观点及创新共进关系。科研管理者、决策者、研究者需要掌握先进的科研评价理念、技术与方法，提高科研评价的理性化水平；通过积极“博弈”，将结构性与非结构性、显性与隐性评估相结合，形成多方共进机制；将科研评价与人才评价相结合，评估与监测相结合，推动科研可持续性创新。

后面几章将对各国大学科研评价活动、指标体系进行全景考察，并从文化 人类学和科教融合视角进行大学科研评价范式重建，旨在进一步“解放”教师，推动科研创新，加强科教融合，提高办学质量，推动创新发展。

［案例2－1］国家自然基金面上项目申请书
《大学生虚拟学习社区生态优化及其共进机制研究》

一、立项依据与研究内容

（一）项目的立项依据

1. 研究意义

虚拟学习社区是基于互联网技术、多媒体展示技术、资源共享技术、人工智能技术而实现的在线学习与交互系统。对虚拟学习社区的研究起于20世纪90年代，研究主题随着技术的更新和应用普及而不断深化。2000年e－Learning进入中国，e平台兴盛一时。由于受到移动学习的冲击，专注于平台内容、模块化服务、专家指导、精心设计和专人维护的e模式开始衰退。知识更新过缓、精品内容利用率过低、用户流量过少、感知率过低。在信息过载、知识开放度不断提高的时代，e平台开始与智能工具整合，从关注内容运营到关注用户体验，将平台学习与碎片化学习相结合，线上与线下学习相结合，形成众多微型文化圈，构建良性学习生态。学员方便学习，即时交互、创作与分享，提高了满意度、参与度、价值感和效能感，从单纯的用户变成了创新者与合作推广者，从消费者变成了价值创造者和赢利者。

大学生虚拟学习社区的发展也经历了从规范化的平台学习，到与智能学习及碎片化学习相整合的历程，并且线上学习与线下学习的整合力度越来越高，成为课堂教学的有益补充和拓展延长。

大学生虚拟学习社区有利于学生多元发展，也有利于学生的自主发展和深度发展。数字时代新型学习文化的倡导者布朗（John S Brown）认为隐性知识与显性知识共同构成了完整的知识生态系统。学习者可以围绕现实问题在与他人互动的过程中形成真实的学习语境，使学习和探究更富有意义。基于工作场所的学习以及认知学徒制是富有成效的学习方式。不同主体根据各自的兴趣、需求在“虚拟社区”中寻找彼此，相互启发，在共同编织的社会网络中找到契合点，形成动态耦合关系，从而使学习更富有生产性和效能感。

格雷斯（Graves，1992）指出，学习社区是一种自然生态群体，学生的学习与成长呈现出“立体型”特征，认知与情感、知识与生活、学校与社会、创造与生存融合到一起❶。

大学生虚拟学习社区有利于优质资源和隐性智慧的分享，有利于自主发展和潜能的发挥。但目前各类教育平台、软件供给市场种类繁杂，质量参差不齐，由于信息与技术的不对称性，增加了大学生选择的盲目性和风险性。一是对一些优质教育平台和资源利用率太低，造成技术与资源的浪费；二是平台开发商对教育改革趋势和大学生的需求、信息技术的前沿也存在盲区，无法实现精准供给；三是有关虚拟学习社区理论探索滞后，例如，对社区学习生态、认知与情感的交互影响、社区文化、群体动力等理论探索不充分。

本项目拟对我国大学生虚拟学习社区市场波动趋势、大学生应用现状、需求状况进行调查研究，发现问题，透析原因，预测趋势，并从社区理念、学习生态、群体动力、协同创新、混合学习、技术服务、政策支持、知识供给、监测评估等诸方面进行系统研究，提出可行性、前瞻性建议，优化学习社区，形成共进机制。

（1）理论意义

①深化对虚拟学习社区的理论探索，构建学习生态指标；

②深化对社区群体动力、认知与情感交互作用以及认知风格与群体生态多样性对学习效能感和创造力影响的研究；

③基于相关分析构建大学生虚拟学习社区学习分析模型。

（2）实践意义

①为开放学习社区教育模式改革提供前沿探索和证据基础；

②构建以产品和价值为导向的大学教学改革模式；

---

❶ 何玲，刘惠芬．网络学习社区研究动向辨析［J］．现代远程教育研究，2004（1）：45.

③有利于优质教育资源及前沿技术的开发利用，在协同中共赢。

2. 国内外研究现状及动态

(1) 国内研究现状及动态

笔者2019年3月12日以“虚拟学习社区”为篇名，通过中国知网所收录的学术期刊共检索到文献412篇相关文献，研究趋势如图2－4所示。

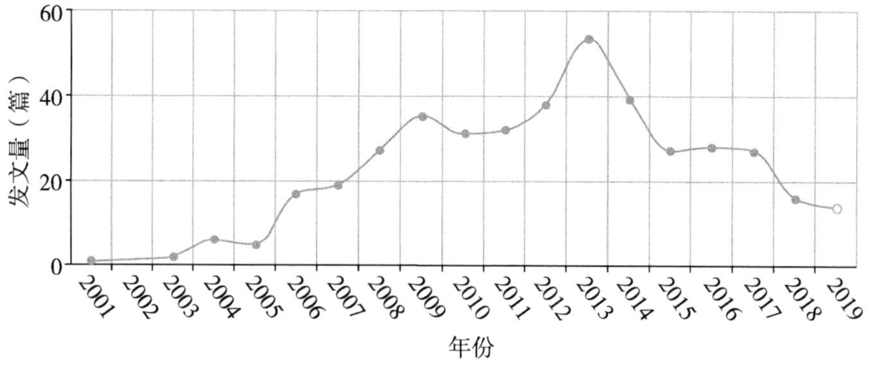

图2－4　国内虚拟学习社区研究趋势

2000年开始出现相关研究，2013年达到最热。关键词包括：学习者、社会网络分析、知识建构、非正式学习等、Web2.0、社会网络、远程教育、移动学习、社会性交互、归属感、隐性知识、网络学习社区、知识共享、学习共同体等。近年来，又出现Web3.0、Web4.0等新技术支持。其中大量优秀文献源自于以下学者，他们推动并引领着学科发展与进步（如图2－5所示）。

其中关键作者王陆相关文献如下：虚拟学习社区的社会网络分析(2009)、意见领袖在虚拟学习社区社会网络中的作用（2009）❶、虚拟学习社区中的师生行为分析——一个面向信息化教师专业发展的个案研究(2004)❷、虚拟学习社区社会网络位置与知识建构的关系研究（2010）、

❶　王陆，马如霞．意见领袖在虚拟学习社区社会网络中的作用［J］．电化教育研究，2009（1）：54－58.

❷　王陆．虚拟学习社区中的师生行为分析——一个面向信息化教师专业发展的个案研究［J］．电化教育研究，2004（4）：32－37.

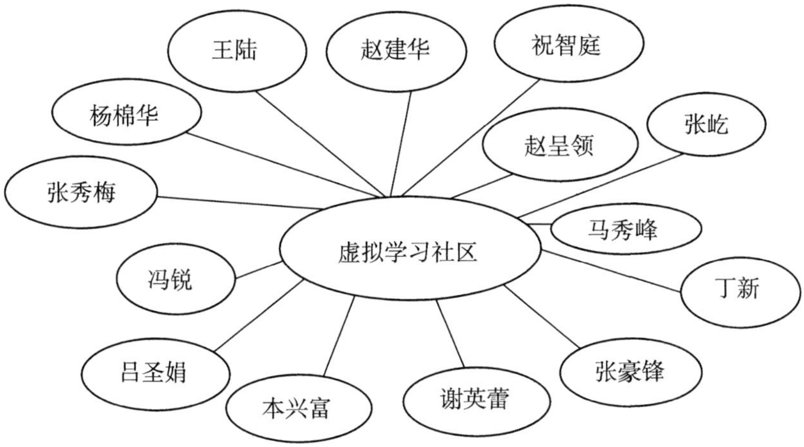

图 2－5 虚拟学习社区研究关键作者

网络学习环境——虚拟学习社区的研究与应用（2001）、虚拟学习社区社会网络中的凝聚子群（2009）、虚拟学习社区社会网络位置分析与助学者群体的发现（2010）、虚拟学习社区的原理与应用（2005）、虚拟学习社区的社会网络结构（2011）、虚拟学习社区中学习共同体构建的设计（2008）、CSCL 中教师的教学组织行为对学习者高水平知识建构的影响研究（2009）、网络游戏与教育融合的探究——游戏化学习社区初探（2006）、CSCL 中学习者人际交往对高水平知识建构的影响（2009）、典型的社会网络分析软件工具及分析方法（2009）、基于 OLAP 技术的教学诊断与评价模型（2003）。

从中可见关键作者的研究主题与整个研究趋势呈高度相关，其中社会网络分析、行为分析、意见领袖、知识建构、学习共同体是研究的热点。

赵建华（2002）“对 Web 环境下协作学习、智能教学系统、智能代理、学习技术标准、伙伴模型、教师模型、知识表示等内容进行了比较全面的介绍并建立了由‘个体责任、社会协作和知识建构’构成的三维模型。”❶ 甘永成、陶舟（2006）“研究了虚拟学习社区中的平台建设、在线

---

❶ 赵建华．Web 环境下智能协作学习系统构建的理论与方法［D］．广州：华南师范大学，2002：1.

会议、Web 讲座学习以及显性知识与隐性知识等知识管理的内容，为后续的社区管理、MOCC 以及大数据与行为分析的研究搭起了桥梁。”❶ 张豪锋、卜彩丽（2007）指出“学习者在学习的同时也成为知识资源的生产者，众多学习者共同反哺学习资源，从而优化学习资源。”❷

2010 年以后有关研究主题涉及学习交互、资源推送、基于 Web2.0 的资源共建、学习绩效管理、网络学习社区的自组织研究、虚拟学习社区影响因素等。存在感、学习效能感、学习生态系统、混合学习、知识深层建构的交互模式、大数据交互分析、学习焦虑分析、社区伦理等成为当下研究热点。祝智庭、彭红超（2017）“提出了学习生态系统及智慧教育 2017 年版的目标，旨在通过构建技术融合的生态化学习环境”；❸ 多召军等（2019）“研究验证了网络学习社区功能设计及干预活动的有效性。”❹

①相关技术研发与应用：

北京外研讯飞教育科技有限公司研发的语音识别系统、同声翻译、智能化测试系统、口语训练系统、教学评估系统等在国内处于领先地位；清华云舟网络教育实验室研发的“基于网络环境的过程性学生评价系统”，利用网络平台收集有关学生学习成绩、研究性学习、学习偏好、认知风格及作业等数据，为高校自主招生提供证据。

②相关政策与行业支持：

在技术革新和推广的同时，国家也出台了相关政策，如 2012 年教育部颁布《教育信息化十年发展规划（2011—2020 年）》；2016 年颁布《教育信息化“十三五”规划》；2017 年国务院印发《新一代人工智能发展规划》；2018 年教育部印发了《高等学校人工智能创新行动计划》；2018 年

---

❶ 甘永成，陶舟. e－Learning、知识管理与虚拟学习社区［J］. 电化教育研究，2006（1）：18－22.

❷ 张豪锋，卜彩丽. 略论学习生态系统［J］. 中国远程教育，2007（4）23.

❸ 祝智庭，彭红超. 智慧学习生态：培育智慧人才的系统方法论［J］. 电化教育研究，2017（4）：5－14.

❹ 多召军，赵蔚，任永功. 移动网络学习社区构建新范式：大学生自我调节学习效能感培养视角［J］. 现代远距离教育，2019（1）：10－17.

教育部印发《教育信息化2.0行动计划》；同月教育部等五部门关于印发《教师教育振兴行动计划（2018—2022年）》的通知；等等。

（2）国外研究现状及动态

同时笔者通过百度学术检索SCI、SCIE、EI、SSCI、AHCI等重要期刊，以virtual learning community为关键词，搜索到英语文献5900篇，1998年出现相关研究，2009年达到最热，可视化分析结果如图2－6、图2－7所示。

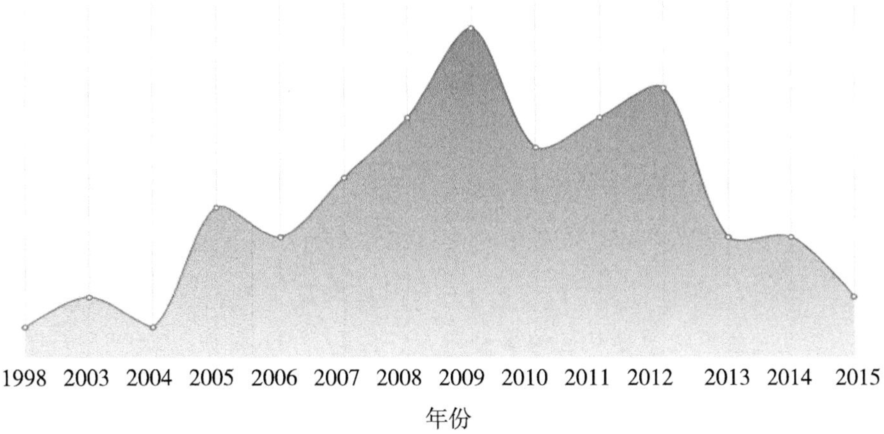

图2－6　Virtual learning community 英文文献研究趋势

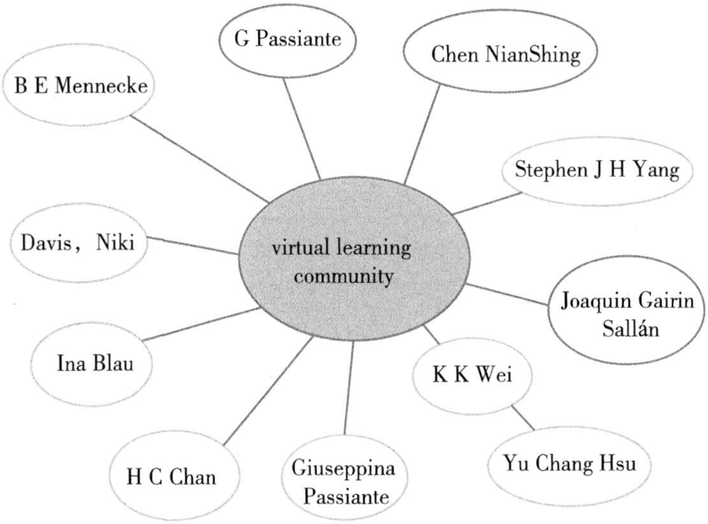

图2－7　英文文献关键作者

热点：虚拟学习社区，计算机辅助教学，知识共享，隐性知识，协作学习，社交网络分析（Hot - spots：virtual learning community computer aided instruction，knowledge sharing，tacit knowledge，collaborative learning，social network analysis）。

热搜：归属感，知识共享，设计，Web2.0，图书馆，隐性知识，协作学习，互动（Hot search：sense of belonging，knowledge sharing，design，Web2.0，library，tacit knowledge，collaborative learning，interaction）。

英文文献有关虚拟学习社区的研究始于20世纪90年代。随着信息技术的不断革命，有关虚拟学习社区的研究也呈现出与新技术、新方法及教学变革共生共进趋势。

一是有关虚拟学习社区的理论探讨。如乔纳森（Jonassen，1999）指出，在重视认知工具和学习策略的同时还要考虑社会背景的支持。❶ 戈瑞森（Garrison，2004）提出的“网络学习社区模型”。❷

二是有关虚拟学习社区的实证研究。特奥（Teo H H，2003）等通过实验检验了系统设计中信息可访性和社区适应性对用户认知和行为意向有显著影响，进而影响虚拟学习社区的可持续性。❸ 克劳斯（Krause K L，2003）等研究显示：大学生同伴辅导主要是基于作业的讨论。❹ 泰姆·温特林（Tim L Wentling，2002）等研究指出，在线学习不能仅仅考虑成本问

---

❶ 戴维·H. 乔纳森．学习环境的理论基础［M］．郑太年，译．上海：华东师范大学出版社，2002：58－62.

❷ D R Garrision，M Cleveland - Innes，T Tung. Student role adjustment in online communities of inquiry：Model and instrument validation［J］. Journal of Asynchronous Learning Network，2004，8（2）：61－74.

❸ Teo H H，Chan H C，Wei K K，et al. Evaluating information accessibility and community adaptive features for sustaining virtual learning communities［J］. International Journal of Human－Computer Studies，2003，59（5）：671－697.

❹ Krause K L，Mcinnis C，Welle C. Out - of - Class Engagement in Undergraduate Learning Communities：The Role and Nature of Peer Interactions.［C］. Annual Meeting of the Association for the study of Higher Education，Portland，OR，Nov. 13－16，2003：1－8.

题，还要考虑学习者及教师的满意度、学生的需要、保持率等因素。❶

与此同时还出现一些大规范调查报告，如1998年第9次美国高校使用计算机技术情况调查发现：IT是校园环境和课堂体验的核心组成部分。但IT规划和基础设施等关键方面仍存在问题❷。

2000年第11次校园计算机和信息技术调查显示，美国经济所有部门对IT人才的需求不断增长，高等教育IT规划面临严峻挑战❸。

我国基于大规模调查和实证研究信息技术在教育中应用状况的动态评估数据还不完善，需要进一步加强有关实证研究。

三是相关技术的开发和实验研究。维森特阿图罗（Vicente Arturo，2012）等研究了监控学生个人工作空间中学习活动的可行性以及如何使用记录的数据来预测课程中学生成绩。❹ 东浩基姆等（Dongho Kim et al.，2016）基于学生经常在异步在线讨论中报告参与不足和成绩不好等问题通过证据分析，引入“代理变量”以改善异步在线讨论环境。❺

目前，有关研究跟踪学生在智慧教室、创新实验室、Sakai及Life Lab平台上的行为，包括学习态度、互动和协作、资源应用、作业质量和创新性等。通过模糊理论结合层次分析法（AHP）建立预测模型，确定学生的创新表层水平，实现对学生的创新能力与成果的预判。

---

❶ Wentling T L, Park J H. Cost analysis of e-Learning: a case study of a university program [C]. Proceedings of the Academy of Human Resource Development Conference, Honolulu, Hawaii, 2002: 706-713.

❷ Green, Kenneth C. Campus Computing, 1998. The Ninth National Survey of Desktop Computing and Information Technology in American Higher Education [R]. http://www.campuscomputing.net. 1999-03.

❸ Green, Kenneth C. Campus Computing, 2000: The 11th National Survey of Computing and Information Technology in American Higher Education [C]. http://www.campuscomputing.net. 2001-03.

❹ Vicente-Arturo Romero-Zaldivar, Abelardo Pardo, Daniel Burgos et al. Monitoring student progress using virtual appliances: A casestudy [J]. Computers & Education, 2012, 58 (4): 1058-1067.

❺ Kim D, Park Y, Yoon M, et al. Toward evidence-based learning analytics: Using proxy variables to improve asynchronous online discussion environments [J]. The Internet and Higher Education, 2016, 30 (7): 30-43.

与学习社区研究和应用相关的技术主要包括：Web 2.0～Web 4.0、沉浸式接口及游戏、社会网络分析等。Web 2.0 由网络提供资源转向社区成员互动创新与共享资源；Web 3.0 实现了有效聚合功能；Web 4.0 具有共生性、同时性、大规模性和智慧性等特点。“沉浸式接口强调参与者的体验而不是工具。体验基于设计策略整合了行动、符号及传感因素，增强现实技术及多用户虚拟环境，实现多人协同高效沟通和‘教、学、考、练’环节的全覆盖。”❶

四是有关重要研究报告、政策及金融支持。如2005年美国计算研究学会发布了《面向未来教育和学习的网络基础设施：愿景和研究议程》的研究报告。❷ 2012年美国出台了《通过教育数据挖掘和学习分析促进教与学》报告，涵盖了理论、技术、政策、实施各个方面。

在投资方面，美国、澳大利亚、印度等国家的一些人工智能教育机构近年来都获得巨额融资。

综上所述，国外在虚拟学习社区的理论研究、技术研发、平台搭建及推广应用、金融与政策支持之间形成了明显的共进网络。研究主题随着技术和方法的更新而不断深化。与国内研究相比，国外有关虚拟学习社区的研究时间上更超前（国外2009年达到热点，国内2013年）；与新技术、新方法、实践应用共进性更加明显，虚拟学习社区与智能工具整合更迅速；理论探讨更深入，涉及哲学、伦理学、人类学、社会学、心理学、教育学等多元视角；研究方法更具有混合性，基于实证的研究与政策、投资、技术改进结合更密切。

（二）项目的研究内容、研究目标以及拟解决的关键科学问题

1. 研究内容

（1）大学生虚拟学习社区的前沿技术与理论探索

利用文献计量及技术评估，从交叉学科加强对大学生虚拟学习社区文

---

❶ 王玉秋，初承桢．虚拟学习社区研究及其创新共进STAMP模式探索［J］．科学与管理，2019，39（2）：78－87.

❷ Ainsworth S，Honey M，Johnson W L，et al. Cyberinfrastructure for Education and Learning for the Future：a vision and research agenda［R］. Computing Research Association，2005：1－40.

化圈、生态指标体系、群体动力、学习效能、前沿技术等探索，为深化研究夯实基础。

(2) 大学生虚拟学习社区现状调查

本课题拟采用问卷调查、访谈及数据分析方法对我国虚拟学习社区市场、类型、规模、质量、学员参与度、满意度、保持率、需求、风险等进行量性和质性研究，同时做好跨文化比较研究。

(3) 大学生虚拟学习社区存在的问题及原因分析

拟基于实证研究发现问题，然后从社区生态、技术、环境、资源、学习者、供给者、大学经营方式与教学模式改革、教师技术素养与学科教学素养以及政策环境等方面透析原因。

(4) 优化大学生虚拟学习社区的对策建议

①发挥科学共同体的作用，形成共进机制。

发挥科学共同体的引领作用和行业的协同作用，协同创新形成共进机制。将知识、资源、产品供给建立在实证研究基础上，加强虚拟学习社区与课堂教学的对接，加强过程管理和协同创新，形成可持续发展的优质供给链和共进机制（如图2-8所示）。

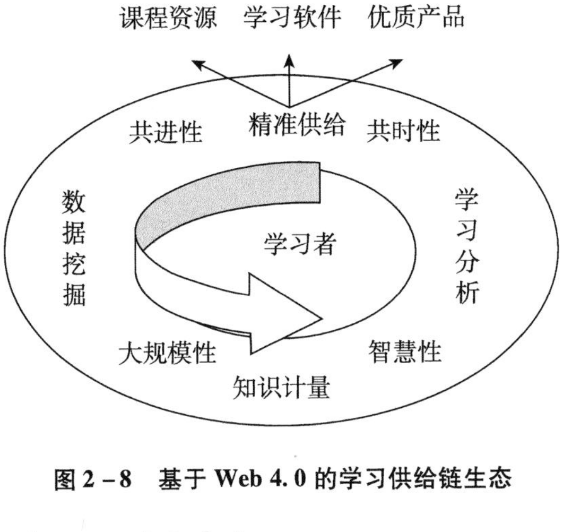

图2-8　基于Web 4.0的学习供给链生态

②加强虚拟学习社区生态建设。

一是结合对虚拟学习社区的实证研究和学生需求，建设适切度高的学习社区；二是根据学生的兴趣爱好建设高质量特色学习社区；三是拓展校际、区际、国际之间的开放式学习社区；四是打造良性生态，促进大学生自主发展。

③加强知识管理和创新加速器研究。

本课题拟对全球知名网络域名、知识库、学习平台的关键技术及利用率进行考察，为优化社区知识供给及创新管理提供参照。

④加强大数据评估，构建良性教育生态。

利用大数据语境及分析技术，加强对学习者和学习环境的评估，构建良性教育生态。

2. 研究目标

①形成 STAMP 创新共进机制，推动教育教学改革；

②提高学习精准供给，建设优质学习生态；

③促进学习者有效学习的发生，增强学习与创新（如图 2－9 所示）。

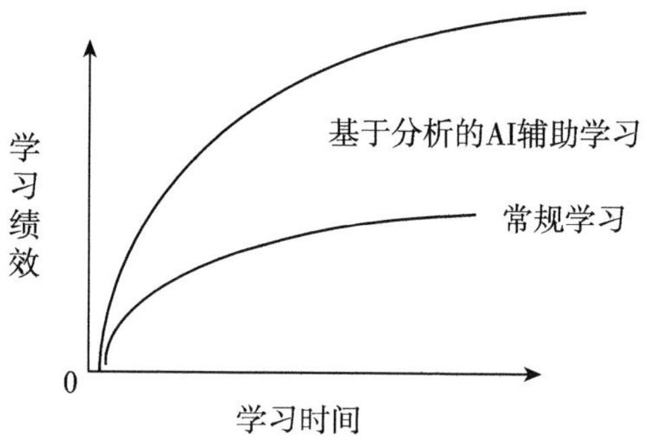

图 2－9　基于学习分析与精准供给的学习增强效果

3. 拟解决的关键问题

（1）技术与信息不对称

目前各类虚拟学习社区供给市场繁杂，质量参差不齐。一方面，由于信息与技术的不对称性，增加了大学生选择的盲目性和风险性，对一些优质教育平台和资源利用率太低，造成技术与资源的浪费；另一方面，平台开发商对教育改革趋势和大学生需求、信息技术前沿也存在盲区，无法提供精准供给链。

（2）在线学习平台对新技术及市场反应速度缓慢

前沿基础研究欠缺，在线学习平台与智能工具、泛在学习技术整合速度缓慢，技术市场雷同，经营理念滞后，缺乏技术通则与伦理规范，基于应用与客户需求的创新不足。

（3）相关政策、人员、技术、设备等不配套，自适应机制不强

虚拟学习社区的开发与推广需要与教育教学模式改革相互促进，相关硬件、软件条件及师资力量动态配套。教师本身的信息技术素养及学科教学素养、教学评价模式、学生的自主学习能力以及智慧环境、技术供给质量等都影响新技术推广效果，所以需要加强上游技术研发供给与推广应用、政策保障等系统设计，形成共进与自适应机制。

（4）有关虚拟学习社区的理论研究不充分

对社区学习生态、认知与情感的交互影响、社区文化、群体动力等理论探索不足；学习分析模型信度和效度不高。缺乏对学习生态指标体系的构建，不同研究者都可以根据自己的需要设计影响学习的相关变量，通过相关分析和差异显著性分析得出结论。如果缺乏对理想状态下的学习生态指标及现实状态下的影响因素进行筛选和排序，从而形成一个可参照的模型，学习分析的信度和效度就会受到影响。

（三）拟采取的研究方案及可行性分析

1. 研究方法

（1）学习分析技术

学习分析技术通过系统建模、分类、聚类、相关分析等，对学习行为、情感偏好、动机水平、学业表现、问题和绩效等进行系统性和关联性分析，预测成绩，诊断问题，寻找有效干预措施。本项目结合虚拟学习社区学习生态指标体系对学生个体及群体学习行为、动力、影响因素进行数据采集及相关分析。

（2）文献计量法

文献计量法采用数学、统计学等计量方法，研究文献情报的分布结构、数量关系、变化规律和定量管理，进而探讨科学技术的结构、特征和

规律。本研究主要基于WoS及中国知网对相关主题进行文献计量和可视化分析，展示研究趋势，定位关键作者和研究热点，在此基础上对经典文献精准定位分析。

（3）个案研究法

本项目拟对国内外优质学习社区进行个案研究，聚焦其关键技术、运行机制、社区生态、群体动力、可持续性发展等。对我国大学生虚拟学习社区建设提出改进建议。

（4）调查研究法

通过大规模网上问卷和现场问卷、访谈、平台分析等方法收集相关资料，然后利用SPSS等软件进行相关分析、交叉分析、差异显著性分析和内容分析等，从中发现问题，了解趋势，掌握证据。

2. 技术路线

如图2-10所示。

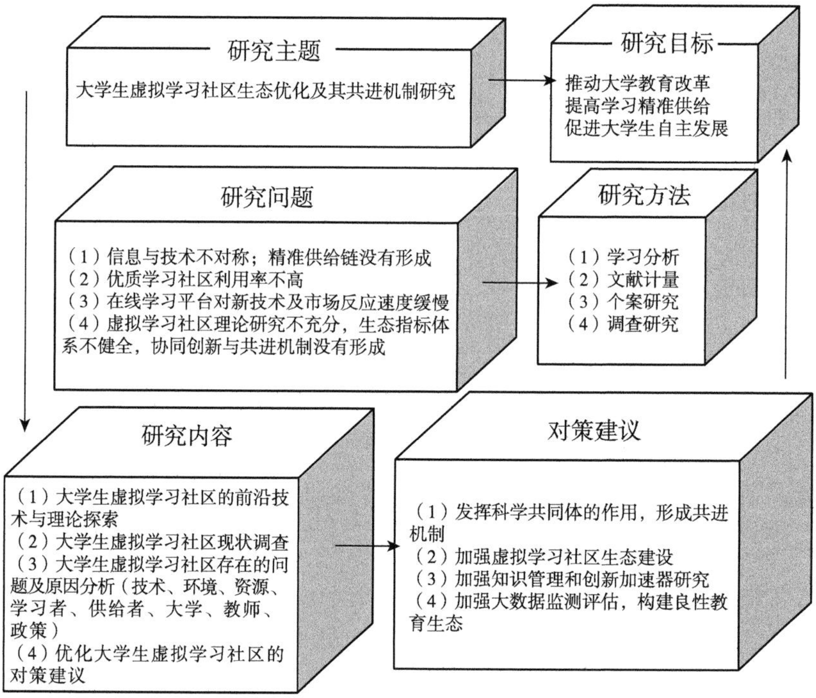

图2-10　大学生学习社区生态优化及其共进机制研究技术路线

3. 实验手段

一是结合具体学科教学，利用蓝墨云班课、校友邦等软件对学生的线上与线下学习进行学习行为与成绩、目标达成度分析；二是利用数据挖掘和内容分析对大学生所参与的大规模在线课程学习、在线技术培训等学习社区进行追踪分析；三是利用智慧教室、语言与认知实验室、虚拟实验室等进行学生学习行为与创新分析，同时加强知识管理，形成学习的增值模式。

4. 关键技术

学习分析技术、SPSS 技术、心理测量技术、文献计量与 CiteSpace 可视化分析技术、模拟仿真技术等。

（四）本项目的特色与创新之处

1. 将研究建立在证据基础之上

对大学生学习社区的现状、问题、质量、需求的实证研究为原因分析及对策提出提供了证据；对文献的计量分析及跨文化的比较研究为社区标准、伦理、环境、技术优化提供了研究基础。

2. 突出了方法与内容的适切性

利用学习分析、心理测量、可视化技术、模拟现实技术对线上线下学习行为、结果、影响因素进行分析，提高教育及资源、产品的精准供给；利用文献计量对研究—技术—应用—商业化—政策之间的共进关系进行研究。

3. 注重理论基础和交叉性研究

从脑科学、学习科学、心理学、社会学不同学科视角对大学生学习社区的功能、影响因素、优化策略进行分析，夯实理论基础，提供学科及综合分析视角。

4. 加强研究与改进的融合

一是为目前的开放大学、网络社区的建设提供证据与技术前沿预测；二是基于教学过程的师生知识创新平台建设、学习分析的增值模式、学生自制优质 MOOC、将设计与学习、创新相整合，突出了研究的实效性、改进性和创新性。

5. 年度研究计划及预期研究结果（包括拟组织的重要学术交流活动、国际合作与交流计划等）。

（1）年度研究计划：本项目计划在2020年1月至2022年12月完成

文献与数据收集阶段（2020年1月至2020年12月）：加强国内外相关文献及专利的计量分析和实证数据收集。

①完成论文：虚拟学习社区关键技术与供给市场调查。

理论探索与学习生态模型研制（2021年1月至2021年12月）：加强对大学生虚拟学习社区理论前沿的探索，结合学习分析建立大学生虚拟学习社区学习生态评价模型。

②完成论文：大学生虚拟学习社区生态指标体系构建。

个案研究与实地考察（2022年1月至2022年6月）：深入大学课堂及虚拟学习社区进行质性研究，收集数据，加强对优质学习社区的个案研究，结合文献计量和专利考察，参照国际同行技术，探索大学生虚拟学习社区协同创新与共进机制。

③完成论文：基于证据的大学生虚拟学习社区共进机制研究。

整体反思与完善阶段（2022年7月至2022年12月）：汇总研究数据，撰写研究报告，对研究过程进行自我评估。举行研讨会两次，听取专家及利益相关者意见，开展小组讨论，进一步修改和完善项目研究报告，填写结项申请书和鉴定表，申请结项。

（2）预期成果

中期成果：发表论文。

①完成论文：虚拟学习社区关键技术与供给市场调查。

②大学生虚拟学习社区生态指标体系构建。

③基于证据的大学生虚拟学习社区共进机制研究。

最终成果：

①著作：《大学生虚拟学习社区生态研究》；

②研究报告：《大学生虚拟学习社区生态优化及其共进机制研究》。

6. 使用去向

国家基金与教育信息化管理部门；大学教学管理部门及实验室；教育

管理部门；网络课程平台商、教育产品开发商、知识管理机构。

7. 预期社会效益

建设优质学习社区，促进大学教学模式改革，提高学生自主学习能力，优化学习生态；促进教育软件开发、学习资源的精准供给；提高基于学习过程与交互的知识创新与分享。

二、研究基础与工作条件

（一）研究基础

项目负责人对学习分析、心理测量、知识管理、政策分析有相关的专业背景和研究积累。出版著作4部，主持各级科研规划项目5项，发表学术论文30余篇。中国教育战略学会教育政策研究会理事、国家特色专业“公共事业管理”核心成员、省教育理论专家组成员、省“校地联盟”教师教育创新实验区核心成员。

虚拟学习社区研究及其创新共进STAMP模式；教育软件在小学英语教学应用中存在的问题及对策研究；新技术语境下我国民营英语培训机构管理及其网络机制研究；数字化教学评价素养的内涵与构成；大学生多媒体课件颜色偏好实验研究；西方国家中小学学生学习计算机态度研究及其启示；社区教育中学习资源信息化探究；高校教师数字化评价素养模型建构及其发展途径研究等研究与本项目相关度较高，为本项目提供了前期研究基础和证据资料。

《教育生态研究》一书对学习生态、创新生态进行了系统研究，提出了以评价为导向的科研与教学深度融合机制。“从知识供给侧促进创新生态系统的形成（*Promoting Innovation Ecosystem from Knowledge Supplying Side*）”一文提出了知识供给侧视角下的创新生态研究路径：卓越科研—平台建设—开放存取—学术交流—人才培养—生产转化—专利评估—技术预测—标准研发—风险评估—精准服务，这为本项目提供了初步的研究框架；“大学科研创新评价体系初探”一文明确了评价指标构建的模型及评估技术；“开放系统中企业创新的网络机制探索（上、下）”在指标体系、网络机制、知识管理、相关分析等方面的研究具有一定的创新性，为本项目提供了研究思路和网络共进机制。

项目组核心成员在区块链技术、在线学习维护、学习评估、在线学习认证、数据分析、教育软件开发、知识管理、教育测量与评价等方面都具有较高的专业性，做了一些前期理论和技术探索，并结合具体实践加以推广应用，为本项目提供了专业技术支撑和研究基础。

（二）工作条件

项目主持人所在大学有创新实验室、智慧教室、微格教室、信息实验中心、国家生物教学实验中心、认知与语言实验中心、省科技战略发展研究中心、教师教育基地等设施，方便实验与数据收集；有便利的信息资源和图书资源；有良好的科研激励政策和创新动力机制；有参加和组织学术会议、加强国内外合作研究的机会，为深化研究创造了优良条件和经费保障。

项目负责人及成员将紧紧围绕本项目书的目标、计划和步骤开展科研工作，投入足够时间和精力，深化研究，并通过项目加强实验室（基地）建设与创新型人才培养，加强学习—分析—改进—研究—创新深度融合，加强与软件开发商联系，将理论研究与应用研究相结合。

项目主持人及成员认真收集和研读了大量相关资料，团队成员专业背景与研究的适切度高，掌握数据分析、学习分析、预测分析、心理测量、指标构建等关键技术，掌握大量混合学习个案。大家将围绕本项目书的目标和计划认真开展工作，投入足够时间和精力，并通过项目加强与各主体、各机构的联系，将研究与实践改进相结合。

（三）正在承担的与本项目相关的科研项目情况

主持教育部2017年度人文社科研究一般规划项目：大数据支持下的大学科研创新评价模型建构及其网络机制研究，17YJAZH085，2017. 8—2020. 8。此项目主要采用文献计量、数据分析、个案研究、调查研究等方法对大学科研创新评价的价值基础、理论依据、评价模型、评价方法及网络机制等基本问题进行系统研究，以提高大学科研创新评价的科学性、实效性和导向性，目前已完成基本指标任务。

三、本项目的说明与分析

在知识生产模式1下，大学教师的科研主要是结合自己的专业优势和所教学科进行选题，科研成果主要用于发表。而模式2范式下注重跨学科研究与项目模式，重视基于问题的研究。国家自然和社会科学基金项目强调宏观规划，一是瞄准科学前沿；二是解决宏观生产和社会各领域的重大问题。

本项目是国家自然基金面上项目，申报的学科门类属于信息技术与多学科融合新代码。其中一是涉及虚拟学习社区的理论探索，包括社会学、文化人类学和教育学、心理学领域的知识；二是涉及虚拟学习社区的技术支持以及技术、理论、应用、政策、商业之间的共进机制。

大学科研评价的元研究重视对评价研究本身的反思和研究。大学科研评价需要关注大学教师科研的个体行为及群体互动，关注组织目标与组织文化，更好地定位成果和项目的价值，进而提供有效咨询服务，提高科研的精准性和有效性。

大学教师在申请科研项目的过程中需要把握国内外相关研究进展情况、前沿技术与科学问题，然后根据自身和团队的专业优势以及现实条件选择适切的问题进行深入研究。一般来说，国家自然和社会科学基金项目的申请需要一定的前期研究基础和学术积累，以保证主持人和团队成员能够胜任此项目并且能够形成一系列研究成果和价值链，更好地发挥国家基金项目的引领和衍生功能。

第三章 大数据支持下的大学科研全景式管理

大数据 科研管理 全景式管理 决策模型 数据素养

大数据为科研提供了新范式、新思维、新证据。可视化、模拟技术提高了科研的信度和效度，降低了风险和成本；大数据学术社区和科研信息平台对科研交流和管理提供了方便，可以帮助科研管理者、研究人员和决策部门及时把握科研动态，判断科研质量，提出鼓励和改进对策。基于大数据的全景式管理与决策模型（PMDM）有了一定的技术和环境支持。目前急需解决的问题：一是对结构性和非结构性数据的利用不充分。例如，基于工作场所的行为数据对管理与决策也是相当重要的，如何更好地挖掘和利用需要技术与制度支持；二是数据价值挖掘与利用效率比较低，对于全球共享的高质量、高价值结构性知识的挖掘和利用率更低；三是大数据支持下的产学研深度融入依然不足；四是大数据科研治理与评估指标体系不健全。对数据伦理、技术生命周期、技术前沿的监测评估以及对成本、风险、伪劣监测控制可操作性的研究不足。本章结合具体的学科研究领域分析大数据对科研及管理带来的机遇和挑战，大数据支持下的科研范式转换以及大数据对科研评价提供的新平台、新技术。探索如何从提高大数据素养、加强大数据技术与规则建设等方面利用大数据推动科研创新和科研管理创新，形成共进机制。

引　言

大数据技术及其语境改变了人们的思维方式和决策模式，也改变了科研、生产、商业及管理模式。2012 年美国政府启动“大数据研发计划”，旨在提高和改进人们从海量和复杂数据中获取知识的能力，加速美国在科学与工程领域发明的步伐，增强国家安全。2014 年《英国增长计划：科学与创新》强调开发基于证据的知识流通绩效考核框架，鼓励开放数据项目，通过评估推动创新发展；向企业开放国家实验室和公共知识资源、数据库、专家系统及咨询服务项目。

张军、姚飞指出，“大数据所具有的在区域间、行业间和企业部门间的穿透性，正在颠覆传统的、线性的、自上而下的目标驱动的精英决策模式，形成面向不确定性的、非线性的、自下而上的发现群体智慧的数据驱动决策模式”。❶

大数据支持了全景式管理，可视化技术、数字建模、虚拟现实技术以及“五量学”，提升了管理与决策设计的全景性、动态性与精准性，支持了全球决策、区块链设计以及创新共进机制的形成。“世界工厂”“世界办公室”推动了设计—生产—商业—反馈一体化；确保资源与用户的精准定位与合理调配，提高了创新与管理、流通效率。全景式管理既强调组织内部的愿景、战略、能力、管理和企业文化等要素，又考虑到企业外部的竞争对手、交通、资源等环境因素，考虑优势、劣势、机遇与威胁（SWOT），关注政治、经济、科技（PEST）与文化等宏观环境要素。大数据语境下的全景式管理重视对环境要素的通透感知与积极博弈，重视标准、平台与通则建设以及代理与复杂适应机制的形成。将理性决策与情境决策、风险规避与自适应决策模式相结合。利用大数据技术及计量工具加强大学科研创新与监测评估，有利于提高科研的前瞻性和管理的科学性，促进创新与共

---

❶ 张军，姚飞．大数据时代的国家创新系统构建问题研究［J］．中国科技论坛，2013（12）：5.

进机制的形成。

大数据重视相关性而非因果关系，通过大数据挖掘与分析可以洞见科学进化的内外逻辑，发现整个社会政治、经济、文化、科技宏观背景与科研相互作用图景以及不同学科之间的相互作用与生成路径，展示在科研创新过程中的必然性与偶然性、机遇与挑战，发现关键人物与关键事件、网络关系等对科研创新的影响，研究其影响的机制与路径。其目的一是提高科研创新效率；二是提高科研管理效率，鼓励优质科研，促进创新发展；三是加强知识产权保护，加快知识传播与流通，形成创新共进机制。

一、大数据与全景式管理研究的文献分析

（一）国内相关研究

2019 年 5 月 7 日，作者通过中国知网以“大数据决策研究”为关键词进行文献检索，共检索到 782 篇相关文献。

其关键词包括：大数据、决策支持系统、结构化数据、数据挖掘、数据仓库、统计方法、系统动力学、决策模型、决策管理、决策内容、决策科学化、预测模型等。关键词分布情况如图 3－1 所示。

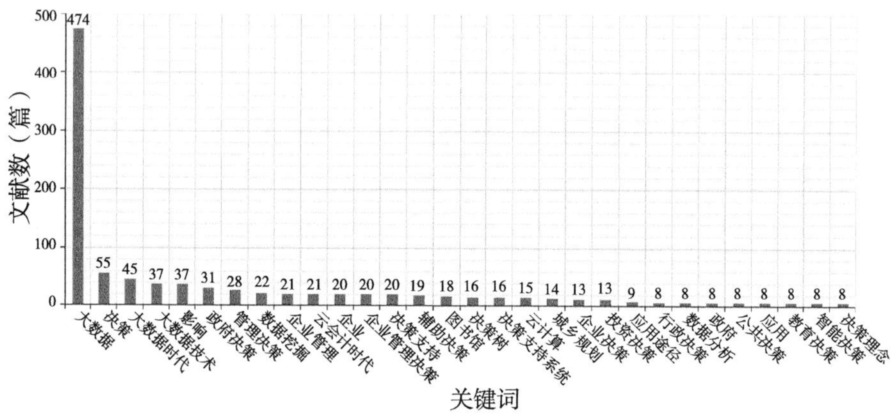

图 3－1　大数据决策研究关键词分布图

徐宗本、冯芷艳等对“大数据资源管理与政策、基于大数据的管理与

决策创新、大数据技术的信息科学基础、大数据分析与处理的数学与计算基础四个主要领域的前沿课题进行了梳理，并对制造业/服务业、公共管理、商务、医疗、开放式教育和金融等典型大数据应用领域的实践发展及其潜在影响进行了讨论，提出大数据生态治理模式”❶。

鲍勇剑、戴文渊等提出“在设定的业务主题内，智能决策系统基本不受计算能力限制，可以追求无限优化。同时与人工智能相适配的区块链技术支持数据化的互信”❷；王飞跃“融合社会科学、情报科学、信息科学等学科理论提出基于 ACP 方法的开源情报解析理论框架，并以天网（科情信息监测）、天眼（科情信息分析与挖掘）、天鹰（科情信息管理与决策支持）为指导流程，构建面向大数据和开源信息的科情监测与协作创新平台，即科网”❸。

胡税根、单立栋、徐靖芮指出“智慧公共决策是以大数据驱动为核心，以新一代信息技术为支撑，以公共利益最大化为目标，具有全面感知、客观透明、实时连续、自主预置和多元共治等特征的一种全新的公共决策模式”❹。蒋余浩、贾开试图“利用区块链技术，推动决策责任机制的根本变革，形成多层协作、多头互联的公共责任机制”❺；张斌、李冰等“基于医疗大数据进行了院长决策系统研究，对临床主要数据进行整合处理，形成有效的数据资源，为院领导掌控医院发展提供有效的数据支持”。❻

---

❶ 徐宗本，冯芷艳，等．大数据驱动的管理与决策前沿课题［J］．管理世界，2014（11）：158－163.

❷ 鲍勇剑，戴文渊，Oleksiy Osiyevskyy，徐石．“极限理性”和“有限可靠性”下的管理决策——展望人工智能对管理决策的革命［J］．清华管理评论，2018（Z2）：62－72.

❸ 王飞跃．知识产生方式和科技决策支撑的重大变革——面向大数据和开源信息的科技态势解析与决策服务［J］．中国科学院院刊，2012，27（5）：527－537.

❹ 胡税根，单立栋，徐靖芮．基于大数据的智慧公共决策特征研究［J］．浙江大学学报（人文社会科学版），2015，45（3）：5－15.

❺ 蒋余浩，贾开．区块链技术路径下基于大数据的公共决策责任机制变革研究［J］．电子政务，2018（2）：26－35.

❻ 张斌，李冰，等．基于医疗大数据的院长决策系统研究与实践［J］．中国数字医学，2018，13（3）：29－31＋43.

（二）国外相关研究

2019年5月7日作者通过Science direct学术数据库以“decision making aided by big data”为关键词进行学术文献检索，共检索到21 891篇相关文献。其中管理科学与工程领域的文献1040篇，其关键词包括：decision making，data envelopment analysis，data mining，game theory，optimization，uncertainty，simulation，group decision making，decision support system，etc；计算机科学与技术领域共3910篇，其关键词包括：decision making，data mining，data analysis，decision support，computer aided decision making，decision tree，decision support system，etc；公共卫生与预防领域共1400篇，其关键词集中在：cost - benefit analysis，shared decision making，public health，health care，risk assessment，data collection，evidence - based medicine，etc. 从中可以看出同一主题不同领域关注的焦点不同。

大数据关注的不是因果关系，而是事物的相关关系。大数据要求我们能够接受混乱和不确定性，从混沌中洞见价值和时机。Höchtl J、Parycek P等研究了大数据时代的技术变革与政治变革之间的相互作用，试图在电子政务领域和公共行政理论之间架起一座桥梁，将政策周期作为政策流程和政策制定的通用模型，介绍了如何在ICT和大数据的基础上决策的新视角。❶ Provost F、Fawcett T研究了数据科学及其与大数据驱动决策的关系。❷

2011年欧盟发布的《设计驱动的创新生态系统行动方案》鼓励各国将设计融于创新政策及研发设计行动计划中。加强设计专业人才供给，形成设计中心、学会、集群和网络。此类研究对PMDM模拟设计、知识图谱的研究提供技术路径和方法，同时将复杂适应与智能决策模式嵌入其中。

---

❶ Höchtl J，Parycek P，Schöllhammer R. Big data in the policy cycle：Policy decision making in the digital era［J］. Journal of Organizational Computing & Electronic Commerce，2016，26（1 - 2）：147 - 169.

❷ Provost F，Fawcett T. Data Science and its Relationship to Big Data and Data - Driven Decision Making［J］. Big Data，2013，1（1）：51.

Kościelniak H、Puto A 指出，大数据使得决策依据大量的数据和软件进行分析，大数据不仅可以收集数据，而且能够可视化。Kościelniak H、Puto A 指出了大数据在决策过程中的重要性以及企业综合数据管理的本质，如何在不同的阶段利用大数据进行动态决策。❶

Erdem T、Keane M P. 在不确定性的环境中构建了两种消费者行为模型：具有即时效用最大化的动态模型；动态“前瞻性”模型❷；Jankowski P 指出，决策过程涉及政策优先级、权衡和不确定性，可以通过多标准决策（MCDM）方法来辅助。提出了一个整合地理信息系统（GIS）和 MCDM 方法的框架。在此框架中，MCDM 方法被分类并与决策者在存在竞争替代方案和多个评估标准时使用的选择启发法相匹配。提出了两种将 GIS 与 MCDM 相结合的策略。第一个策略建议使用文件交换机制链接 GIS 和 MCDM 技术。第二种策略建议使用通用数据库集成 GIS 和 MCDM 功能。介绍了使用 PC－ARC / INFO 文件交换模块和四种不同 MCDM 计算机程序的策略。❸

二、大数据支持下的科研范式转换

（一）从因果关系到相关研究

从哲学思辨到量化研究是科学发展的进步标志。无论是通过科学观察、科学实验得到的数据，还是通过调查、统计等途径得到的数据都是弥足珍贵的。数据是科学共同体的“通用语言”，在数据基础上建立起“科学通则”有利于保证科学内在的一致性和标准性，推动科学沿着内在的逻辑有规律地发展。通过科学处理的数据，能够反映出数据之间的相关性，

---

❶ Kościelniak H, Puto A. BIG DATA in Decision Making Processes of Enterprises [J]. Procedia Computer Science, 2015, 65 (9): 1052－1058.

❷ Decision－Making under Uncertainty: Capturing Dynamic Brand Choice Processes in Turbulent Consumer Goods Markets [J]. Marketing Science, 1996, 15 (1): 1－20.

❸ Jankowski P. Integrating geographical information systems and multiple criteria decision－making methods [J]. International Journal of Geographical Information Systems, 1995, 9 (3): 251－273.

进而发现规律，得出科学结论。实验研究重视各变量之间的因果关系，这在纯粹的实验室环境下严格控制各种无关变量只可以得出理论上因果关系，找到关键性的影响因素。但由于影响实验效果的因素多种多样，实验室得出的科学结论具有相对性，有些潜在的起决定性的因素往往被忽略。以往的量性研究多是局限于“小数据”和各变量之间的因果关系，也暴露出其条件的局限性。由于人的理性的有限性，在实验设计过程中只能局限于有限的变量，而过滤掉其他的变量，进而发现其中的因果关系。这种纯化的实验可能导致结果的失真，也会影响到应用效果。在科学史上有大量证据表明，科学发现的“偶然性”，而并非是在严格的实验室控制条件下得到的“真理”。

例如，1896 年艾克曼发现了一个有趣的现象：这里不仅人会生脚气病，就是家养的鸡也有生脚气病的。一般人都会认为是由于细菌或者病毒感染导致的脚气病。他利用各种方法检查鸡身上是否有病毒或细菌感染，甚至对环境和食物都进行了严格消毒，但鸡照样生脚气病。在排除了以上原因后，他仍然继续观察和思考，试图找出原因。一次偶然的机会他发现两个饲养员喂鸡所用的饲料不同，结果一个饲养员所喂的鸡都得了脚气病，而另一个所喂养的鸡没有脚气病。再仔细观察发现前者是用精米喂鸡，而后者是用米糠喂鸡。艾克曼又继续实验，买了一批健康的鸡，一半用白米饭喂养，一半用米糠喂养。结果前者都有了脚气病，而后者却很健康。于是他断定脚气病与食物有关，如果将所食大米的糟糠扔掉，长期食用精米就容易导致脚气病。这属于科学发现中的“偶然性”。科学家由于其思维专注于某一研究问题，结果遇到相关现象很容易促使其从专业视角来思考问题，进而导致重大科学发现。在大数据语境下，利用大数据监测与分析技术可以精准定位患有某一类疾病的患者的家族遗传史、地理位置、饮食习惯和其他行为习惯等，进而更好地定位这些因素与某种疾病之间的关系。

艾克曼当时由于受实验条件和医学理论的限制，只是发现了米糠与脚气病之间的关联性，而没有继续深化研究进行药物研发。10 年以后，波兰化学家弗克（Fock），日本生化学家铃木（Suzuki）、岛村（Shimamura）

和大岳（Daiyue），分别用不同的方法从米糠中获得了一种白色的结晶体“维生素”。后来的科学家们又发现了和这种维生素相似而功用不同的维生素，把它们归为一类，称作 B 族维生素。

另外，实验研究由于受到时间、空间、实验仪器设备、实验环境等条件因素，以及研究者自身生理、心理因素的影响，使得实验过程和实验结果都存在一定的局限性；调查研究由于受样本大小的影响，其信度和效度也受到一定影响。而利用大数据进行研究则容易克服以上不足。例如，通过大数据模型和仿真技术进行模拟实验，可以克服实验仪器不足等条件的限制，并且可以实时存储实验数据，保证后期跟踪分析，克服了人的生理疲劳和心理局限性的影响。大数据可视化技术还可以将实验对象的各种属性精细地呈现出来，或者将古老的事物取其“基因”加以复原，以便于深入细致地研究分析。大数据具有“量大”“高速度”“动态性”“混沌性”“关联性”等特征，通过数据挖掘和分析技术可以有效地利用各种结构性和非结构性数据，反映事物之间的关联性及发展趋势，比人工调查所收集到的数据更具多样性、完整性和动态性。但必须经过处理和“去噪”才能更好地利用大数据发现规律，实现价值。

大数据使得科研的样本更加多样化和大量化，不仅包括那些具有统一规则的结构性数据，也包括那些没有经过处理的非结构化数据以及半结构化数据，从这些数据中可以发现各种现象之间的关联性，这些关联性常常是人脑根据经验和推理无法想象的，但却是弥足珍贵的。

随着各种科研数据库的出现，研究者以及学生、企业员工等都可以通过开放存取获取所需要的数据，同时他们也留下了自己的行为偏好。通过点击率、下载率、引用率可以发现其中的学术扩散方向以及学者关系网，也可以定位相关文献的受欢迎程度。尽管这些不能说明文献本身的质量，但也能反映一定的趋势和关系。大数据最重要的功能就是对趋势的预测和创新景气的测度，需要时也可以对某个关键接点中的人物或事件进行定位和监测。

随着数据科学的蓬勃发展，各种数据分析工具也应运而生，例如在科研中我们经常用的知识计量分析、CiteSpace 可视化分析、聚类分析、SPSS

分析工具、关联分析、数字建模、数字模拟工具、异常检测工具等为研究提供了得力助手。各种高分辨率图像识别软件为大数据地理、土壤和气候监测和风险评估提供了可靠的工具。科研信息平台的建立和各种微媒体的出现，方便了学者之间的交流，也加快了知识的传播，同时也为科研评估和管理提供了更多鲜活的证据。

量化研究在自然科学研究中得以广泛采用，但人文和社会科学由于其具有人文性、主观性等特征，更多地采用叙述和阐释的方法进行研究。人文与社会科学研究的数据化也是受到实证研究范式的影响而兴起的，例如问卷、访谈、实地考察所得到的数据经过科学处理可以反映现象之间的关系和规律；一些统计数据根据研究的需要加以利用也可以反映各种社会现象之间的相互影响及其深层关系。

大数据在人文社会科学中的应用开辟了研究的新范式、新领域。大数据时代，人的一切行为都能够留下痕迹，甚至人的所思所想和所感也能够被智能网络感知，甚至被人和动物感知。这就为利用大数据进行研究提供了大量的证据和事物之间的关联生成关系。例如对个体自私等性格特质的研究，以往的心理学研究主要是根据人格特质因素分析方法得出的人格量表，然后进行问卷和数据处理，找出某人的哪些特质占主导地位，进而判明其人格特质属于哪一种类；或者进一步研究各种变量之间的关系，发现其相互作用的机理，找出影响人格形成的原因。而利用大数据进行人格分析则可以通过数据挖掘，追踪个体在不同场合下的行为选择和行为偏好，甚至可以通过面部识别技术和眼动研究分析其行为的内部动机，进而研究其人格特质。

问卷和访谈方法也具有一定的局限性，被试不一定真实地填写或说出自己的想法和实际情况，这会影响调查的信度。而利用大数据挖掘技术定位某一研究对象，然后广泛收集其在不同时间和不同场合下的行为数据，例如购物倾向、投稿行为、社交行为、投资行为、阅读书目、上网行为等数据，可以比较全面地反映一个人的行为特点，间接地反映出其人格特征。所以说大数据时代“自私”是可以被观察到的，是可视化的，有证据所依的。

大数据研究在商业和医疗领域应用比较广泛。通过大数据可以挖掘出用户群体的购物偏好，然后精准生产和供给。通过个体的购物和医疗数据可以推断出其所具有的某种疾病及其原因，进而提高诊断和治疗的有效性。

在科学研究领域，研究者可以利用基于用户的大数据和基于知识库的大数据进行研究，从知识供给侧和用户需要两个维度进行创新设计。一方面，通过科学计量、文献计量、地理信息系统模拟等方法可以发现创新的源头、趋势及其时空分布状况，进而定位前沿技术，精准科研；另一方面，根据应用侧的研究，通过大数据挖掘与分析可以更好地了解用户需求，实现精准推送，并且通过科技前沿预测引领消费市场，推动创新和生活质量的提高，实现绿色生产、绿色人居和人类可持续发展。

詹国辉等在“面向大数据的计算社会科学：一种诠释社会现象的新范式”一文中指出，“面对复杂而又充斥不确定性的社会现象，作为当下社会科学研究最新前沿理论的计算社会科学，有助于厘清并诠释社会现象的内在机理。计算社会科学作为一种新范式，有助于实现社会科学研究范式的转化，从而在大数据时代下提升诠释社会现象的深度与广度”。❶

马费成在“推进大数据、人工智能等信息技术与人文社会科学研究深度融合”一文中指出了大数据时代“人文社会科学研究出现了许多新场景：实时洞察热点事件、用科学来破解文学争议、宏观分析历史变化、探究重大社会问题。”❷

但大数据支持下的科研方法也具有一定的局限性，一是数据的质量，二是数据处理的方法，可能会影响研究的信度和效度。张务农在“论大数据之于教育研究‘科学化’的价值与局限”一文中指出“大数据方法在教育研究科学化进程中具有重要价值。但大数据方法并不完美，自身也存在一些问题，因而其推进教育研究科学化进程也存在局限性”❸ 在科学研究

---

❶ 詹国辉，熊菲，栗俊杰．面向大数据的计算社会科学：一种诠释社会现象的新范式［J］．科学技术哲学研究，2018，35（3）：104－108.

❷ 马费成．推进大数据、人工智能等信息技术与人文社会科学研究深度融合［J］．评价与管理，2018，16（2）：1－5.

❸ 张务农．论大数据之于教育研究“科学化”的价值与局限［J］．中国远程教育，2018（8）：16－21＋79.

中，传统的“小数据”研究方法应该与“大数据”研究方法相结合，相互补充，通过大数据发现普遍规律，然后选取特定对象进行实验，如果二者结论相关度越高，则验证了已有结论；否则需要分析特定环境变量和偶然因素。

（二）大数据支持下的科研技术与工具改进

1. 可视化技术

大数据支持下的科研方法与技术种类不断增多，例如可视化技术、数学建模技术、虚拟现实技术、大数据挖掘与分析技术等。可视化即利用所收集的数据将有关信息单位的各种属性和变量之间的关系用图像呈现出来，包括数据表达、数据建模以及对立体、表面、属性、动画的显示，进而对数据加以可视化解释，方便研究者从多层次、多维度对数据之间的关系和进化路径进行深入观察和分析，以获得内在机理，预测未来趋势。

布鲁斯·麦考梅克、托马斯·德房蒂和玛克辛·布朗在“Visualization in Scientific Computing”❶（科学计算之中的可视化）研究报告中指出，可视化作为分析和解释大量数据的强大工具，可以从大规模数据中提取可视信息。数值模型的层次、结构及精细化程度与计算机的运算处理能力有关，目前其复杂性和清晰度不断提高，不仅被用于临床医学诊断中，而且被用于考古材料的复原、修复以及天体模拟、生物进化模拟、分子结构模拟、地理环境模拟、农业生态模拟与可视化等诸多领域。《科学可视化前沿》（Frontiers of Scientific Visualization）以及《可视化的生物信息》（Visualizing Biological Information）等著作在科学可视化领域都具有奠基意义。

目前常用的科研可视化工具种类繁多，研究者可以下载相关的软件，结合自己研究的需要加以应用，以增强研究效果。例如 D3、Processing、Google chart、Sigma. js、Echarts 等。图表类型多种多样，包括折线图、柱状图、饼图、散点图、漏斗图、地图、气泡图、雷达图、仪表盘等。操作

---

❶ Mccormick B H. Visualization in scientific computing [J]. Computer Engineering & Science, 1993, 7 (10): 69-69.

简单，图表有动态效果。

科学可视化形象生动，可以帮助人们发现一些感官难以触及的细节，帮助理解与分析，激发想象和创新。例如，法国科学家阿羽伊把数学和晶体的微观结构联系起来，用数学原理来解释为什么同一种物质会有不同形状的晶体；国外一些制药公司会应用可视化工具展示药物在细胞内的作用机理。交互式图表工具提高了科学数据的易读性及可重复性。编程人员可以使用 ipywidgets 将交互式 3D 图、地图和分子可视化放入 Jupyter 笔记本中。R 语言平台 Shiny 和 Python 平台 Dash 让研究人员通过使用下拉菜单和滑块控件等小部件来混合数据、图形和代码，从而创建交互式应用程序。

2. 数学建模

现代科学与数学的结合越来越密切，通过数据建模可以使得科学研究和技术量化和精确化。借助于数学建模和求解可以避免原来的试错法，降低成本和风险。例如，计算生物学、计算天文学、计算医学、计算材料科学，等等。“数字化建模技术是在计算机系统中采用虚拟的数字化模型对现实物体的几何形状、结构、性能等进行描述”❶。数字建模的方法被广泛应用于虚拟制造、数字城市、材料科学、生物工程以及医学研究等多个领域。

建模的目的不同，所采用的分析方法和数学工具也不同。数学建模方法大体上可分为机理分析和测试分析两种。机理分析是根据对客观事物特性的认识，找出反应内部机理的数量规律，建立的模型常有明确的物理或现实意义；测试分析是将研究对象看作一个“黑箱”系统，通过对系统输入、输出数据的测量和统计分析，按照一定的准则找出与数据拟合得最好的模型。在实际应用中往往将二者相结合，用机理分析建立模型的结构，用测试分析确定模型的参数。测试分析有一套完整的数学方法，例如统计回归模型。机理分析建模的一般过程，如图 3 – 2 所示。

---

❶ 史双瑶．数字化建模及变形仿真技术的研究与应用［D］．南京：南京航空航天大学，2004：1.

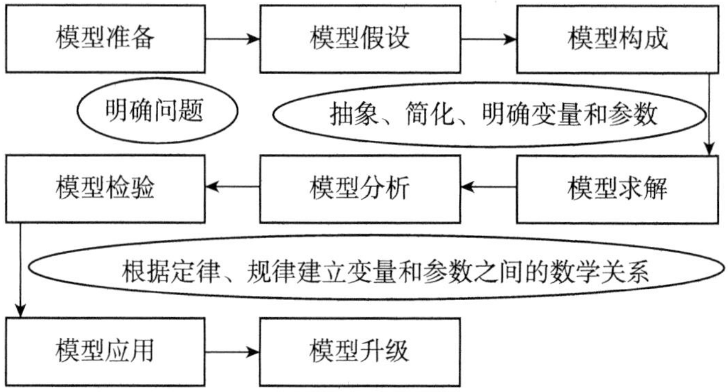

图 3-2　数学建模的一般过程

模型准备阶段需要明确建构的目标，收集相关数据支撑，可以进行多模型比较；模型假设的提出要“去粗取精，去伪存真”，既简洁明了，抓住本质特征，又不能过于简单和泛化，要根据研究对象和目标提出适切性高的模型假设。好的假设取决于研究者对问题内在规律的认识以及对数据的把握，使二者能够相互契合。专业素养和模型素养以及基于应用场景的想象力是决定模型质量的重要因素。模型构成是根据模型假设，通过数学的语言、符号描述对象的内在规律，建立包含常量、变量等的数学模型，如优化模型、微分方程模型、差分方程模型、图的模型等。可以利用经典模式经过改造生成新的适切性模型。模型求解可根据议程和优化算法、统计分析、数值分析等方法，利用计算机软件和计算工具进行求解。然后对求解结果进行误差和统计分析，进一步判断其灵敏性、适切性及强健性。模型分析是指对求解结果进行数学上的分析，如结果的误差分析和统计分析、模型对数据的灵敏性分析和对假设的强健性分析等。模型检验要回到问题和应用场景中检验其合理性和适用性程度。模型应用与检验往往是交互进行的，边应用边改进，甚至根据情境自主调节适应和升级进化。好的数学建模在研究中用起来得心应手，既具有普适性，又具有适切性和变通性，使得研究更加便捷，同时又具有广泛迁移的可能性，遇到同类问题可以举一反三、触类旁通。

3. 虚拟现实

虚拟现实利用计算机生成一种模拟环境，是一种三维动态交互式场景。人与环境可以对话或者互动，用户沉浸其中，与真实生活、工作和学习场景相似，增强现实体验。

建筑设计、房地产商通过虚拟现实技术可以让用户身临其境，在“真实”生活情境下体验到住所的优势和缺陷，有利于进一步改进缺陷；医生通过虚拟现实技术，可以在真正开始动手术前模拟操作，在显示器上移动人体器官，观察各种生理反应指标的变化，最后找到一种最佳的手术方案。还可以通过远距离图像传输对手术进行遥控，对现场手术进行实时的专家指导或者会诊，制定手术方案，预测手术后果，降低手术风险；新药研制也可以通过虚拟现实技术对新药研究的整个过程、药理以及人体实验进行模拟实验和参数设计，进而发现其中的不足之处以便加以改进；利用虚拟现实技术可以实现文物复原、复活和保护。通过已有文物的影像采集，建立三维数字模型，进而复原和修复已有文物。利用虚拟技术和网络技术可以从多个维度和侧面生动形象地展示文物，实现资源共享，也便于学生学习和研究。特别是对于科学博物馆中收藏的科技物品，可以利用虚拟现实技术再现科技发明的过程，观察内部构造，理解其原理和机制。

工业仿真系统可以结合各种质量标准以及真实的生产场景和生产流程、产品检验、包装、出厂、销售以及售后服务等完整的工业流程进行模拟生产和商品化，进而监控各个环节的质量执行情况以及效率状态，及时诊断危机，同时监测“人—机”互动效果，实现“人—机”有效匹配；工业仿真系统可以将各种生产流程和标准程序输入机器，然后虚拟工作和流通场景，结合用户业务建立多层次、多类型数据库，用于监测和指导生产与操作，实现工作可视化，可实现工作与技术训练同步进行。机器在此过程中也不断实现程序的升级和进化，进而达到“人—机—环境”的相互匹配和共同进步。大学生可以利用模拟现实技术进行模拟实习、模拟训练以及模拟制造，进而实现教学、研究、实训与创新一体化。

三、全景式管理理论、模型与研究趋势

（一）全景式管理理论及模型分析

大数据管理具有全面感知性、通透性、多元参与性及动态改进性等特

征。全景式管理强调跳出本地圈子看问题，微观精细分析，宏观全景观照，动态适应调节。强调愿景、战略、能力、管理和企业文化等要素。树立核心价值观和核心目的，树立新的时空观；在强调资源优势与调配的精准定位的同时加强情境决策及对隐性知识的监测与评估；将现实利益与长远利益相结合、个体利益与组织利益、社会利益相结合，及时应对危机与挑战，提高风险防范能力，形成共进性决策思维。

概念、理论为要素分析及相关分析提供了基本框架和视角。决策是决策者根据组织目标、价值、期望以及所具备的知识、能力、条件、资源等要素，在对宏观、中观和微观环境进行全面审视和运筹的基础上选择行动的过程。决策具有全局性、动态性、情境性和多元性等特征。

与大数据决策研究相关的理论基础包括复杂适应理论、社会资本理论、结构洞理论、博弈论和生命周期理论。在全球化和大数据语境下，决策变得更加复杂。决策支持系统（DSS）和管理信息系统（MIS）存在很大局限性，复杂环境下需要不断进化的自适应智能决策支持系统（AIDSS）以不断学习和适应外部环境变化、监测创新景气和地方群体智慧。为此需要调整数据结构与算法策略，基于复杂适应理论，建立时间、空间、资源、能力和多主体交互模型，基于此类模型，构建自适应智能决策支持系统。

社会资本理论强调社会关系网络及相应价值观、行为方式、信任、友爱关系，通过获得成员资格、位置和网络联系增加个人机会和幸福指数。社会资本与文化资本、经济资本是三种主要的资本类型；“结构洞”理论“强调人际网络中存在的结构洞可以为处于该位置的组织和个人带来信息和其他资源上的优势”[1]；战略网络重视对网络结构、网络主体和网络联结方式的分析。企业间诚信的增加会减少道德成本，从而使得交易成本降低。

博弈与公共治理理论强调多方合作与双赢理念。针对创新与合作中的

---

[1] Ahuja G. Collaboration Networks, Structural Holes and Innovation: A Longitudinal Study [J]. Administrative Science Quarterly, 2000, 45 (3): 425－455.

不确定性和随机性、共生性，各创新主体企业、高校、政府、市场、科研院所及“第三方”和各利益相关者之间必须建立起联盟关系，在加强内部能力建设的同时，关注与外部宏观科技语境以及与其他领域能力和条件的耦合关系。各创新主体之间要建立起信任关系和良性博弈格局，审时度势，抓住时机，充分调动一切可以利用的积极因素，发挥自身优势和群体智慧，因地制宜，开放创新，促进事业滚动式发展，建立起有序、高效、善治的治理秩序。

在全球化、信息化背景下科技日新月异，科学—技术—生产—商业化周期越来越短。无论是企业、政府还是科研部门都要重视对技术及其所带来的相关领域生命周期的研究，利用好时间差和地域差，抢占创新制高点和突破点。

艾尔费雷德·D. 钱德勒（Alfred D Chandler）最早提出速度经济概念；1988 年 Stalk 提出了基于时间的竞争概念，指出“应把时间作为一种战略武器，它与资金、生产率、质量甚至创新同等重要”❶。时效性和空间关系为科研创新监测评估提供了关键维度。

有关大数据支持下的大学科研创新评估需要考虑不同维度的条件与标准等内容：“一是价值层面，如人本原则、效率原则、环保原则；二是要建立系统性、关联性、动态性的方法论基础；三是建立时间、空间（一维），社会背景：政治、经济、科技、文化（二维），组织外部环境：竞争与合作者、资源、条件（三维），组织内部（核心能力、文化）（四维）模型；四是利用大数据分析组织在不同的时间、空间各种要素变化情况及交互影响情况，诸如科技发展对生产结构、生产方式、就业结构、生活方式所产生的影响，经济发展水平对产业结构、科技发展产生的影响，不同文化和价值观下生产与管理哲学的变化，以及在此观念指导下的管理方式与生产方式的变化、动态生成图景”。❷

---

❶ Stalk，G S Jr. Time – The next source of competing advantage [J]. Harward Business Review，1988（7 – 8）：41 – 45.

❷王玉秋．开放系统中企业创新的网络机制研究（二）[J]．科研管理，2015，36（S1）：62 – 68.

"决策分析还要考虑必要性与可行性。必要性包括科技革命、环境与能源保护、生活方式与生活质量对产业升级改造与创新发展提出的要求；可行性分析包括目前企业的科技水平、员工素质、关键技术、产品工艺水平；客户需求与购买能力；成本控制；资金扶持等基本要素。宏观的政策背景，国家的政策支持、社会的风气与伦理道德水平，相关的商业、营销、服务环节是否与企业创新能力相配套，整个公民的素质水平与消费水平如何等"。❶

大数据支持下的科研全景式管理需要考虑多种变量并且形成共进机制。例如有关科学—技术—应用—管理—政策（STAMP）共进关系研究；智慧城市、智慧校园、智慧生产等基础设施建设情况；数据素养与治理能力相关性研究；大数据支持的科研数据与行为监测，诸如研究者科研行为监测、客户科研数据管理、伪劣监测与防范、过程与质量分析、成果创新性分析、学科分布、科研圈子、科研资源配置优化、网络优化、风险分析、档案袋分析、需求分析等。

全景式管理模式既要考虑组织内部核心能力及外部竞争伙伴、资源、条件、政治、经济、科技、文化等要素，将组织愿景、战略、能力、管理和企业文化相互关联与共进，又要考虑与外部环境条件动态匹配，如SWOT分析、五力模型等。这里强调了新技术语境下科学研究、技术、应用、管理、政策各要素之间的共进关系，构建了STAMP决策模型。充分考虑新技术与前沿学术探索之间的相互影响，利用知识图谱与专利扩散地理可视化等技术对科学研究与技术进化的图景进行深描，发现其中的共进关系。同时考察科学技术普及应用、显性知识与隐性知识及组织文化与创新之间的交互机理；最后考察新技术如何渗透到管理与决策各个环节，相关政策与制度环境支持对创新的影响。基本模型如图3－3所示。

（二）全球科研与专利总量及区域分布图景

刘则渊2006年研究发现"以科学、技术、创新以及相关的科技政策与管理为内容的科学学应用研究是当前的主流领域。有关科学、技术与创新相

---

❶ 王玉秋．开放系统中企业创新的网络机制研究（二）［J］．科研管理，2015，36（S1）：62－68.

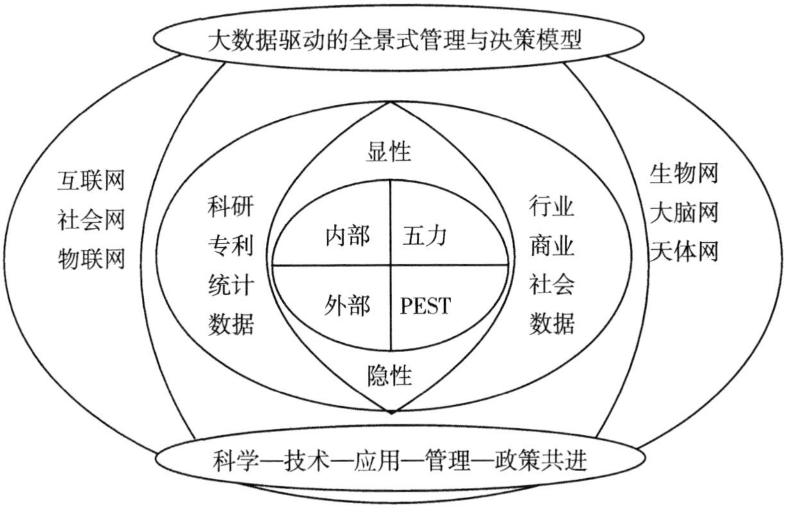

图 3-3　大数据驱动的全景式管理与决策模型

互作用规律、自然科学某些学科的演化规律以及科学技术合作理论等成为科学学理论研究的热门领域”。❶ 文献计量研究表明 2000—2009 年创新研究的国际趋势为知识生产模式 2 下的创新、合作网络、结构洞及开放式创新。

栾春娟等“利用信息可视化软件 CiteSpace，绘制出科技政策研究热点与研究前沿的知识图谱，为科技政策研究者提供重要参考”❷；Peimin C 试图从政策研究的角度分析大数据支持科研管理和决策的可行性，并建议进行深入的分析和挖掘，以推动科研管理和决策。实现从业务驱动到数据驱动，从个人事件管理到趋势复合管理的过渡机制。加强高层战略部署和政策引导，充分发挥大数据在数据关联和智能决策中的优势，从而推进科研管理和决策的环境建设。❸

---

❶ 刘则渊．科学学理论体系建构的思考——基于科学计量学的中外科学学进展研究报告［J］．科学学研究，2006，24（1）：1-11.

❷ 栾春娟，侯海燕，王贤文．国际科技政策研究热点与前沿的可视化分析［J］．科学学研究，2009，27（2）：240-243.

❸ Peimin C. The Impact of big data on research management and decision-making——a policy study view［J］. E-Science Technology & Application，2013，56（3）：235-236.

2018年全球创新指标根据科学论文和专利两个指标进行了排名和聚类分析。PCT（Patent Cooperation Treaty，专利合作协定）是一项国际合作条约，采用国际标准对专利进行管理，基本程序包括提交专利申请、检索及审查其中包括的关键技术以及传播的合法性。PCT不对国际专利授权，授权仍由各国专利局负责。PCT与巴黎公约肩负着共同的使命，是对巴黎共约的补充。

自1960年系统汇编以来，科学论文中所包含的引文信息已用于衡量个别学者、学术机构和整个国家的科学绩效。在全球创新指数（GII）中，科学出版是一项重要变量。几十年来，科学情报研究所创建的科学引文索引（SCI）是这类科学信息的唯一来源。为了促进科学活动的国际可比性，2018年的全球创新指数选择使用SCIE。SCIE所提供的文章语言覆盖面更广，但其所覆盖的学科领域不如SCI所覆盖的学科领域全面。根据对SCIE中所收录的最近五年（2012—2016年）的科学文章的分析，其中的数据仅限于科学和技术领域，没有将社会科学和人文科学领域的文章列入评估。

从PCT数据看，2012—2016年大约提交了100万项专利，涉及280万发明人；科学论文850万篇，涉及2250万作者，有740万个唯一地址。相关专家通过对专利发明人和科学论文作者所在地理位置的描绘密度，判断专利和科学出版的规模和集群分布状况。最终描绘出192个科技创新高地，覆盖43个学科领域。科学出版物的加入并没有显著改变创新集群的规模和特征，这可能是由于两种情况造成的，一种可能是创新集群与专利发明之间存在明显正相关，而与科学出版之间的相关度不明显；另一种可能是专利数量与科学出版数量具有正相关。

从总体上看，专利、科学出版密度与经济发展水平之间呈现出明显的正相关。凡是科技活动密集的地区，其经济发展水平明显高于其他地区。但有些地区科学出版数量明显高于专利数量，特别是中等收入地区；有些地方则是专利数量明显高于科学出版数量。例如，南美洲、非洲和中东的部分地区在科学出版方面的表现明显优于专利表现，而圣地亚哥、飞利浦电子公司所在地埃因霍温的出版业绩相对薄弱。还有的经济体在科学出版和专利两个方面都表现出显著的优势，例如东京一横滨经济体拥有全球最大的专利集群，其出版集群排名第二。美国拥有26个创新集群，位居全球首位。中国拥有16个，德国8个，英国4个，加拿大4个。

可视化还显示了科学出版的顶级领域、最高专利领域和最大专利申请人。最大的专利申请人通常是公司，几家公司构成了多个集群的最大申请者；最大申请人所占的专利份额在各集群之间存在很大差异。与去年相比，顶级专利领域的分布情况发生了很大变化，特别是药品领域的专利目前名列前茅。由于药品的研发（R&D）在很大程度上依赖于科学探索，科学出版物的纳入导致药品领域的创新集群增多。紧随其后的是数字通信和医疗技术。这是去年的两大专利领域。

科学出版的顶尖领域是生命科学，其中化学是36个科学集群中的首要领域，尽管并非所有的化学研究都必然与生命科学有关。另外34个顶级科学领域集群涉及医学研究、制药、工程学和物理。每个领域分别有15个和12个集群。顶级科学领域和顶级专利领域之间存在一定的对应关系。例如，深圳—香港和首尔都将工程学作为顶级科学领域，将数字通信作为最高专利领域。同样，华盛顿等地的顶级科学领域肿瘤学却将制药作为最高专利领域。

也有一些地方出现科学与专利领域不对应的情况，顶级科学领域占大多数集群中所有科学出版物的比例不到10%，顶级科学领域的份额通常低于最高专利领域的份额。这表明集群的科学活动比其专利活动更加多样化。

通过基于科学出版者及专利发明者分布区域密度描绘的方法，人们可以更加深入地了解各创新集群的空间分布状况及其背后的知识网络。此类研究可以基于 Web of Science 数据库中特定时间段内的文献数据，用显示知识发展进程与结构关系的 Citespace 和 VOSviewer、Netdraw、Bibexcel 等软件绘制科学知识图谱，或者对科学论文作者和专利发明人进行区域定位和全景式描绘。区域创新集群能够反映特定地理空间内的创新能力、创新文化、创新景气以及大学、企业、政府各部门在创新能力、资源、基础设施、政策等方面的耦合关系。一定空间中信息和人员的互动也容易形成创新氛围，科学与专利、创新之间也存在共进关系。科学和专利技术可视化可以更好地反映各类专家之间的地缘关系、学缘关系和社会关系，也可以反映知识、专利演化的基本趋势、关键节点、创新生成点和漏洞，提高创新规划的精准度。

20世纪80年代，随着新区域主义思潮的出现，创新地理越来越受到学者和决策者的重视。英语关键词有：endogenous growth（内生性增长）、knowledge flows（知识流动）、proximity（毗邻）、patent（专利）、cumulativeness（积累）、triple helix（三螺旋）、growth（增长）、network（网络）、globlization（全球化）、aggression（入侵）、surveillance（监控）、productivity rate（生产率）、hypermarket（超级市场）等。科技在一定区域内聚集有利于知识和技术的扩散并增加创新机会，但新近研究发现创新聚集区容易造成交通和住房紧张等问题，增加创新及流通成本。21世纪，随着智慧生产工业4.0的兴起，创新生态理念受到关注，绿色创新、小微创新、草根创新成为新范式。

GII 2018研究结果显示，全球科技集群集中在美国、中国、德国、巴西、印度、伊朗等国。科技出版排名顺序为：中国、美国、英国、瑞士、新加坡、以色列；原创专利出版排序与科技出版排序一致。从专利密度看，中国的广东、深圳区域的专利密集度最高，其次是北京和上海区域。从总体看，中国的科学出版分布面广，在北京地区、东南地区、西南地区出版密度比较高；日本的专利密度比科学出版密度要高很多；韩国的科学出版密度比专利密度高；美国的东部地区的出版密度比较高，而西部沿海的专利密度比较高；欧洲的出版密度比专利密度高。全球跨区域经济体排名前5的国家及地区有：日本、中国香港、韩国、美国、中国，见表3-1。

表3-1　GII 2018全球跨区域经济体排名前5的国家及地区

排名	集群名称	经济体
1	东京横滨	日本
2	深圳—香港	中国香港
3	首尔	韩国
4	圣何塞—弗朗兹公司—加拿大	美国
5	北京	中国

（三）不同类型大学科研与专利总量及趋势比较

下面通过中国知网对清华大学、北京大学、山东大学、青岛大学、鲁东大学、临沂大学等不同高校自2016年1月1日到2019年5月14日的文献进行计量分析，以了解不同类型大学科研优势学科和领域，间接测度其创新景气和学科发展实力。表3－2选取了国内3所重点大学及3所地方性大学，统计了期间各大学的发文量及教师数量。其中的教师数量及综合排名依据武书连2018年中国大学排行榜中的数据，其教师数量取连续四年的平均值。

表3－2　国内6所大学发表论文、专利及综合排名

大学名称	论文数量	专利数量	教师数量	综合排名
北京大学	61501	1956	4431	3
山东大学	57450	5263	4620	12
清华大学	48149	7755	5597	1
青岛大学	17598	1685	2460	94
鲁东大学	4742	571	1465	231
临沂大学	2805	776	2045	297

从表3－2可见，大学科研成果数量与大学规模没有显著正相关，但大学综合排名与大学规模总体上呈正相关。北京大学属于典型的研究型大学，教师数量不多但成果排名第1，其在医学（糖尿病、儿科）、生物学等领域的研究成果突出。北京大学的专利数量低于清华大学和山东大学；清华大学属于典型的学术创新型大学，其论文数量排名第3，但专利数量和综合排名位居第1位。清华大学以建筑工程、电气工程等工科及法学、环境、经济等社会科学为主，在高等教育研究、大数据、人工智能、大学课程与专业咨询服务以及科研向教学和生产转化等方面成效显著。山东大学处于创新和研究型大学的中间地带，在学术研究和专利方面都有很大的提升空间。山东大学在医学（肿瘤研究）、数据模拟、成像技术、生活质量、力学、公共事业管理等领域的研究成果具有领先性。

青岛大学在山东省地方性大学中处于领先地位，无论是论文数量、专利数量还是综合排名在地方性大学中都是第一位。青岛大学的优势学科有临床医学、法学、计算机、工商管理及金融专业。鲁东大学和临沂大学都是由原来的师范类大学升格为地方综合性大学的，但其科研和学科优势仍然以原来的师范类为主，鲁东大学以心理学研究见长，设有国家学习与认知心理学重点实验室；临沂大学在沂蒙精神、教师教育、大学教学改革以及地方性大学经营模式探索等领域有创新发现和研究特色，大学设有沂蒙文化研究院、国家乡村卓越小学教师培养基地、生物仿真实验室、动漫与计算机模拟实验室、中药栽培与教学实习基地等，推动了特色研究和人才培养模式改革。

从论文和专利的学科分布来看，清华大学在建筑科学和电气工程领域的综合实力较强（见表3－3），其中“数字模拟”“大数据”“人工智能”“锂离子电池”“石墨烯”“创新”等领域的研究具有优势。表明清华大学在科研中及时引进先进方法，研究技术、方法与研究成果呈现出共进趋势。专利的学科分布情况与论文的学科分布情况存在一定关联性，但关联性不显著（见表3－4）。

表3－3　清华大学2016年1月1日至2019年5月16日发表论文的学科分布情况

排序	学科名称	论文数量	排序	学科名称	论文数量	排序	学科名称	论文数量
1	建筑科学	1756	11	新闻传播	961	21	材料	545
2	电气工程	1686	12	美术	854	22	汽车工程	499
3	教育	1451	13	工商管理	810	23	社会	476
4	法学	1343	14	金融	742	24	动力工程	464
5	环境	1323	15	国民经济	734	25	金属学	455
6	临床医学	1156	16	化学	729	26	文学	444
7	政治	1117	17	化学工程	704	27	交通运输	429
8	计算机	1056	18	物理	649	28	公共管理	428
9	城乡规划	1051	19	控制工程	610	29	哲学	412
10	城市经济	987	20	工业经济	574	30	信息通讯	404

Glauber J 等研究发现，大学规模、大学类型以及教师科研经历与大学的科研广度、科研质量以及专利产出之间存在高度相关。[1] 大学专利是科

[1] Glauber J, Wollersheim J, Sandner P, et al. The patenting activity of German Universities [J]. Journal of Business Economics, 2015, 85 (7): 719－757.

表3－4　清华大学2016年1月1日至2019年5月16日专利的学科分布情况

排序	学科名称	专利数量	排序	学科名称	专利数量	排序	学科名称	专利数量
1	电力工业	1756	11	建筑科学	283	21	生物医学	84
2	计算机软件	875	12	计算机硬件	272	22	生物学	82
3	电信技术	697	13	动力工程	263	23	核科技	82
4	仪器仪表	532	14	无机化学	247	24	化学工业	71
5	材料科学	497	15	汽车工业	175	25	运输	61
6	化学	477	16	机械	173	26	航空航天	53
7	自动化	380	17	环境科学	157	27	药学	38
8	无线电电子	330	18	通用技术	145	28	物理学	34
9	金属学	303	19	轻工手工	114	29	水利水电	28
10	有机化学	299	20	临床医学	100	30	石油天然气	21

研评价的重要指标之一，也是产学研深度整合的重要媒介。以前对大学专利的研究主要考察了学术研究成果向专利转化的结果。现在对专利的评价越来越强调其作为一项独立的指标而参与评估。Van Looy（2011）等人研究发现，欧洲大学科研生产力与专利活动之间呈正相关，并指出专利活动受到大学规模、科研政策、专利保护和申请等制度因素的影响。专利指标也是影响大学综合排名的重要因素。大学排名会影响到来自政府和第三方的资金支持，影响学生择校以及优秀师资的招募，也影响高级职称的名额，所以引起各方面广泛的关注和激烈的竞争。大学是知识密集型组织，大学创新主要依靠教师个体知识资本的积累和研究方法的训练，依靠个体的原创性和创造力。大学的重要使命是促进科学进步，而企业主要依靠标准化生产和提供服务，其使命是更好地满足社会需求。有研究者认为大学应基于其原创性科研成果研发更多专利，而也有人主张专利申请更多地应该依靠企业而不是大学。目前的观点主张不同类型的大学要根据实际情况来确定科研和专利的比重，同时强调提高科研和专利的原创性水平和国际领先水平。

四、加强大学科研全景式管理的对策

（一）加强科研虚拟社区和信息平台建设

利用信息化平台和管理系统可以对大学科研的总体情况进行动态跟踪研究，提高大学科研管理的实效性。科研信息系统中的数据要遵循一定的数据规则，提高数据的质量，包括数据的真实性、及时性、系统性、连续性、交互性；数据属性的粒度和数据域的精确性，每一项属性的唯一性和排他性，枚举项的合理性等。由于受移动数据的影响，科研信息中的数据成分更加复杂，无论是结构性数据还是非结构性数据都需要重新进行分类和筛选。这对科研管理也提出了机遇和挑战。

目前，我国大学科研信息管理系统一是大学自建的信息平台，其中每位教师利用自己的工号都可以登录平台进行科研信息的维护，及时将自己的科研成果、项目以及学生论文指导的情况通过平台保存。教师、学生及管理人员都可以访问并且评价。科研管理人员可以通过平台了解本校教师的科研情况以及指导学生科研的情况，及时发现先进人员和精品科研，动态推送，加以表彰、传播和应用。

由于受移动数据和虚拟学习社区的影响，目前无论是大学生还是教师都习惯于利用移动工具进行交流，科研管理者要及时跟进，加入到教师和学生的学习研究社区中，了解科研动态和科研人员的科研行为。例如，利用微信、QQ、校友邦等 APP 及时对学习和研究中的问题进行交流和分享，提高了科研传播、应用的速度和普及力度，同时加快了资源的共享。丁敬达等在“论学术虚拟社区知识交流模式”一文中指出“对学术虚拟社区知识交流模式进行研究，有利于引导虚拟环境下的学术交流活动，创建良好的在线知识交流环境，促进知识共享和创新。”❶

科研管理部门一般都建立了科研管理与交流群，及时发布科研项目和评奖等信息，表扬和传播优秀科研人员和科研成果；大学财务处建立了经

---

❶ 丁敬达，杨思洛，邱均平．论学术虚拟社区知识交流模式［J］．情报理论与实践，2013，36（1）：64－68.

费报销与管理群，及时发布有关科研经费管理的新政策和新的财务管理制度，为教师科研经费的使用提供科学、便捷的管理平台；图书馆建立了知识咨询与服务群，为教师提供图书、文献咨询和服务。教师可以定制自己需要的图书，可以请图书管理员帮助下载所需要的科研和教学文献，可以对自己的论文和项目进行查重和查新等。科研管理者参与到了相关虚拟社区中，及时了解教师的需求和困惑，同时了解教师的科研动向；另外，还通过“百度学术”“中国知网”等学术平台及时了解本单位教师的科研情况及科研新动向。通过用户转载量和评价的大数据采集与分析可以更好地定位优质科研，从而克服了以往仅仅依靠被引和同行评议简单的评价指标。科研分享的便利也提高了科研的社会效益。

随着网上学习平台与移动学习的整合以及各种移动小程序的出现，课堂教学与新媒体整合速度加快，大学生使用对分易、蓝墨班课、校友邦等新社交网络媒体的人数不断增加，并能及时利用“美篇”“Word 在线编辑”等软件进行实时创作和修订，使得移动学习和交流更加便捷，从中也能反映出技术与应用普及之间的共进关系。

科研管理者需要对新媒体技术和大数据技术保持敏感，不仅能够通过 WoS、Googlescholar、Science direct 以及中国知网等各类结构性科研文献和专利数据库进行文献计量分析，而且能够及时运用新媒体技术加强对科研的传播、应用和内容分析，进而提高科研评价的动态性、全面性、预见性和实效性。利用大数据技术进一步加强对各类科研社区中的优秀学者、成果、相关评价、科研群体和地方性知识的监测和评估，诸如对师生科研群体、产学研合作群体科研行为分析以及师生、人—机—数字—环境交互数据的监测分析等，为精准科研提供证据支持。

各类科研信息平台和数据库需要根据相关技术及时实现升级，加强数据通则建设，提高分享效率，同时能够获得及时的应用反馈信息。对于成果的评价不仅要看被引指数，也要看来自读者和应用者的评价反馈信息。将各种媒体和传感器的数据都及时汇总分析，从中洞察价值，预测趋势，诊断危机。对于大学教学和实验过程中各种科研装备运转应用所保留的数据以及科研经费使用和材料消耗数据、科研人员合作及研究行为数据等要全面监测分析，从而为科研评价提供更加全面、可靠的证据支持。

大学在战略规划方面要考虑到新技术语境，特别是信息化和新能源发展趋势，加强先进基础设施建设，同时结合科研和教学加强实验仪器设备的建设和相关应用软件的研发和应用。最后要加强大数据分析人才的培养。一是结合工作需要对教职工进行大数据分析技术的培训；二是设置相关专业和学科，加强不同层次专业人才的培养；三是利用不同学科优势，在已有专业的基础上增加数据分析方法课程；四是加强对科研管理人员的科研信息化培训，提升素质，培养新型专业化科研管理人才。最好是将那些具有扎实学科专业背景和交叉学科优势的立体型人才选拔到科研管理岗位，以提高部门科研管理的前瞻性、科学性、引领性。

科研管理者还应该提高知识产权及数据伦理意识。信息化为科研管理提供了开放性数据和分析工具，但同时也增加了风险性。科研管理者要提高风险防范意识，一是加强对本单位科研信息的管理，保护原创性和知识产权，特别是一些原创性的论文、专利和项目申请书，在没有正式发表、获得批准之前应采取保密措施，防止知识产权的跨组织和跨境转移。二是防止本单位人员窃取他人的科研成果，加强数据监测、控制和预警。

随着人工智能技术与知识管理平台的深度融合，一些结构性数据库诸如 WoS 以及中国学术期刊网中的大量文献数据，在人、信息以及机器交互作用过程中会生成诸多的新的逻辑性数据，通过机器学习和深度学习、自主适应机制，根据语义关联和关键词共现技术，数据库可以不断将知识碎片化并根据研究者需要重新组合生成新的研究成果。对于此类研究成果的合法性已得到了业界的认可。

曹源在“人工智能创作物获得版权保护的合理性”一文中，“试图理清人工智能及其创作物的本质属性，综述当前部分国家与国际组织针对人工智能创作物的版权性、权利归属等一系列问题的态度，从激励论和市场竞争的角度对是否应授予人工智能创作物以版权保护的不同政策选择的利弊进行分析”❶。

虚拟科研社区、虚拟实验以及在线研发与生产一条龙模式是新的科研生存方式。例如利用百度学术、Research Gate 等虚拟学术社区，研究者可以建立自己的科研数据库，上传自己的科研成果并与同行分享；同时将自己的研究领域和所需要的主题通过社区标识出来，学术社区会实时推送研究者所需文献，减少了自己检索的时间；也容易找到与自己志同道合的研究者加强深度合作。科研工作者可以在虚拟社区中自由交流和学习，特别是可以利用虚拟学术社区与学生分享成果，指导学生从事相关学术探索并且加强研讨。虚拟实验可以降低成本和风险，同时有助于数据的实时分享和异地实验；科学、研发与生产一条龙模式提高了科研转化效率。在学习社区中，共同体成员可以自由地交流信息和科研中的困惑、收获、感想等，有利于科研信息的共享与传播。

陈凯泉等在“科研信息化时代高校科研组织虚拟化的创新之路——基于对中国、美国和新西兰五个案例的研究”一文中“列举了上海高校 E 研究院（E－institute）、麻省理工学院的 CSBI、美国纳米科学与技术领域的 nanoHUB、新西兰奥塔哥大学的 CICERO 和公共学术社区 Research Gate 几个典型虚拟研究组织案例，剖析了这五个案例在有效构建学术信任和促进知识建构等方面卓有成效的探索”❷。

有关各种虚拟科研社区中大家自由交谈的信息中的知识产权问题也是学者关注的焦点。科研社区和虚拟研究团队的成员一般都是具有相同或相近学科背景的成员组成，有些基于项目的虚拟研究社区可能会有交叉领域的人员，但大家都有着良好的信誉基础，彼此了解各自的研究领域，通过交流相互启发和资源共享。社区研究者一般都具有较高的学术水准和学术道德，是基于科学共同体相互信任而建立起来的虚拟社区。虚拟社区中的知识产权保护首先从参与者自身做起，另外还要适当考虑信息泄露和信息

---

❶ 人工智能创作物获得版权保护的合理性［J］. 科技与法律，2016（3）：488－508.

❷ 陈凯泉，张春雪，吴玥玥. 科研信息化时代高校科研组织虚拟化的创新之路——基于对中国、美国和新西兰五个案例的研究［J］. 高教探索，2019（2）：5－12.

窃取等风险。这需要与平台技术研发商合作，促进虚拟社区技术的不断升级以更好地防范风险。

王玉秋、初承桢在“虚拟学习社区研究及其创新共进 STAMP 模式探索”一文中发现，“有关虚拟学习社区的研究与技术研发、应用、商品化、政策支持之间相互依存，形成创新共进网络。需要发挥科学共同体和行业的作用，加强文化与伦理建设，加强技术指导及工作融入，加强数据监测评估与挖掘利用，加强实证研究，提高政策的导向性。”❶

研究者和教师在应用虚拟社区的过程中，“要加强人机、师生、人与情境的交互；要提升自身的综合素养，包括信息技术素养和学科专业素养，熟悉应用软件的设计原理、应用流程和主要内容。加强与软件研发者的互动，共同完善应用软件，同时更好地控制成本，降低风险。”❷

需要补充指出的是，大数据时代对数据安全保持一定的敏感性是应该的，但也不能忧虑过重，否则将影响科研效率和生活质量。相信科学，相信技术，合作共赢。技术使用者要严格要求自己，遵守数据伦理和操作规范，尊重知识产权，根据要求及时缴纳社区使用费用；加强与技术研发者和软件供应商的联系，根据需要申请、创建拥有自己域名和专属权的虚拟学习和研究社区。

（二）加强大数据分析、预测技术研究

数据分析包括四个基本步骤：需求分析、概念结构分析、逻辑结构分析、物理结构分析。黄小忠结合数字档案馆提出了大数据挖掘方法，如概念描述、关联分析、分类分析、聚类分析、偏差检测、可视化分析等多种类型。❸

Gartner 预测分析模式描述了数据挖掘的四个因素：一是强调预测功能

---

❶ 王玉秋，初承桢．虚拟学习社区研究及其创新共进 STAMP 模式探索［J］．科学与管理，2019，39（2）：78－87.

❷ 王玉秋，王晓亮．教育软件在小学英语教学应用中存在的问题及对策研究［J］．教育现代化，2019，6（16）：128－132.

❸ 黄小忠．知识管理的数字档案馆中的数据挖掘［J］．档案学通讯，2008，（4）：58－60.

而不仅仅是描述、分类和聚群；二是分析速度快；三是强调与商业关联的结果洞察，而不是脱离实际；四是强调简易性，方便用户获取。GartnerIT咨询公司的预测分析工具，从后见之明、洞察、预见三个不同阶段采用不同的策略对困难和价值进行分析，即描述（发生了什么）、诊断（什么原因）、预测（将要发生什么）、对策（如何促使其发生）。

这里利用知识管理云和创新加速器理论从大数据规则、伦理、数据生命周期、数据质量、数据整合等方面加强大数据治理，如图3－4所示。

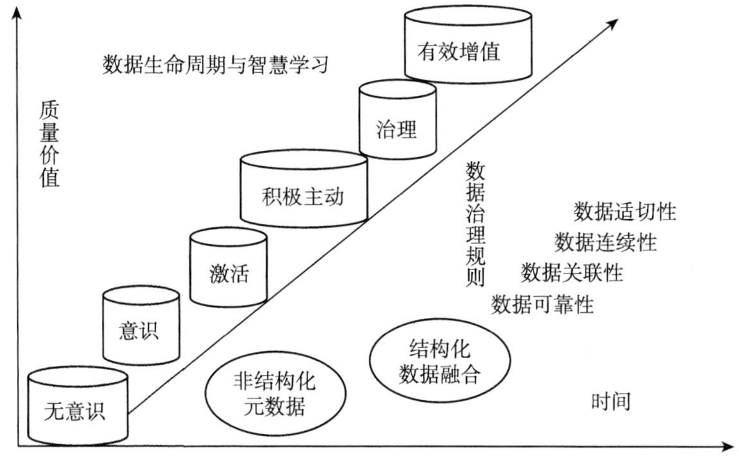

图3－4　人—机交互下的大数据治理规则

各种类型软件应用程序（基于Web和移动）生成的数据比传统数据结构更具动态性。传统的数据库结构现在面临着收集、存储、探索、共享、分析和可视化数据的挑战。许多商业组织现在采用新的数据模型来应对大数据挑战，例如NoSQL（Not Only SQL）数据库，Cassandra，HBase（Couchbase，2013；Morabito，2014）。此外，它们还采用了分布式计算基础架构，如Hadoop。NoSQL数据库被称为分布式，具有高度可扩展性以及非关系的键值存储。

全景式管理可以利用数据关联和模式识别实验，结合地方医疗卫生、教育等领域数据进行筛选、整合，使之更具连续性、生成性和适切性；同时借助SPSS、EDA以及交互分析工具、3D设计及模拟护理、模拟教学技术进行PMDM优化，探索出从模拟设计到实施一体化运行机制与平台建设。

关键技术：一是运用统计物理学及高能量物理学理论，整合互联网、物联网、社会网络、生物大数据、人脑、宇宙天体等大数据，建立“信息、能量、时空、人”四维宇宙大智慧信息和能量交换模型。二是采用支持度、可信度、兴趣度等参数进行数据聚类与深度描述技术。

（三）加强大数据科研监测评估指标体系建设

大学科研评估需要置于全球、国家、区域、大学不同层面和大数据语境下进行分析和定位，同时还要考虑政治、经济、科技、文化等宏观背景以及区域教育环境因素，最后依据“时间、空间、主体、资源、价值、标准”六个基本维度，形成分层次、多维度的全景性管理模型，如图 3－5 所示。

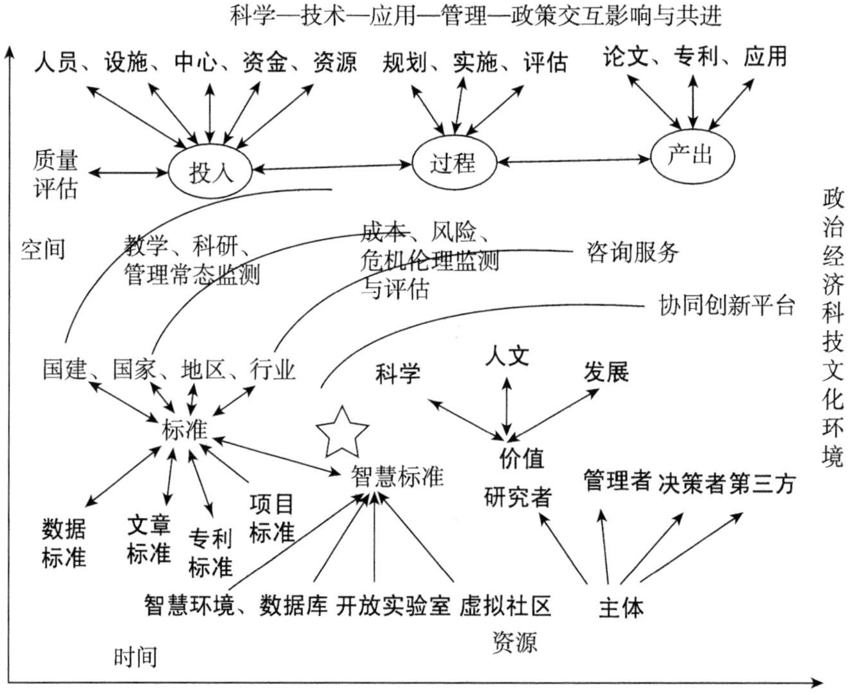

图 3－5　大数据支持下的大学科研全景式管理与决策模型

此模型将大学科研治理置于全球化和信息化背景下，探索大数据科研管理的全景模式、关键接点、积极博弈与多方共进模式。从宏观政治、经济、科技、人口环境以及价值、标准、主体、智慧环境等几个方面进行模拟设计和实证研究，从多维度加强全景式治理与决策，同时加强对风险、成本、危机、创新景气、动态情境的监测评估，提供实时动态的咨询服务。利用大数据测绘技术、知识计量方法对教育领域科学、技术、应用、管理、政策之间的动态共进关系进行深描与可视化，促进创新共进。最后在全景管理基础上将教育与资源、环境、产业联系起来，促进产学研融合，带动教育科技产业发展，形成多方创新共进良性生态。

（四）提高科研管理者与决策层的大数据决策能力

推行大数据决策，管理者的数据与决策素质需要先行。由于各种原因大多数管理者难以将大数据资源整合到他们的决策流程中。一是认知能力的不足，管理层没有充分认识到大数据在优化决策过程、提高决策质量中的作用，也缺乏相关技术技能及新型（非线性）思维。二是存在认知偏见，在处理可用信息时，管理者经常发现自己回归到已有组织思维方式，只知道如何使用现有信息。三是认知超载，即当个体接触到的大量信息超过他们能够处理的能力时经常发现信息干扰现象。虽然大数据有利于提高决策质量，但如果缺少洞见力和判断力就有可能在大量信息中迷失方向，抓不住关键。四是大数据对决策层优先权的挑战。大数据的网络化、透明性、证据性可能会威胁到决策层的政策优先权和凝聚力。决策层需要改变习惯化的管理方式重新思考如何开展业务。五是大数据速度与决策速度之间的冲突。大数据提供了快速、实时捕获证据的可能性。决策者往往不具备快速响应的能力。决策者不仅要应对复杂的现实，而且要预测未来，有先见之明，而大数据则关注现在甚至过去。决策者要有洞察力，能够从大数据中发现机会、规律，能够识别和解释相关信号以及对未来的愿景，及时了解市场中发生的事情以及他们业务的变化。由于他们的专业背景、技术和技能的培训通常是中年人承担的，许多董事会成员都没有能力做到这一点。六是大数据对组织责任和控制的要求，决策者能够利用大数据重新配置资源，考虑到组织内外利益相关者，特别是关于责任和组织控制程度的问题。

为此，一是提高决策者的数据素养和决策能力，包括大数据分析规划、投资、协调、控制等管理能力，大数据分析连通性、兼容性、模块化技术能力以及相应的技术管理知识、技术知识和关系知识；二是需要招聘具有适当技术技能的新员工，这些技能通常需要大数据专业背景，并支持决策层；三是责任外包。在某些情况下，战略层面缺乏技术知识导致将某些责任外包给顾问和其他代理部门。然而这也存在风险，增加成本，决策者可能获取二手信息或暴露更多隐私。科研管理者和决策者需要发展认知能力，并掌握大数据时代决策新方法。大数据为组织提供了增强其适应能力的机会，管理者需要以新的方式开展工作，以应对大数据所带来的挑战。

（五）加强大数据支持下的产学研深度整合

传统的组织管理与决策系统缺乏灵活性，需要不断调整，以快速适应不断变化的流程和增值链，并简化其内部组织结构。ERP（Enterprise Resource Planning）系统打破了企业边界，从供应链视角优化企业资源，运用新一代信息系统应对网络经济挑战，完善企业业务流程，提高企业核心竞争力。由于数据在其交易程序中变得越来越庞大，ERP 系统越来越多地暴露在大数据中，其中来自不同系统的大量结构化和非结构化数据的组合分析在很短的时间内发生。大数据分析需要更多地使用预测分析来发现隐藏的模式及其关系，以便可视化和探索数据。充分利用 ERP 系统的预测能力，分析当前数据和历史事实，以识别任何组织的潜在风险和机会。

据此，我们需要加强对企事业单位的咨询服务，提供大数据决策理念和方法技能的培训，并提供一些具体的案例进行分析和参考。利用大数据分析和可视化技术、虚拟现实技术提高培训的实效性，将个案置于具体语境下进行分析论证，进而加快大数据与行业的深度融合。结合大数据和人工智能国际前沿技术，深入探索科学、技术、应用、管理、政策共进机理，将理性与复杂自适应决策机制嵌入 STAMP 创新共进模型中，加强第三方评估与咨询服务，及时借鉴全球大数据公共治理体系，并通过具体研究领域的大数据分析，在加强关键技术、平台建设的同时，加强伦理、风险监控及基于实证研究的评估。

在加强大数据监测与实证评估的基础上，加强实践应用与反馈改进，不断细化相关变量，形成自适应学习机制。在普适性模型下加强行业特色研究，推动大数据与科研及行业的深度融合。利用机器学习形成不断进化的自适应智能决策支持系统（AIDSS）以适应外部环境变化和实时决策，充分挖掘地方知识和群体智慧，将专家决策系统与群体决策模式相结合；基于复杂适应理论，建立时间、空间、资源、能力和多主体交互模型，基于此类模型，构建自适应“螺旋式”智能决策支持系统。

目前还需要在已有大数据理论、方法的基础上，继续深化研究和创新。例如，从人工智能、自适应学习、深度学习、人机交互等视角加强对大数据生成规律与复杂自适应决策模式的研究，弄清基本原理和规则；加强人才培养和学科建设，从而使得技术进步与人才培养相互促进，更好地维护和利用大数据提高管理与决策的科学性、全景性和实效性。

依托各大学数理统计和信息工程等重点专业，加强专业建设与人才培养。重视专业之间的整合，利用好各种创新中心和重点项目、重点学科。例如，利用人文地理与城乡规划、地理空间信息工程、创新实验室、政策与发展研究中心、创新创业学院、信息工程实验中心、模拟工厂等实验和研究基地，加强大数据全景式管理实验与个案研究；利用信息中心和动漫实验基地开辟大型信息化工程与教学实训基地，为学生实习、实训和教学提供场地和设备条件，并将信息技术与数字化生产、动漫设计、创意产业相结合，提供大数据技术实验及大数据模拟设计条件支撑；以相关课题为契机加快专业建设力度，推进相关管理人才的培养。

小　结

大数据为科研提供了新范式、新理念、新方法以及新的管理模式。大学研究者、科研管理者、决策者在提高自身数据研究和决策能力的同时，要及时学习先进理论和技术、方法，并且能够从基础设施建设、实验仪器设备及平台建设、人才培养和培训等不同层面加强战略规划和系统实施，进而提高科研效率和科研管理效率，使科研管理与科研实践之间相互促进，形成良性科研生态和共进机制。

第四章　国内外大学科研评价活动比较研究

科研评价　国际比较　学术生产力　评估指标
社会语境　制度优化

大学科研在不同时代背景下其科研范式和使命是不同的，其评估方式、评估方法也不同。西方国家的大学评估与研究范式的建立密切相关；中国大学评估受高等教育规模扩张和大学排行榜的影响，评估方法受科学计量学的影响。在全球绩效评估氛围的影响下，大学评估出现了诸多雷同现象，并且与新制度经济学相适应，体现多元利益群体的声音。从科研评价来看，不同层次和类型的大学科研评价标准应该有所不同。研究型大学更强调前沿创新；普通本科院校强调吸收性创新与成果转化；地方创业、就业类高校则强调实用型创新以及高素质技术人员的培养。其中的学术成果、专利，应用各类评估指标的权重也要有所侧重。大学科研评价要克服“数量化”和“趋同化”倾向，要将科研评价置于具体的社会语境中进行考察。关注差异和适切性评估，同时考虑新兴的、多样化的科研类型和表达形式，将文本与音像相结合，成果与专利相结合，加强基于证据的评估，重视评估数据平台和数据库的建立，充分发挥大数据在科研评估中的作用。

引 言

自 1980 年以来，各国大学都开始进行大学排名，其评估越来越精细，甚至有些过度。其中文献计量的应用比较普及，这种大学排行榜导致各大学片面追求科研量化指标。大学排行与资助关联引发了大学科研绩效评估的热潮。科研绩效评价最早出现在 20 世纪初的欧美等科技发达国家，20 世纪 80 年代到 90 年代是科学研究绩效评价发展的高峰期。评价的标准主要有文献索引、各学会的评奖、专利和市场标准。在基础研究方面，建立了一套行之有效的标准，如 SCI、EI、ISTP 等检索工具；在科技奖励方面，学会奖和民间奖极为普遍，如著名的诺贝尔奖；在应用技术方面，前期评价标准是专利申请与授权，后期评价主要依靠公平的市场机制，如德国政府认为“好的成果必然得到市场的认可和验证，市场效益是成果评估的主要标准”。评价的方法有两类：一类是定量指标评价法和专家定性判断法；另一类是按照美国科学、工程与公共政策委员会的观点，分为文献计量分析法、同行评议法、经济计量法以及案例研究、回溯分析等方法。下面重点考察英、美、澳三国大学的科研评价实践，以期借鉴其成功的经验，反思其存在的不足，分析原因并结合我国大学科研评价的实际提出可行性对策建议。

一、大学学术评价与学术生产力

从历史上看，大学科研评价与大学排名有密切关系。世界第一个学术排名是 1925 年在美国进行的，当时在社会学领域使用了一种简单的排名形式，并且在 1960 年进行了改进。全球学术排名制度化的动因有以下几点：

一是大学的科研价值取向和功能定位。德国大学自 19 世纪开始重点支持研究取向，取代了自中世纪以来已有近六个世纪的以教学为中心的旧价值取向，这种研究取向在学术界已制度化。

二是研究生院的制度化。研究生院开始与本科学院分开，强化其研究的中心功能。这项改革最初在1876年由约翰·霍普金斯大学开始实施，随后克拉克大学和芝加哥大学分别于1887年和1892年成功地实现了大学的研究转向。

三是建立了学术组织体系，以提高学术生产力。德国大学建立了首席专家制度、人文社会科学研讨制度和自然科学研究所。美国大学建立了院系制度，这一制度比首席专家制度更有可能刺激科研产出。

四是各部门开始建立学术质量评估制度，加强了部门间的竞争。成立了学术期刊和大学出版社等出版组织；建立了学术评估组织，如学会；制定了学术休假年制度。

五是建立了学术等级制度。最优秀的科学精英在顶峰起引领作用，并向底层的人才开放学术资源及学术晋升渠道。

始于德国大学的研究取向，由美国演绎出大学排行制度。这是学术市场化的开端，并且引发了全球大学排行活动和大学之间对资源和人才的竞争趋势。科学研究在大学排行中发挥着重要作用，包括哈佛大学在内的许多美国大学，试图通过招募杰出的学者和优秀学生、建立出版机构，以增强其学术竞争力。

全球化对高等教育的主要影响就是高等教育市场化。随着经济的全球化，政府将资金主要投向工业用于新技术革新。高等教育扩张浪潮减缓，政府用于高等教育的投资不断减少而大学对资金的需求不断增长。政府决定通过排行榜加强大学之间的竞争，通过提高质量，争取经费资助。由此各种大学评估诸如质量保障评估、科研评估、绩效评估等相继出现。根据各种指标体系进行评估，然后根据评估情况进行资助。大学不再是传播民族文化的场所，而是追求卓越的中心。“卓越”不是研究性大学的特权，所有大学都可以追求卓越：既有卓越科学家，也有卓越工程师、卓越发明家、卓越技师和卓越教师等。

日本政府于2002年启动了21世纪的COE计划，2008年启动了全球COE计划；韩国启动了“KB21”世界一流大学计划；中国启动“211”、“985”及“双一流”大学建设工程。学术界越来越多地参与国际学术市场，大学排名提高了其知名度和影响力。

随着大学评估活动的开展，科研评估指标变得更加复杂。除 SCI 引文指标外，还增加了各种奖励和项目指标，如诺贝尔奖、Field Medal、Albert Lasker 医学研究奖、John Bates Clark 奖等国际奖项以及各类国际、国内科学基金项目等。

这种排行也加剧了大学研究与教学之间的分离，如何促进科研与教学的整合已成为急需解决的问题。这种趋势不仅加剧了大学之间的竞争，也加剧了各国之间的竞争。像中国和韩国长期以来都处于“卓越中心”外围的国家，现在也竭力追赶科研发达的国家。为了提高声望，各大学纷纷招募具有高知名度和声誉的科学家、研究人员和学者。除了强调研究取向之外，也强调学术成果的精英取向。科学社会学家默顿（Robert Merton）提出科学的精神气质和判断标准，即公共性、普遍主义、无私利性、有组织的怀疑主义和竞争，据此对学者的科研成果进行评判并对优秀学者予以奖励。

在研究范式和大学评估活动推动下，各大学都开始重视学术指标，先后通过了 21 世纪“卓越”计划、“Top 30”计划以及世界一流大学计划等计划。加强了学者在各大学间的流动，减少近亲繁殖和学术裙带关系。大学评估和排行活动也带来了一些负面影响：导致大学之间贫富分化以及研究型大学与非研究型大学之间的分离；过分强调学术研究，削弱了教学的功能；强化了学术的市场机制和学术资本主义；过度竞争对学者身心带来了有害影响；对学术产出的过度追求导致学术造假、剽窃和欺诈等不正当科学行为的增加。

各种用于学术评估的项目包括：著及编著和主编的书籍、文章、报告、报纸、专利、计算机软件、艺术创作、电影等。根据 1992 年的评估结果，全球著作出版排名前五的是日本、韩国、意大利、中国和挪威；科学论文的排名前六的是：韩国、中国香港、德国、中国内地、意大利和日本。学术著作和论文综合排名前十的有日本、荷兰、瑞典、德国、智利、以色列、美国、英国、巴西和澳大利亚。

在整体排名中，韩国取得了重大突破，从 1992 年的第 11 位上升到 2007 年的首位。造成这一结果的原因可能是由于一系列国家项目的推动，如首批“KB21”（1999—2005）和第二批“KB21”（2006—2012）世界一流大学发展计划。韩国的科研产出在定量和定性研究方面都有明显增强，全国SCI排名在1998—2005年期间从18位上升到12位。2013年韩国启动了新一轮KB21PLUS计划，预计未来会有更好的学术产出。

日本在医学研究领域的学术产出最高；意大利在2007年参与调查的18个国家中的学术排名也靠前；德国从19世纪建立了最初的COE，科研产出排名一直保持高位。在2007年的学术排名中，德国排名前5，而美国和英国分别排名第16位和第13位，著作出版分别排名是第18位和第14位。

科研评估和排名能够反映各大学科研产出在某些指标上的达成度，但不能全面反映各大学的科研实力。当时的科研评价指标受到研究范式、论文格式以及所用语言等因素的影响，所以依靠单一数据库和SCI指标评估大学学术生产力水平是不全面的。

科研评价受到科研范式、学科类别、所用语言、期刊风格等多种因素的影响。自然科学领域的学科具有完善的科学编纂系统和格式规范，一般包括引言、研究方法、研究过程、研究结论、建议及尚未解决的问题几个部分。自然科学类研究成果可以使用明确的标准来评估其学术质量。物理学和医学等领域的研究可以提供典型的应用案例。相比之下，人文科学和社会科学的研究往往采用多种研究范式和自由表达方式，缺乏通用的论文写作格式，其学术质量难以通过通用标准评价。自然科学具有国际通则，而人文科学和社会科学将更多地采用地方标准。自然科学类的文章通常用英语写成，这是国际学术界通用的语言。国际学术界的研究人员、科学家不太习惯于阅读用日语或中文写作的科学论文。这也是影响科研成果传播和被引的重要因素。

人文科学和社会科学的研究往往受到国家或地区特有文化和传统的影响。这些学科的学者通常采用自己所熟悉的本土语言撰写文章，对自己本土文化有着强烈的认同感，他们愿意通过严谨的考证或者进行长期的田野考察再现地方文化的真实。这也是地方文化保存和传承的重要方式，是大学科研不可或缺的重要组成部分，在大学科研评估中应该与自然科学和工程科学一样受到重视，赋予应有的权重。

在日本，有许多学术期刊服务于本土学者用母语从事科学研究，许多学者用日语撰写人文和社会科学类的文章。这些文章即使质量很高，也很少受到不懂日语的外国学者的关注，这也会影响学术论文的被引指数。

“普遍主义”的价值标准适合于自然科学的评价，而“特殊主义”的价值标准则适合于人文科学和社会科学的评价。这种差异可以解释日本学者在自然科学，尤其是医学科学中的高产出。如果一个机构吸引了特定学科中许多著名的研究人员，它就可以成为COE。这些COE可以通过各种指标来识别。目前大学排名所依据的评估指标，研究产出的权重高于教学产出的权重。

渴望向上流动的学者显然对学术排名做出积极回应。大学和学院的教授群体位于学术“金字塔”的最高层级，他们比较赞成学术排名。相比之下，日本“烟囱式”或“倒金字塔”式大学和学院的全职教授对排名则不太敏感。

研究资金是影响学术界对排名反应的最重要因素之一。没有研究资金，很难提高学术生产力。美国学者在研究产出方面具有竞争力的一个重要原因在于其社会文化和知识市场化氛围。学术界与外界研究资金之间关系密切。美国、韩国、日本从外部获得科研经费数额最高，而英国和德国从外部获得的科研经费则较少。美国尽管从外部获得的科研经费最高，其学术生产力并没有与所获得的经费支持相匹配。

影响大学学术生产力的因素很多。首先是外部的评估和激励政策，研究表明，绩效评估有利于提高大学的学术产出。从研究者本身来看，研究者所受学术训练层次是影响其学术产出的重要因素之一，拥有博士学位与高学术产出呈正相关，年龄通常与职位等级相关联，而与学术产出没有强相关。调查发现，30～40岁、40～50岁年龄段的大学教师学术产出最高，而50～60岁年龄段的大学教师学术产出逐年下降。性别也是影响科研产出的重要因素之一。根据对18个国家的数据比较发现，女性学者的生产力为19.0，低于男性学者的学术生产力（23.7）。但不同国家存在一定的文化差异，日本女性学者的学术产出低于男性学者的学术产出；韩国女性学者的学术产出高于男性学者的学术产出；美国男女学者的学术产出没有明显差距。

洪堡在创立柏林大学时强调大学教师要以学术为职业。根据马克斯·韦伯（Max Weber）的理解，学术性职业就是“以学术作为物质意义上的职业”。美国学者马丁·芬克尔斯指出，“学术职业是指拥有专业知识背景、易受新知识生产影响的、随着学术劳动力市场波动的、遵循共同学术规则和学术伦理的自主性职业”[1]。19 世纪初期，还没有严格意义上的学术研究，教授所发表的作品类似于演说或布道。到 19 世纪中期，一些转制大学的教授开始发表特定学科领域的文章，并且参加专业研讨。

19 世纪末，出现了教师职业阶梯和研究生制度。研究生制度、学术休假制度、教授职级制度的建立提高了大学的学术性。美国在 20 世纪初通过了“三 A 原则”，即学术自由（Academic Freedom）、学术自治（Academic Autonomy）、学术中立（Academe Neutrality）。

大学学术评估制度的建立，推动了研究型大学对学术生产力的追逐。美国大学为了提高其学术产出，向全球大学招募优秀学者；为了激发创新，尽可能地避免近亲繁殖和学术裙带关系。

大学评估及学术排名影响着大学的办学目标、功能和学者的生存方式。大学对学术生产力和排名的追逐影响了学术创新和学术生态。学者成了知识资本家，大学成了知识生产和交易的场域，导致了新的社会分层。

二、英、美、澳大学科研评价活动及其启示

自 20 世纪 80 年代以来，英国开展了科研评估活动（Research Assessment Exercise，RAE）；美国推出了国家科研评委会（National Research Council，NRC）的排名 Rankings；澳大利亚则从原先关注的科研质量评估框架（Research Quality Framework，RQF）转向了卓越科研评估（Excellence in Research for Australia，ERA）。从表 4-1 中我们可以看出三个国家评估的历史转换及其差异和优缺点。

---

[1] 王保星. 大学教师：一种学术性职业［J］. 大学教育科学，2007（4）：67-71.

表 4-1　英、美、澳三国大学利用文献计量所进行的评估❶

		美国	英国	澳大利亚
评估活动	旧	NRC 1995	RAE	Compositeindex 综合指标
	新	NRC 2000—2008	倾向文献计量	ERA 卓越科研评估
文献计量	旧	没用。尽管采用了文献计量数据，但还只是声望排名	没用。每位教职工提交 4 篇论文参加评阅	有用，文章有说服力，并且与资助挂钩
	新	有用。要求出示各部门完整的科研论文和被引情况	有用。科研评估与资助指标相互支撑	有用。现在重视对科研评估的国际比较
评估的基础	旧	同行评价及调查	同行评价	基于指标、突出文献计量
	新	基于指标，目前的文献计量权重尚无	基于指标，突出计量	基于指标，由同行研发的学科特定指标

美国大学院系的研究质量由期刊和独立机构公开评估。这与英国和澳大利亚进行的政府授权开展的评估活动形成鲜明对比。美国的做法可以被称为“自由职业”大学排行活动。目前学界和大学管理者还是比较认同国家科学院、国家研究委员会有影响力的排名，而不是新闻界和期刊出版界以及智库的排名。

美国高等教育通过教育机构的认证而推动质量提升，澄清价值观念，倡导诚信和责任，追求卓越。美国的高等教育认证制度比较规范，在认证程序的可操作性以及对认证结果的有效使用方面都做得比较好。认证机构有一套严格的认证原则、标准、程序以及后续的实施计划。认证的目的重在发现问题，表彰典型，推动工作改进和质量提升，而不仅仅是为了排名。

美国中部诸州高等教育机构于 1919 年成立高等教育委员会（Middle

---

❶ Hicks D. Evolving regimes of multi-university research evaluation [J]. Higher Education, 2009, 57 (4): 393-404.

State Commission on Higher Education)，致力于通过认证推动教育改革。高等教育委员会采取院校自我评估和同行评估相结合的方法对所获取的评审结果进行整理，判明院校是否获得认证。对已接收成为候选成员的院校继续进行“卓越认证”。“认证标准包括：院校背景——使命和目标；规划、资源配置与院校革新；院校资源；领导及治理、行政管理、诚信、院校评估。教育绩效——招生及学生保持率、学生支持性服务、教师、教育课程、通识教育、相关教育活动、对学生学习的评估”❶。

美国科研评估的权威机构是美国国家研究委员会（NRC），该机构分别于1983年、1995年及2007—2008年进行了有计划、有步骤的大学排行活动。通过其排名，NRC希望为具有潜能的学生和公众提供有关博士课程的可访问信息，并通过基准测试帮助大学提高课程质量，从而提高国家的整体研究能力。这些排名没有与资金挂钩，但国家研究委员会承诺授予各大学排行名次，这些排名会影响未来研究生的选择以及教职员的招聘。

学者对1995年的排名进行了集中分析，考察其指标体系的优缺点，并提出新的指标。学者往往从各自的学科对评估指标进行考察。1995年的评估主要是对大学声誉的排名，文献计量信息，诸如各部门的出版物和引用次数，在附录表中报告，但没有纳入排名。许多学者认为评估方法会影响排行名次，例如答复率、样本大小和抽样误差等因素都会导致评估结果的不同。

大学都重视排名，因为与声誉挂钩，并且影响招生和投资等。为此，各大学都开始对评估指标体系进行精细分析并对照检查。影响大学排名的因素很多，例如大学规模会影响排名，因为规模大意味着拥有更多物力资源和人力资源，也方便开展一些大的项目。但大学科研质量与教职工的数量并不总是呈正相关，教职工数量需要以大学的声望为调节变量才能与科研质量呈正相关。这不难理解，一流大学教师的整体素质高，人数越多科研评估分数越高。大学声望排名与大学的规模、招生人数与毕业率、优秀

---

❶ 美国中部州高等教育委员会．美国高等教育质量认证与评估［M］．谢笑珍，译．北京：北京大学出版社，2013：9.

率、就业率、毕业生的社会声誉以及对母校的回馈率、大学的经济与社会贡献率等因素有关，而科研的占比并不高。一些创新项目的绩效并不是立竿见影的，往往需要一个周期才能见效。在大学“一流学科”的评估中，科研论文、科研项目、科研人员等学术资本占比较高，因为决策者支持这一假设：科研水平与学科建设质量、人才培养质量呈高度相关。

2007—2008 年美国 NRC 召集了一个由著名学者组成的委员会，研究 NRC 过去的排名并提出改进建议。结果更加强调量化“硬”指标的权重。其中涉及 48 个变量，如制度特征（总研究支出、图书馆特征、儿童保育和医疗保险可用性、博士生的大学住宿等）；博士生特点（规模、学位、时间、经济支持、博士生设施、考试成绩、提供的支持、就业目的地等）和课程教员（规模、人数、奖项、文献计量学等）。依据文献计量学，大学科研产出指标包括以下三个变量：①教师人均学术产出，②教师学术出版总量，③学院成果被引总量。

2007—2008 年 NRC 所采用的评估指标体系比 1995 年的更加精细，评估方法更重视量化评估。评估指标对大学战略规划及教师都具有导向性。在新的评估指标影响下，美国大学逐渐形成了完整的学术生产体系。

菲利莫尔（2006）系统研究了英国大学教育资助委员会（UGC）于 1985—1986 年对英国大学的评估及对科研绩效评估指标的检验。❶ 介绍了英国高等教育大辩论的经济和政治背景，该会提出了若干科研绩效评估指标，并根据评委对每项指标的评价结果计算出科研绩效，突出了每项指标的弱点和整个指标体系中存在的不一致性。“绩效”是一个复杂的概念，影响科研绩效的因素很多，很难用一种指标来评估不同大学和不同学科的科研绩效。但对有价值科研成果的后期支持和推广应用则能达成一致的意见。

英国大学科研评估执行的是 RAE（Research achievement evaluation）

---

❶ Phillimore A J. University research performance indicators in practice: The University Grants Committee's evaluation of British universities, 1985 - 86 [J]. Research Policy, 1989, 18 (5): 255 - 271.

标准，即政府规定的所有英国大学的科研成就评估，目的是在160所大学中进行重点科研经费的分配。英国大学的科研经费约有25%是根据RAE评级进行分配的，并且相当稳定。

RAE评估方法多年来变得越来越复杂，2008年的评估是各大学选出五篇最佳研究成果，并附上相关科研收入和奖励等信息。有证据表明，科研成就评估对大学的科研绩效有积极影响，但与个体科研创新性无显著性相关。例如，英国大学在1990—2005年每位研究者的科研论文产出增加（Moed，2007）；整个英国科研论文被引数量增加（Lipsett，2005）。68%的研究者和82%的管理者认为评估促进了论文质量的提升。但也有研究者认为，很多出版机构与基金资助部门联合优先出版基金资助项目，将一些非资助的优秀成果拒之门外。科研成就评估增强了政府和大学的科研战略规划性，提高了大学整体的科研绩效和国际知名度，也为政府科研资助提供了证据，对个体研究者来说有利于职业生涯规划和专业发展，但对科研动机和创造力的影响则喜忧参半。其中对不同类型大学、不同学科、不同性别和不同资历研究人员的影响情况不同。

英国大学的科研产出和科研质量因RAE而有所改进。RAE所采用的激励措施有利于提高大学组织的科研的绩效。例如，大学管理者开始进行战略规划和系列评估，研究人员开始工作更长时间，集中精力完成高水平论文并争取将论文发表在高影响因子的期刊上（SQW，1996）。英国的研究变得更加精英取向和更富有竞争性，一些学术精英走在了科学前沿，占据了优势地位，获取了更多支持。科研人员的流动性增加，因为研究绩效的增加能够给大学带来回报，所以各大学都不惜代价招募科研精英。

这种评估的结果使各大学不断挖掘个体和机构的科研潜能，一些工作场所的隐性知识和文化资本也被过度开采和公开发表，并且还需要不断投入新的资源和成本以保持高的科研产出。例如，大学每年都将投入大量经费引进杰出学者，还要提高他们的工资待遇，改善他们的生活和工作条件，减少他们的教学工作量，以便保证科研时间。2002—2006年，收入超过10万英镑的学者人数增加了169%。这种趋势愈演愈烈，还有一个重要原因就是杰出人才的引进会给相应学院以及管理人员带来加薪和奖励

(Sanders，2006)。

评估一般由各学科专家组成，他们难免会偏爱自己本学科纯学术类研究成果，而排斥应用类成果。尽管政府一再强调要加强产学研结合，鼓励应用性成果，但学者还是偏袒学术类成果；另外，跨学科的成果也往往遭到排斥，评估过程中存在“圈里”“圈外”之分，这也影响了评估的公正性和全面性。尽管新的研究范式鼓励跨界合作，鼓励跨学科研究，但各学科专家还是希望守护好自己的“领地”不受侵犯，也为本领域的研究者提供更多发表、立项机会和资助。但政府和基金委往往从战略高度鼓励跨界研究及加强理论向生产和社会服务的转化。所以如何协调好不同利益群体的立场是非常重要的。

RAE 也很烦琐，例如每次需要召集大约 700 名学科专家对 50 000 名科研人员的 180 000 份成果进行评估，从中选出 160 项进行资助。要想让每位评估专家都认真阅读每份成果是不可能的，所以他们的阅读策略也是不同的（Sastry & Bekhradnia，2006）。另外，大学在准备评估材料时还会产生间接费用，例如整理材料和印刷装订、初步筛选等，每一轮准备都需要增加工作量。

RAE 存在很多局限性，例如，鼓励规范性研究，排斥非正统的、新颖的或有风险的研究，鼓励短期行为，排斥跨学科研究，等等。同行评估一般是按照学科分组，遵循本学科研究范式，不欢迎其他领域的研究范式和新思维。即便看起来很有道理，也很严谨的科研成果，但由于不属于某一学科领域，往往受到排斥。RAE 容易导致科研的“同质化”，结果主题的多样性以及应用性研究可能会减少。目前许多高影响因子期刊所发表的论文都是经过反复打磨出来的“精品”，即一些低质量的研究经过反复打磨达到中高水平，符合发表标准，这在一定程度上抑制了卓越科研。

这种评估实践表明，大学在最初的几年科研收益可能会超出科研投入，因为研究者都朝着评估目标努力，学者尽量多地在指定的高被引期刊上发表研究成果，并且学校加大奖励力度，资源集中到少数学者手中，可能会出现发表的高增长期。但由于许多发表的成果看起来结构合理，方法科学，结论可靠，却没有多大科学价值和应用价值，结果经过几个循环，多数成果都被淹没在科研大数据中，没有生命力和再生力。由于一些创新性和风险性研究遭到抑制，也影响了研究者和学生的科学探索精神，进而形成恶性循环。一些大学不具备学术研究和知识生产的人才梯队及合理的价值链，后续的科研回报率就会递减。这在一些地方性大学的科研实践中表现尤为突出，大学排名、科研成就评估导致“急功近利”和初期科研产出的激增，而由于成果缺乏生命力，大学缺乏科学精神，后续的科研回报率会呈现出递减趋势。

早期评估要求简单些，所以成本比较低，大学和教师也没有什么心理压力。自从引入科研绩效评估，大家的潜能都被激发出来了。2008 年评估指标体系更加精细，把大学的各方面性能都包括进去了。英国政府更关心如何降低评估成本而不是激励措施。一是评估间隔从三年增加到四年、五年甚至七年，以便使成本降低到预期以下；二是评估指标和方法更加简单，主要考虑所获得的科研资助和文献计量指标，其优点在于关注了应用指标和跨学科研究。

下面再介绍一下澳大利亚的综合评估指数、研究质量框架（RQF）和澳大利亚卓越研究（ERA）倡议。澳大利亚政府在 1995 年开始使用综合指数对其大学科研进行评估，其结果用来分配普通大学基金中的科研部分。2004 年澳大利亚的大学根据综合指标评估将 7% 的科研经费进行了配置。综合指数是面向大学层面的，而不是政府制定的科研成就评估或国家科研委员会的评估。该指标计算了每所大学的科研排名，主要依据是科学基金、来自政府和其他公共部门、出版业、行业的资助以及科研产出——出版物数量和硕士和博士学位获得人数。大学提交出版物清单，但如果错误率很高，则会影响最终得分和资金分配。

与 RAE 相比，综合指数比较简单，但也能发挥激励作用。随着时间的推移，该评估指标中的出版部分主要关注基于 Web of Science 数据库索引的论文，如科学引文索引（SCI）。在使用综合指数分配了几次资金后，大学开始重视科学引文索引中的期刊。在 2000 年，在这样的期刊上发表一篇论文对一所大学来说价值 800 澳元，而在一家知名出版商出版的一本书价值 4 000 澳元。1992 年至 1996 年期间澳大利亚大学的科研产出每年增长

8%，而SCI期刊每年增长2%。评估政策对激励科研产出发挥了显著作用，但科研论文的被引量却下降了。1988年至1993年期间，澳大利亚的引文影响因子从经济合作与发展组织国家的第6位下降到第11位。分析显示，澳大利亚研究人员发表论文数量增多，但多是在引文影响因子较低的期刊上发表的。

此研究结果被澳大利亚政府采纳，并设计了一个新的评估体系，即科研质量框架（The Research Quality Framework，RQF）。原来的综合指数没有明确提出奖励卓越科研，修订后的评估标准更加重视科研质量和影响因子。与综合指数相比，RQF的复杂性大大增加，并且相应地增加了使用指标的复杂程度。

咨询小组在2006年为RQF制定了一套指导原则，征求了每所大学的反馈意见，与英国高级学者进行了交谈，并向澳大利亚商业和教育界代表团进行了广泛咨询。该方法的细节由四个工作组完成，具体负责质量指标、研究影响因子、信息技术和探索性建模。

RQF与RAE一样组成了13个主题小组，每小组12个成员（包括3名其他学科的专家和应用领域的专家），负责审议该国每个研究组提交的论文以及各小组研究主题的指标。提交的材料包括工作人员名单、合作证据、获奖情况、学生及其最终就业情况、补助金收入，每位研究人员提供四项代表性成果、完整的成果清单、证据、影响因子，用四个案例研究说明其影响。各学科组都要报告本组在学科特定领域的成果分布情况，每项成果的引用情况证明，在该领域中属于最高引用前一百的比例。在考虑了这些信息之后，专家组将从研究质量和研究影响两个方面进行五级打分。

2008年，创新、工业、科学和研究部宣布了一项新的科研质量评估系统，即ERA－Excellence in Research for Australia，原来的RQF停止使用。新的评估体系更可行、简单和透明。该提案旨在通过机构逐步（而非同时）审查学科集群，以确定具有国际竞争力的新兴领域。科研质量评估将采用计量分析与专家评估相结合的方法进行，由经验丰富的、国际公认的专家组成评估委员会。ERA体系在原来专注于部门比较的综合指数计量分析的基础上增加了专家评审和国际比较视野。

NRC、RAE、RQF、ERA都是不同国家在不同的历史背景下研发和实施的不同的科研评估体系。其中评估指标体系的构成、评估方法、人员构成、学科评估与跨学科评估、评估规模和成本、评估的激励作用以及评估绩效等是各种评估体系考虑的关键点。NRC评估对提高大学科研产出的确起到了激励作用，但同时也导致大学及教师的紧张、焦虑，大家都在为提高科研绩效而不断努力，但评估对个体科研创新性指标的提高并不明显。RAE将评估指标体系精细化，增加了评估成本，目前英国大学正在考虑使用计量方法进行评估。专注于研究小组层面的RQF评估由于过分考虑学科共同体的标准和“圈子”效应，而排斥了其他有价值和创新的研究，这也是不可取的。ERA主张将文献计量评估与专家评估相结合、学科评估与跨学科评估相结合、研究与应用相结合并且考虑到学科差异性评估指标。

由于评估指标体系的复杂性带来更多的成本，耗费大量的人力、物力和财力，所以目前各国对大学科研评估更倾向于简单、透明、可操作的指标体系和评估方法。但也有人认为复杂指标体系下的评估活动尽管成本增加，但不需要多方投资就能够激发研究者和大学的科研积极性，提高了科研产出，有一定的合理性。究竟采取什么样的评估体系和评估理念应该与不同时期的大学发展目标与办学定位相结合。

文献计量工具与方法不断进步，智能分析触手可及。在智能分析工具的支持下，大学科研评估将变得更加准确、全面，能够在复杂性和可行性之间保持合理的张力。科研评估指标的精细化有利于教师的科研改进，但在执行时又不能过于机械，例如要充分考虑不同学科科研和发表、应用的特殊性，制定区分性学科评估标准。

在规范的评估指标体系框架下，还要考虑到不同层次大学的办学目标和科研使命，在权重方面可以有所增减。大学科研评估和排名影响政府投资、大学声望以及招生情况，各种因素之间会发生连锁反应，所以树立正确的评估价值观是非常重要的，通过评估激励教师的科研积极性，调动大学各方面的因素积极配合，提高科研质量，实现特定的科研目标是正确的选择。当然，通过评估可以从总体上把握各大学的科研状况，监测创新景气和组织文化。从国家和大学发展的战略高度看，评估是有益的。但从基层和个体研究者的角度看，评估往往会导致精力“透支”，影响科研创新和科研质量，也影响学者的生存状态和教学质量。再者，科研质量与科研资助、社会回馈也存在一定的相关性。从整体上看，科研的经济回馈性是很高的，但有些基础性研究及技术研发的生产回馈率需要一个周期，而不是立竿见影的。所以大学在制定评估标准时要将长远利益与近期利益相结合，注重科研、教学、生产服务相互促进。

三、我国大学的科研评价活动

伴随着《中共中央关于教育体制改革的决定》（1985 年）、《中国教育改革和发展纲要》（1993 年）两个标志性文件的酝酿和出台，我国高等教育也出现了大发展趋势。西方发达国家在20 世纪六七十年代，高等教育也出现了大扩张。这与科技发展以及知识经济、全球化趋势相适应。中国要变人口大国为人力资源大国，在全球化竞争中充分发挥人力资源比较优势，而大力发展教育是基本国策。通过教育拉动内需，刺激投资和生产，提高全民科技文化素质，提升高科技时代国家在国际化市场的竞争力。

由于规模的扩张与师资力量、办学理念、办学条件之间还存在一定的差距，导致我国高等教育质量在规模扩张的同时质量没有得到相应提高。在此背景下，国家开始通过各种大规模评估推动高等教育规范化建设和质量提升，同时提高高等教育的社会认可度。

我国高等教育扩张的第一阶段是招生规模的扩大，与之相适应的是大学的扩建。一些老牌大学纷纷在各地建立起了“分校”“二级学院”；一些地方性大学在原来的专科学校基础上努力“升格”，变成本科院校；一些师范类院校也变成了各类综合性大学。高等教育规模扩大必须有充足的师资队伍以及其他相应的办学条件保障，新建大学的“硬件”可以迅速配套，但师资力量、大学文化等软件则需要长期建设和积累。在高校扩张的过程中往往出现“硬件”与“软件”之间的失衡。为了进一步规范各类高校的办学目标、办学行为，明确大学科研与教学质量标准，国家教育部开始了自上而下的教学评估、科研评估、学科评估等活动，同时一些大学和学会等组织也开展了“第三方”评估活动，与政府评估相互印证，为大学质量改进提供各类参照，为学生和家长择校提供参考，为各用人单位的职业招聘提供参考，也为政府和社会对大学提供资金支持提供依据。

1995年，中国大学启动了“211”工程，最终有112所大学进入“211”大学名单，这也是大家通常所说的国家重点大学。1998年我国又启动了“985”工程，目标是世界一流大学。美国卡内基大学分类标准是以知识为中心的，重视学科门类和学位层次及招生比例等，重视高等教育之间的分类评估，而我国高等教育评估重视的是水平评估，结果导致高等教育“同质化”趋势明显。为了争取更好的生源和资金支持，我国高等教育体系低端的学校纷纷按照高一级的评估标准扩大基建规模和占地面积，扩大招生人数和师资队伍，争取科研项目和经费等，最终的结果是导致各类大学的办学模式趋同，不像美国大学强化分类特色，每类大学都有自己生存和发展的空间。

邱均平、余凡根据中国科学评价研究中心2011年1月发布的《世界一流大学与科研机构学科竞争力评价报告》研究发现，“在科研竞争力前10强中，美国代表着世界科研竞争力的最高水平，中国处于第七位，与世界最高水平相比尚有较大差距”。[1]

我国大学评估的兴起与高等教育市场化以及规模扩张有关。自20世纪90年代以来，我国大学开展了多种评估，如本科教学评估、科研实力评估、学科评估、综合实力评估、大学排行榜等。下面重点介绍一下我国大学自2002年以来开展的大学学科评估。

学科评估是由教育部学位与研究生教育发展中心对具有研究生培养和学位授予资格的一级学科进行的整体水平评估，并根据评估结果进行聚类排位。此项工作于2002年首次在全国开展，至2017年已完成四轮评估。

“第一轮评估于2002—2004年分三次进行（每次评估部分学科），共

---

[1] 邱均平，马凤．中国高校在建设世界一流大学过程中的进步和问题——基于2011年《世界一流大学与科研机构学科竞争力评价》的分析［J］．中国高教研究，2012（1）：17－22.

有229个单位的1366个学科申请参评。第二轮评估于2006—2008年分两次进行，共有331个单位的2369个学科申请参评。第三轮评估于2010—2012年在95个一级学科中进行（不含军事学门类），共有391个单位的4235个学科申请参评，比第二轮增长79%。第四轮评估于2016—2017年在95个一级学科范围内开展（不含军事学门类等16个学科），共有513个单位的7449个学科参评，比第三轮增长76%；全国高校具有博士学位授予权的学科有94%申请参评。”❶

我国大学学科评估在借鉴国外经验的基础上，紧密结合中国大学教育的实际，探索中国特色大学学科评估模式，建立中国大学学科评估标准和体系，贡献中国大学学科评估方案。其主要目的一是服务大局；二是服务高校，三是服务社会。通过学科评估可以发现优势学科和弱势学科，并根据时代发展、大学定位和学科发展三个逻辑进行结构优化和内涵提升；通过评估更新学科评估标准，在知识先进性以及学科体系方面尽量与国际保持同步，删除一些过时的知识和方法，增加富有时代意义的新知识、新技术、新方法，同时突出中国特色和地方特色；进一步完善中国高等教育各类数据库，为信息公开和信息服务提供准确、全面、动态数据参考和咨询服务；通过评估促进质量提升和内涵发展，推动中国高等教育发展和人才培养质量的提高，更好地服务经济、服务社会、服务国家大局，应对新技术背景下全球高等教育和可持续发展挑战。

在学科评估活动的推动下，各大学都加强了专业论证和学科研究，并且与国家大规模在线课程相结合，促进科研向学科建设和人才培养转化。中国大学学科评估将理论研究和实践探索相结合，不断更新观念，吸收新的评估技术、平台和方法，优化指标体系和评估标准，组建多元参与的评估团队，提升专业化水平，通过评估促进多方共进和事业发展。例如，第三轮学科评估采用“客观评价与主观评价相结合、以客观评价为主”的指标体系，包括“师资队伍与资源”“科学研究水平”“人才培养质量”和

---

❶ 王硕等．教育部第四轮学科评估指标体系变化分析［J］．创新科技，2016，(8)：54-56.

“学科声誉”四个一级指标，指标权重全部由参与学科声誉调查的5 000名左右专家经过深入的前期理论与实践探索以及后期的多次讨论论证确定。

评估充分发挥民主参与机制，广泛征求群众意见，包括专家学者、教师、管理人员、学生、家长和生产部门等多元利益群体，采取网上问卷、现场问卷、电话和视频访谈、现场访谈与考察等多种方式和方法，保证了信息渠道的畅通和多元化，充分发挥新媒体技术在信息收集中的作用，加强互动；充分听取了各方意见，指标设置突出“质量、成效、特色”，打造“质量文化”。

在总结前两轮学科评估经验的基础上，第三轮学科评估对评估指标体系做了较大修正，使得评估结果更加全面、科学、真实。创新学术论文评价模式，营造学术论文评价的良好氛围。改变以“SCI论文数”单一指标评价学术论文的做法。本轮评估首次采用“定量与定性、质量与数量、国内与国外”相结合的多元评价和区分性评价方法。如将论文“他引次数”及“ESI高被引论文数”与最新发表的高水平论文同时纳入评价指标等。改革科研成果评价模式，强调学科的社会服务能力。强调专利成果的转化与应用，鼓励专利成果为社会经济建设服务。同时，在主观评价部分增加了社会服务和学术道德等内容，邀请行业和企业人士及所有参评单位本学科专家对学科的社会声誉进行全面评价，形成了“崇尚创新、重视质量、社会参与”的科研评价新模式。但在具体实施过程中仍然存在“形式主义”等做法。国家标准与一些地方高校人员素质不匹配，所以导致许多误读和僵化等做法。

数据采集包括“公共数据采集”与“单位材料报送”两部分。学位中心通过教育部、科技部、国家自然科学基金委、有关教指委、学会等官方数据源获取公共数据；通过参评单位申报获取参评学科数据。学科评估采用“客观评价和主观评价相结合”的评价模式，邀请专家对学科声誉、学术道德、社会贡献与学生毕业后质量等进行主观评价。主观评价通过“问卷调查”方式进行，每个学科参与调查的一般为50～100人。本次评估除邀请本学科专家外，还特邀了部分来自教育部、科技部、文化部、国家自然科学基金委等30多个部委及大型企业的近500名行业、企业界人士。

学科评估结果按照“精确计算、聚类统计”的原则产生，淡化名次，重在找差距和改进。在科研成果评价方面通过定量计算代表性论文的被引次数，而对于引用低的最近发表的高水平学术论文，则邀请专家进行定性评价等，多视角、多方位地评价代表性论文质量，这更能全面反映出论文的学术价值、文献价值和学术影响力。引导广大科研工作者把论文质量放在首位。当然在评估中对于质量的标准还有待改进，例如，期刊档次是否一定能代表单篇论文的质量？论文的创新性指标如何体现？这些问题在专业评估中都需要深入考虑。

第三轮评估还有一个重要价值取向就是不仅重视学术成果，而且重视专利和社会服务情况。专利的质量也要与国际标准相对照看其创新性指标，然后再考虑地方标准和实用性。为了推动原创性，必须将专利的国际领先水平放在首位，然后再看其实际效果和效益。有一些专利产品只是模仿了国际同类产品，但由于专利评审人员及使用者的信息不对称，结果予以重奖。所以在专利评估时也需要引入国内外专家，并且充分发挥各种数据库的作用和各种评估软件的作用。还有的产品由于知识产权侵权而被告查封，给专利管理部门和用户带来了诸多不便。所以在专利评审鉴定以及学科评估过程中，一定要有专家参与，要更好地把握科研和专利的国际总量，并精准定位某项专利的创新性水平。有的含有关键技术，属于国际领先；有的只是功能的改造或产品外观的改造；还有的是军工产品用于民用生产，等等。对于专利的评估也要采取分类标准，评出不同等级，并且就创新性指标予以详细说明。专利评估还要看市场效益，或者是先进行部分生产和销售以预测市场效益。

对于论文的评审尽管也存在许多争议，但好的科研成果在学术圈子里都会被认可，即使没有获得相应奖励，随着时间的推移，真正有价值的成果还会凸显出来的，这也类似于“睡美人”现象。但专利的时效性更强，所以要及时将创新性、实用性专利评选出来，让其发挥更大的效益。还有一种情况就是组合创新，在众多产品的基础上整合成大型产品，满足用户多方面需求并且方便使用。总之，无论是对科研成果的评价还是对专利产品的评价都需要专业的视角和公正的精神，通过评估和质量等级的鉴定推动创新发展。

目前，还存在一个问题就是评估者都不愿意给自己找麻烦，利用被引和期刊分类档次进行质量评估是最简便易行的方法，也容易平息各种争议。只要规定以此为标准，大家都一致行动，不给反对者以申诉的机会。即使有个别文章或著作质量不错，但由于没有“高层次”期刊或出版社发表或出版，其质量一般是得不到认可的。申诉也往往由于“众口铄金”而无济于事。因为处理这类个案的做法往往是“找漏洞”“高标准”“严要求”，经常会被一票否决，而不是将其与发表在高层次期刊上的同类成果进行客观比较后再给予合理定级。这里面有许多利益驱动问题，所以必须系统反思，理性审视各种“圈子”文化，营造风清气正的科研氛围。激励创新性和高质量科研，弘扬科学精神和责任意识。实现科研与发表及出版的综合治理。

科研与社会服务情况形式多种多样，也有一些弄虚作假现象的发生。所以在评价时要实事求是，透过现象抓住本质，真正将那些产学研结合很好的典型评出来，为大家树立榜样。例如，大学生创新创业项目，其项目内容、实施效果都要认真考察，不能搞形式主义或“一阵风”等做法，否则对学生、教师、学校和社会都是不负责任的，也容易导致大学科研的浮躁。再一种就是建立产学研基地，服务地方经济，一定要看证据，看实际行动和效果，包括课程与教学模式改革是否支撑了社会服务指标，而不能只看填写材料，以防一些单位为了评估而临时造假现象的发生。

大学服务地方经济的渠道很多，每个学科都可以结合自己学科的特点和科研优势领域加强产学研的结合。例如数理统计专业的师生可以为地方行业提供行情预测，根据人口、潜在用户、产地、季节、竞争对手、总体产量和用户情况、销售渠道等变量，加上对气候等其他不可控制因素的风险评估，为各种生产行业提供预测服务；而农林、机械、电气工程、土木建筑、制药工程等领域的教师则可以为行业提供技术预测和培训服务，还可以协同创新，帮助企业进行技术升级改造；法学、社会学、管理学、大众传媒和播音主持专业的教师则可以结合自己所学及所教学科，带领学生一起加强相关领域的调查研究，需要精准定位，从专业的视角提供咨询服务。比方有关民事纠纷的法律援助，提升民众的法律素养，提高其自身的法律保护意识。有的农民不知道国家有关动物保护法，结果有不法生产和经销商向其推销国家法律禁止的动物毛皮制品，农民一看价格合理就买下了，最后被工商管理部门查获，但却因为缺乏证据无法找到卖主。对于这类案例，法学教师可以多深入社会，普及法律知识，提供及时的咨询服务。一些社会学、管理学、地理环境和资源管理专业的教师可以利用专业知识和系列研究成果为地方区域规划、经济建设、结构调整、资源开发与合理利用等提供专业性服务；教育学、文学等领域的教师可以加强与地方教育行政部门和中小学的联系，为他们提供新的教育理论和教育技术、教育模式，提供各类教师培训服务、学校特色建设服务以及家长和学生服务等。

总之，学科评估过程中对于各类社会服务的评估一定要保证专业性和真实性。要有证据意识和数据意识。比方各类音像记录和新闻报道数据，各种平台上都会留有日期和具体时间，在评估过程中要结合各大学所申报材料利用各类媒体进行数据核实，确保证据的准确性和真实性。

2016 年 4 月，教育部学位中心在对前面三轮学科评估的基础上，总结经验教训，与时俱进，充分发挥大数据技术和新媒体技术在评估中的作用，将现场专业集中评估与各地网络视频会议异地办公结合起来，纸制材料与电子材料、媒体信息、统计数据相结合，极大地提高了评估效率和全面性、准确性。

数据获得包括规范性的结构性数据和各种媒体的日常报道和记录等非结构性数据。例如各级教育行政网站公布的统计数据以及各学校主页公布的数据；中国学术期刊网、WOS 收录的科研论文和专利、项目等数据。一要结合各单位所提报的材料与上述数据进行相互印证和纠正，保证数据来源的多样性和可检验性。二是同行专家、行业专家和国外专家对科研成果进行评议，确保公正性和客观性。三是采用网络问卷和电话采访等形式获取证据。在评估标准方面突出“中国标准”，国际标准只作为参照。例如科研论文评估，由于学科不同，各学科发表论文的期刊人均比不同，所采用语言不同，所以对科研论文质量的评估标准也不同。生物、化学、医药等领域的 SCI 论文比较多，而人文社会科学的 CSSCI 占比较大，所以在评估大学科研质量和科研实力时充分考虑不同学科的差异性，引导教师提高论文创新性、前沿性以及实效性，扩展中国学术期刊的种类，将信誉好、符合学术规范并且富有特色的各类学术期刊都一视同仁，不再划分等级，从编辑和出版源头狠抓质量。

除上述政府组织的评估外，中国的大学评估活动还有以大学和“第三方”组织的评估，如武汉大学、上海交通大学、校友会等提供的中国大学排行榜和中国大学综合实力评估。其中校友会连续 17 年发布中国大学排名。其评估指标见表 4－2。

表 4－2　校友会 2019 年中国大学排名评价指标体系❶　（%）

人才培养：54.35	科学研究：32.34	社会影响：13.76
①教学质量：30.48 杰出校友 19.25； 教学水平 6.61； 创新创业教育 3.08； 德育 1.54	②高端成果：19.25 高端成果 19.25	③办学层次：1.54 国家定位 1.54
④高层次人才：13.09 杰出师资 13.09	⑤科研项目：7.70 科研经费 4.85； 基础研究项目 2.85	⑥社会声誉：7.69 生源竞争力 2.31； 媒体影响 1.54； 社会捐赠 3.84
⑦学科专业：10.78 优势学科 6.93； 优势专业 3.85	⑧科研基地：5.39 科研基地 5.39	⑨国际影响：4.53 国际化办学 2.61； 国际声望 1.92

影响我国大学评估活动产生、发展的因素除高校扩招、高等教育全球化浪潮的影响、市场化及质量问责外，还有一个重要原因就是科学计量学和期刊 H 指数的广泛应用。中国管理科学研究院的赵红州率先利用美国《科学引文索引》（SCI）的数据，对国内 86 所重点大学的科研能力进行了

❶ 艾瑞深中国校友会网．校友会 2019 中国大学排名评价指标本系［EB/OL］．［2018－12－24］．http：//www.gaokao.com/201812245c20afb60d978.shtml.

排序（1987—1989 年）；1992 年湖南大学推出了《1992 年全国 86 所重点高校 1985—1989 年科技活动评价》；1993 年“广东管理科学研究院”发布了《中国大学评价》（武书连排行榜）。1994 年伊始，原国家教委开始进行高校本科教学工作水平评估；与此同时，教育部学位与研究生教育发展中心开展了学科评估。自 1987 年推出第一期大学排名以来，我国陆续建立了以大学科研能力、本科教学、学科发展以及学位点为评价客体的多元高校评价体系。这种起源于西方发达国家的大学科研范式如今演变成各国对学术生产力指标的极力追求。我国大学评估需要从大学理念、大学功能以及国家创新发展战略、经济安全、知识产权等视角理性地审视科研评价及其指标的制定，而不能仅仅从部门或个人利益出发盲目地追逐学术产出。

从我国大学各项评估活动开展的总体情况看，其科学性水平是不断提高的，指导思想和总体趋势也是可取的。但由于受理论研究水平、对大学理念和规律认识水平的限制，各类评估所依据的指标体系还存在一些缺陷；在评估方法与实施过程中还有一些漏洞。另外，也存在一些“管理主义”“保护主义”和“优先权”等问题。下面结合国际、国内经验以及科研评估的发展趋势提出相应的对策建议。

四、我国大学科研评价的制度构建

（一）进一步明确大学评估的目标

无论是大学学科评估、教学评估，还是科研评估、综合实力评估，都要强化质量和特色，避免雷同和“跟风”现象的发生，另外一定要有中国自己的大学评估理念和评估体系、评估方案。从职业发展的需要看，尽管高科技发展的国际态势需要高尖端人才的培养，但就整个产业结构和就业需求来看，我国各行各业对普通工科和职业技术类人才的需求依然很大。“211”“985”高校培养的本科生一部分继续深造，有望成为国际国内科技精英。根据近两年各大高校毕业生质量报告可见，重点大学本科生读研率已超过 70%，其中多数为保送。重点大学的其他毕业生根据专业需求优先被一些高科技行业招聘，还有部分优秀毕业生自主创业。重点大学的教学模式重视研究性学习和思维方式训练，师生在研究方法方面更有优势。普通高校毕业生除了部分优秀毕业生考取研究生外，大部分需要自主择业。其就业质量与所学专业有一定关联，但更多与自身综合素质相关。职业院校的毕业生就业岗位与所学专业关联性比较高。

高等教育评估要根据不同类型高校办学目标选择合适的评估指标体系，适当分配各项权重，引导分类发展和特色发展。但共同的标准要求是诚信、质量、严谨、创新、务实，而不仅仅是研究性大学需要强调这些品质。我们既需要卓越科学家和一流科研，也需要一流工程师和技术人员，更需要高素质现代公民。高等教育各类评估都必须在此目标指导下进行标准和实施方案的制定，有效地将科研与教学、人才培养、社会服务相结合。

（二）进一步完善我国大学科研评价指标体系

我国高等教育评估尽管包括教学评估、科研评估、学科评估等不同类别，但相关的评估指标体系基本相同。例如武书连的高校排行指标体系是从“教学”“科研”两项建立一级指标。教学又包括本科生培养、研究生培养两项二级指标。教师平均学术水平指标是为提高本科生教学质量而设定的。科学研究指标下设自然科学研究和社会科学研究两个二级指标，包括国内外引文数据库论文及引用、学术著作引用、艺术作品（人文社会科学类）、专利授权、科学与技术奖/人文社会科学奖、国家大学科技园（自然科学奖）共 7 项三级指标。自 2015 年起不再使用 SCI、SSCI、A&HCI 作为国际期刊论文的数据唯一来源，课题组对 SCD 引文数据库进行自主筛选。

中国高等教育评估指标从“硬件”“软件”，或者从“投入”“过程”“产出”几个项目不断细化而成，只不过不同时期对投入和产出强调的程度不同，各项目的权重有所不同。期间还运用了科学计量法、统计分析、被引分析等新方法，将量性评估与质性评估相结合。例如，科研活动的投入（科研人员、研究经费、科研条件等）、产出（论文数量、期刊层次、代表著作、被引数量等）以及过程（科研平台、科研网络等）进行定量分析。这在很大程度上提高了评估的缜密性和科学性，但也存在导向性问题和趋同问题。一些获奖项目署名不实，一般都是权威署名，有的根本就没有参与科研，只是考虑到其声望才将其列为首席专家；还有的上报材料存在“浮夸之风”，或者根据评估指标中的各类项目临时挂牌、立项，拼凑数据，导致评估结果不真实。另外，不同类型的大学在科研评估中所使用的评估指标体系和权重应该有区分，但在评估过程中最终还是采取了同样的指标和标准。再者，所有的评估都只重视数据，而对数据所依赖的社会情境和产生过程却无法评估，也看不到所提供的各类数据与各高校的战略目标是如何关联的。最后，对利益相关者的需求、困惑、焦虑等生存状态考虑不足。

2019 年 3 月 28 日，中国国家自然基金委联合财政部发布“关于进一步完善科学基金项目和资金管理的通知”。“通知要求推进分类评审改革。确立‘鼓励探索、突出原创；聚焦前沿、独辟蹊径；需求牵引、突破瓶颈；共性导向、交叉融通’的资助导向。突出代表性成果和项目实施效果评价。加强自然科学基金项目绩效管理。分类设置绩效指标体系，强化绩效目标管理。开展项目绩效评价，重点评价新发现—新原理—新方法—新规律的重大原创性和科学价值，解决经济社会发展和国家安全重大需求中关键科学问题的效能，支撑技术和产品开发的效果，代表性论文等科研成果的质量和水平，以国际国内同行评议为主。加强绩效评价结果应用，将评价结果作为后续各类型项目资助调整的重要依据”。[1]

大学科研评价的分类标准除考虑不同类型大学的不同标准外，还要考虑不同领域和学科的评价标准。英国“卓越科研框架”（REF）将科学分成四大类：一是物质科学、工程和数学；二是医学、健康和生命科学；三是社会科学；四是人文与艺术类。REF 非常重视科研成果的原创性，其中也包含信度和效度水平。根据原创性水平将成果分为四个等级。

根据英国 REF 的标准，人文学科研究原创性的评估标准主要包括：产生了广泛而深远的影响；提出了新思维、新范式，并且对实践和政策创新具有重要推动作用；扩展了现有研究范围和深度，产生了新的知识生长

[1] 中国国家自然基金委、财政部．关于进一步完善科学基金项目和资金管理的通知［Z］．国科金发财〔2019〕31 号，2019-03-28.

点；具有新颖性和创造性。REF《评价标准》规定，人文学科的评估不得考虑期刊的影响因子和被引次数。

一项好的人文成果首先是能够深刻反映现象本质，能够给人以启发，照亮心灵或者解开思维的谜团和症结，有的研究成果具有强大的生命力，带来研究范式和思维方式的革命；其次是具有强大的阐释力，能够据此对许多现象进行解释。是高度概括，又是可读的，容易理解的。有时是一个隐喻、一个象征、一个故事、一个案例，但具有原创性和解释力，具有“模型”和迁移作用；再次是深刻性。好的人文研究尽管具有普及性和可读性，但其内涵是深刻的。作者一定是博览群书，从多个视角和学科领域去寻找证据；最后是通过反思洞察现象，凝练智慧。其思维具有穿透性，并且能够深入浅出地进行描述和表达。

大学科研评价要重视创新评价和质量评价。大学科研评价的创新性标准要考虑学科属性。例如，自然科学的原创性分不同层级：一是指关系宇宙、人类、科学发展的重大命题和重大发现；二是指在某一学科领域具有开拓性的发现，可以为学科发展开辟新的知识生长点；三是指在某一知识链条、知识点上发现新问题、新证据，进行证伪和修正，进而推动科学发展；四是有关方法论和研究方法、研究工具的改进。如系统论、信息论、熵论、“博弈论”、相对论、量子论、“大数据”、现象学等重大理论，可以渗透到各个领域的研究中，改变看待问题的思维方式，也影响具体研究方法的选择，进而影响科研的信度和效度，影响其创新性水平和质量。

质量评价一是以标准为参照，参照国际国内同类大学的质量评估标准，结合自身的办学定位制定适切性质量标准，将实然性和应然性相结合，但差距不能太大，目的是激励各方通过努力能够得以改进和提高；二是分类评价，不同学科、不同类型的科研采用不同的评价标准和评价方法，做到以质量为首，考虑科研的现实需要和未来发展趋势，考虑教师的专业成长和组织的可持续发展的需要。

科技能力的储备是提升科技质量水平的前提，而科技能力主要是由科技人员队伍、科技经费、资源、设备和制度等构成。大学科研评价指标要将有形的成果、专利、项目评价与无形的人力、资源、制度相结合，最后还要考虑绩效指标，有关大学科研绩效评价可以参照表4－3中的指标体系，结合各自的实际情况赋予不同权重创造性地加以应用。

表4－3　我国大学科研绩效评价指标体系

一级指标	二级指标	分值	计分标准
投入（30分）	经费投入与条件	15分	科研经费；智慧环境；科研资源；先进实用科研设备；自主改造和研制的科研与教学设备
	制度环境	15分	人才政策；科研政策；成果、项目、专利权重及其与大学目标、人才性质的关联性；教师教学和科研工作量配比；科研转化与合作平台；科研团队的包容性与发展性
成果（35分）（考虑不同级别成果的数量与分值，被引及转载、转化情况在绩效中计算）	成果类	10分	高质量学术著作；正规学术期刊发表的高质量论文
	应用类	10分	专利；优质教材；基于科研的教学转化项目；优质文学与艺术类作品；创意产品及其他类具有自主知识产权的创新成果
	项目类	10分	国际、国家、省、地市、大学项目
	科研交流	5分	参加国际、国家级、省级学术交流人次及提交论文情况
绩效（35分）	获奖	10分	国际、国家、省、地市、大学科研获奖情况；基于科研的教学研究获奖情况
	经济效益	5分	专利及产学研合作项目的企业收益率、大学收益率；基于科研的各级政府赞助、企业和社会赞助
	社会效益	10分	非经济性指标，包括成果与专利的被引、转载、发行量、评论等
	学生科研	10分	本科生、硕士研究生、博士研究生科研成果、项目与专利情况
合计		100分	

（三）重视分类评估以及价值链评估

我国高等教育结构完整，类型多种多样，一是与知识生产链条相适应，二是与经济社会发展需求相适应。大学评估应该重视多样性和特色评估，提高质量，维持高等教育合理秩序。

我国大学科研评价实践中或多或少地存在着标准僵化、缺乏特色和区分度等问题，为此需要在共性标准下设立区分性评价指标。例如自然科学、工程科学、社会科学、人文科学应该制定出不同的评价标准；研究性大学、创新型大学、职业类大学以及教学类大学也应根据不同的办学目标制定出具有一定区分度的评价指标。

研究性大学与普通本科和地方大学的科研评价也应该采取分类标准。例如，地方性大学应强调教学学术，紧密结合学科建设和教学改革选择研究课题，使科研与教学相互促进；同时加强教学模式改革，利用大数据等新技术手段加强产学研深度融合，为生产提供高素质实用型、创新型人才。具体评价指标应强调：①科研向学科建设和人才培养转化指标；②科研向生产和社会服务转化指标。地方大学科研评价必须实事求是，明确办学定位，从科研实际条件出发，有效利用各种人力、地域等条件，提高人才培养质量和社会服务质量。

地方综合性新建本科或者由原来的专科升格为本科的地方院校，科研成果的评估也要将期刊/出版社档次、论文/著作被引、论文/著作质量相结合；论文除北大核心收录期刊及以上期刊所发表的论文外，还包括国内外其他各类正规学术期刊发表的文章，强调个体研究的连续性和团队研究的集群成果。专利要看其创新性和实用指标以及所带来的应用情况，客户数量和生产效率；项目评估不再单独列出。

国家重点大学要强化对师生科研能力、科研水平的评估。科研产出和科研绩效的评估重点放在具有前瞻性、开拓性的科研成果和获批专利上。强化个体和研究团队原创成果。提倡代表作评估，对于论文和专著/教材的评估只考虑 SCI、SSCI、CSSCI、EI 等数据库来源期刊以及论文/著作被引情况，还要结合对论文/著作质量的专家评估综合评价，其权重可以将客观赋分与专家评议取相等权重；专利要看其国际领先水平；科研项目不再单独列出，因为项目成果一般都是通过论文、著作和专利体现出来的，所以不再重复记分。其他政府咨询报告、教学转化可以通过社会服务项目和教学项目评估体现出来。研究性大学设立的高等教育研究院/所等咨询服务机构的成果重在服务于本校专业、课程、学科建设及知识管理、科研转化等管理服务方面的研究，除成果外还要将大学改革的成效性按照一定比例计入这些研究机构、研究人员科研绩效上，对于这类人员的科研成果强化人岗匹配和研究的精准性、适切性、实效性。其他各学科专业人员的评估强调学科研究的国际前沿性。

普通本科院校的科研评估要兼顾前沿成果、生产转化和应用类成果以及教学类成果，要将期刊/出版社档次、论文/著作被引、论文/著作质量相结合；专利要看其国际和国内领先水平；项目评估不再单独列出。期刊除以上所列 SCI、SSCI、CSSCI、EI 期刊外，可以扩充到 CSSCI 扩展版、北大核心期刊收录期刊。强调在个体吸收国内外先进成果基础上的知识再创造成果以及在此基础上的教学、生产转化类成果，强调集体科研绩效和转化的可持续性效应。

科研评价中的定量方法主要用于对自然科学的评估，诸如生物、化学、医学等领域的评估。自然科学研究有一套规范的研究程序和论文格式，可以通过“碎片化”的方式对研究主题、方法、发现和建议进行细分，并且与同一主题的其他文献进行比较，容易发现创新之处和漏洞，也容易发现研究之间的继承关系。这类规范性的研究也方便机器评估。通过机器深度学习，掌握不同文体风格文章的语义逻辑及其相互之间的关联性，经过一段时期的大量数据分析，机器就能够掌握某一主题研究的基本内容、热点问题以及所采用的基本方法。

学科分类学通常将文史哲、语言学和艺术学划归为人文学科。人文学科的科研评价更多的是采用质性研究的方法，需要通过理解、阐释、访谈等方法了解学者对某一成果的评价情况及其影响力。人文学科研究的评估重视其影响力指标，而影响力指标又不像自然科学那样可以通过引文分析和文献计量的方式统计出来。人文学科研究的影响力包括的范围更广泛，例如图书的销量、各种媒体的转载情况、读者的评价等，属于文化软实力。

科研评估的目的：一是使得研究成为可见的研究，不仅科学共同体成员，而且各利益相关者都可以清晰其中的价值。评估可以进一步挖掘研究的价值，有些价值是显而易见的，有些价值具有潜隐性，需要评估者从专业的视角，采用科学的方法使其价值可视化。从某种程度上说，科研评估也是科学普及和启蒙的过程，是对科学研究的过程、发现、结论进一步检验和重现的过程；二是对科研质量给予科学的测度，例如是否原创？其原创性程度如何？符合原创性指标中的哪个等级？这方面的评估需要科学的标准，可以将专家评估、文献计量和智能评估相结合；三是潜能评估，通过评估考察研究者个体或者团队、组织是否在某一领域具有研究潜能，是否可以承担更重要的课题；四是了解科研网络关系和科研行为，为潜能评估和持续研究提供证据。

我国有一些大学的人文社科研究成就显著，并且形成了良好的评估激励机制。例如，华东师范大学设立了哲学社会科学创新基地，制定了富有创新性和特色的哲学社会科学评估标准和评估方法，对那些在学术观点、研究方法方面具有公认创新性，并产生重大社会影响或在理论上取得重大突破的科研成果予以奖励，有力地推动了人文社会科学研究创新发展。

具体做法：一是基于调查访谈等方法获取证据，对成果的公众认知度进行调研和评判。统一组织，发放问卷，对问卷进行分析，并结合电话访谈等形式了解公众对某项成果的认知度；二是专家评审。对通过第一轮评审的成果送10名左右的国内外专家评审，专家对作品的原创性做出具体标识和评分；三是组建评审团对成果进行会评，做出最终评判。为保证评审的公开性和透明性，评审团向广大师生开放，允许当场提问和质疑，专家对提问进行逐一解答，对合理的建议加以采纳并修正评审结果。这种评审机制和方法对推动人文社会科学原创性成果的产出具有重大意义。

五、从科研评估到社会语境评估

刘大椿指出，“人文社会科学评价是一种价值判断，其评价规范之间存在着学术标准与非学术标准等多种冲突，在评价实践过程中，也大量存在评价主体问题与评价程序问题等诸多矛盾，迫切需要深入分析人文社会

科学的复杂性，建立与完善中国人文社会科学的评价机制、评价标准和评价体系。”❶

默顿（Robert Merton）“将科学看成是一种社会建制，在科学建制下，科学共同体成员进行规范性研究，形成科学问题，规范研究程序和研究方法，得出可以重复验证的可靠科学结论。他所提出的科学的精神气质是一套用于约束科学家的规则、规范、惯例、信念和价值观的综合体。包括普遍主义（universalism）、共有主义（communalism）、无私利性（disinterestedness）和有条理的怀疑主义（skepticism）等制度规范。”❷

“人文社会科学评价问题”学术研讨会于2004年2月8—10日在北京召开。一些学者认为，“人文社会科学研究提供的是社会思想，在很多情形下，创造性的思想往往与规范是相冲突的。如何在设计评价机制时既能体现和保持思想的自由，又能以一定的标准来规范研究，这是一个极难解决的问题。”❸

叶继元在“改进学术评价，营造宽松的学术环境——首届人文社会科学评价暨第五届科研绩效评价学术研讨会综述”中指出，“在进行学术评价时，要根据各学科不同的引文行为来具体对待，要区分正面引用、负面引用和引文深度。要根据不同的评价对象和目的，适当利用引文数据”❹

2009年4月24—25日“首届人文社会科学评价暨第五届科研绩效评价学术研讨会”在南京大学召开，与会专家学者就“如何合理地利用引文的部分评价功能，如何合理评价学术期刊和论文，如何结合人文社会科学

---

❶ 刘大椿．中国人文社会科学评价问题之审视［J］．重庆大学学报（社会科学版），2009，15（1）：54－59.

❷ 默顿．科学社会学（上）［M］．鲁旭东，林聚任，译．北京：商务印书馆，2003：365－376.

❸ 刘劲杨，刘永谋．“人文社会科学评价问题”学术研讨会综述［J］．中国人民大学学报，2004，18（2）：155－156.

❹ 叶继元．改进学术评价　营造宽松的学术环境——首届人文社会科学评价暨第五届科研绩效评价学术研讨会综述［N］．光明日报（理论周刊），2009－05－26（11）.

特点进行评价，如何用合适的指标评价研究质量和创新力，如何采取切实可行的措施改变目前诸多的非学术性评价，如何尽快建立和完善学术秩序和营造宽松的学术环境等问题达成了共识”。[1]

我国大学科研评价对科研过程和与社会情境的互动反映不明显，而事实上，无论是自然科学还是人文社会科学研究都是在多元互动和社会建构过程中发生的，科研评价不能将科研简单“纯化”为数据进行量化评估和比较，而应该关注丰富、生动的科研实践。为此，科研评价需要实现范式转换，重视大学教师、科研管理者的自我评估和叙事评估，结合大学的办学目标、个体及组织的科研目标以及自己所教课程，叙述某项研究从选题到发表和后期应用的动态过程，在叙述过程中呈现其科学价值、育人价值和社会价值，形成一个真实的、完整的科研生活画面，而不是抽象的科研文本。这也有利于专家与同行评审过程中更好地把握成果的创新性和应用效果。

基于大学科研社会情境互动的叙事评价重视证据性，诸如成果应用的书面证据、各类网络和移动媒体引用数据、音像资料、学生相关成果和获奖等。这些证据构成了成果创新与应用的完整景象，真实并且具有启发意义。教师、学生、家长、生产部门、政府等多元利益相关者都可以参与其中，而不单纯是一篇论文的发表和引用情况。教师的科研与其生存状态相关，在进行科研评价的过程中要呈现教师的需求、成就感、幸福感以及困惑、焦虑和无奈等真实生存状态，从中也能反映科研管理现状、论文发表现状以及不同教师群体的科研能力、科研水平和科研条件、科研环境、科研氛围等。在教师、管理人员等多元群体基于证据的科研叙事过程中，科研评价将实现对量化评价的一种超越。所有的叙事评价都可以通过统一网络平台提交，数据可以永远保存并且动态更新，保证平台的通畅性、可操作性、便捷性、公开性以及音像、文本数据的统一规范性。

---

[1] 陈铭．“首届人文社会科学评价暨第五届科研绩效评价学术研讨会”召开［J］．清华大学学报（哲学社会科学版），2009，24（4）：163.

Yin R K 在“有关案例研究在科研评估中的作用的研究”一文中，以具体学科研究为个案探讨了如何将研究方法与研究目标相匹配的问题❶；Patton M Q 在“质性评估和研究方法”一文中，强调研究者自身的评估意识，研究者检验或判断研究成效时也是在进行评估。当这种检验和判断通过认真的系统数据收集和经验反思分析时，他们也是在做评估研究。❷ 这种研究强调收集有用的信息并产生有价值的发现。访谈及观察分析都可以看作是基础性的质性调查，这类方法在应用研究和项目评估中经常采用。科研评估要重视研究者对研究的自我评估；重视科研管理者对组织科研整体水平、研究集群、研究绩效进行叙事评估。

我们可以通过对不同类型大学的科研活动和成果进行叙事，展示其中的特色和优势。例如，霍普金斯大学的科研特色及其科教融合模式：霍普金斯大学的创始人希望抛弃美式学院的陈规旧制，打造一所专注于知识发现与传播，鼓励研究风气的新式研究型大学。霍普金斯大学有着鲜明的办学理念和明确的办学目标，鼓励研究以及独立性，师生要通过自己精湛的学识推动科学以及社会前进。霍普金斯大学仿照柏林洪堡大学模式，成为美国第一所以研讨班方式授课、第一所分专业录取本科生的大学。

霍普金斯医学院是美国第一所开展研究生教育的医学院。1909 年大学首倡成人教育；1916 年创办全美第一所公共卫生学院。霍普金斯大学鼓励研究，将科学研究视作大学的根基和灵魂。1926 年著名的心理学家雷蒙德·卡特尔（Raymond Bernard Cattell）调查发现，在当时 1000 位著名的美国科学家当中，243 位毕业于霍普金斯大学。

自 1979 年以来，大学九个学术部门和应用物理实验室的研究人员每年获得的联邦研究和开发经费位居第一名。杰出的研究人员指导着一批批充

---

❶ Yin R K. Discovering the future of the case study method in evaluation research [J]. Evaluation Practice, 1994, 15 (3): 283 - 290.

❷ Patton M Q. Qualitative Evaluation And Research Methos [M]. Newbury park, CA: Sage publishing, 1990: 112.

满求知欲和奋发努力的学子，大约三分之二的本科生参与某种形式的科研活动，增强真实科研体验。霍普金斯大学的研究机会非常多，也是一个很容易沉浸到研究中并做卓越研究的地方。这里是水净化技术、基因工程、心肺复苏术和超音速冲压式喷气发动机、采用外科手术矫正婴儿的心脏缺陷等诸多技术的发源地，为科技发展和社会生活带来了巨大利益，真正利用科学造福人类，造福学生和社会。

在这个过程中研究者会不断深入领会“研究”的实质和价值：“研究”是大学教师的一种生存方式和思维方式。受过良好教育的人精神内涵更加丰富和深沉，能够专注于某一领域的学习和探索，基于特定的研究方法发现和验证真理，基于证据发表和传播真理，而不是不求甚解，人云亦云。具有研究气质的教师才能更好地培养学生的独立精神和探索精神，才能启发和引领学生不断发展“证据精神”“理性精神”和“科学精神”，掌握正确的思维方法和研究方法，并且能够将这种研究的特质贯穿到学习中去，将学习和研究相结合。学会研究也是促进师生人格不断完善和专业能力不断提升的过程，是实现大学教育目标的良好途径。

例如，徐传胜教授的著作《圣彼得堡数学学派研究》[1] 出版后通过各种学术社区、出版媒体和网络平台加快了传播和扩散，收到了大量评议反馈信息。作者结合书中的内容进一步深化研究，发表了连续性成果，并指导年青教师和学生进行了相关实验、调研和深化研究，形成了一个研究团队，发表了系列研究成果，有效地支撑了学院科研、教学和人才培养指标体系的达成。

六、我国大学科研创新制度环境优化

大学科研创新需要有自由的学术环境及制度保障。首先，大学能够在享有充分自主权的基础上与政府、社会及学术共同体之间建立起合作关系。其次，大学教师拥有自由研究以及学术发表的权利，同时还要遵守科研伦理和学术规范。大学能够为教师的学术研究提供资金支持、图书和资

[1] 徐传胜．圣彼得堡数学学派研究［M］．北京：科学出版社，2016.

源支持，保证教师用于科学研究的时间。

任增元指出，“中国不是缺乏具备教育家素质的人才，而是缺乏有利于教育家生存的制度架构和制度环境，优化制度环境是高等教育发展的重要抉择。权力制约、资源依赖和公共选择机制是大学自治悖论存在的重要成因和现实逻辑”。[1]

制约我国大学科研创新的制度因素主要体现在以下几个方面：一是科研评价制度不完善。各类大学都强调学术论文发表和期刊档次使得很多教师有挫败感，特别是普通院校的教师和人文学科的教师很难在科研过程中有自我实现的“高峰体验”；二是大学组织管理模式依然以科层体系为主导，行政权力主导学术权力。学术权力本身对科研评估的理性认识不足，在决策过程中经常被一些“假象”遮蔽，因此难以承担起公正评断和合理调节作用，最后不得不依靠行政裁决；三是大学知识产权制度不完善。师生知识产权意识淡薄，利用知识产权咨询服务推动创新的有效机制没有建立起来；四是大学科教融合机制不完善，重规范性科研，轻教学学术和叙事研究。

根据全球创新指数数据，我国制度环境是制约创新的首要因素，见表4－4，我国在全球创新指数排名中的制度子项目排名比较靠后，其中与大学科研创新有关的制度包括知识产权制度、人才制度、民主参与制度等。在这些方面的制度创新和完善将为大学创新提供保障和动力机制。

尚洪波指出，“在传承知识、寻求真理、学术自由、思想自由等基本伦理规定性基础之上，大学所具有的人本、宽容、开放、批判性等伦理精神，为大学自治提供了一般价值合理性依据。”[2]

---

[1] 任增元．权力制约、资源依赖与公共选择：大学自治悖论的实践逻辑［J］．清华大学教育研究，2012，33（6）：111－118.

[2] 尚洪波．大学伦理精神与大学自治［J］．南京师大学报（社会科学版），2007（2）：81－88.

表 4-4　2018 年中国在全球创新指数中的排名❶

指标	得分	名次
制度	59.4	70
人力资源和科研	47.8	23
基础设施	56.8	29
市场成熟度	55.6	25
商业成熟度	56.0	9
知识和技术产出	56.5	5
创意产出	45.4	21

大学组织和教师工作特点决定了其制度特点，大学制度强调基于人格、学术水平和影响力而形成的权威的作用，并且强调制度的接续性和贯通性，加大网络平台建设和基层专业组织建设。各部门具有明确的职责范围和活动空间，各部门结合自身优势和需求拓展业务范围但又互不干涉。各部门在履行各自职责的前提下，加强协商，在不断协商过程中提高认识水平和治理层次，促进个体和事业共同发展。“大学学术委员会是体现和发挥学术权力的一种制度化的组织形式，是平衡学术权力与行政权力的重要组织载体”。❷

20 世纪末，我国大学强调“教授治校”，强调学术权威、学术自治、学术自由以及“去行政化”等理念，相应地成立了“教授会”等组织，强调教授的民主参与权、学术自由权、平等话语权等。但具体到实践中仍然是强调了“权力”的作用，只不过是另一种权力而已。21 世纪初，大学强调新制度理论指导下的大学治理，强调联盟关系和博弈机制，强调了大学组织中各种权力的制衡和共享权力问题。大学中的民主决策机制往往导致程序烦琐、效率低下。

❶ Cornell University，NSEAD and WIPO. The global innovation index 2018：Energizing the world with innovation［R］. Ithaca，Fontainebleau，and Geneva，2018：241.

❷ 林杰，李连梅. 自治、共治、法治视域下大学学术委员会建设研究［J］. 黑龙江高教研究，2015（4）：1-4.

“制衡”的理念来自西方理性和法的精神，而中国文化强调的是“中庸”。前者强调的是通过保持合理的“张力”而形成的制衡，而后者强调的是“妥协”“协调”“包容”而实现的均衡。所以，中国大学中的“学术权力”与“行政权力”之间应该是建立在“协商”与“包容”基础上的和谐共处，而不是“对立统一”范式下的“制衡”。当然在权利与义务、权力与责任、自由与自主这些“对子”之间则应该保持合理的张力以达到制衡。例如，一方面我们要赋予教授各种自由权利，诸如教学与研究的自由、话语权、参与权等，另一方面又要强调教授自身的理性洞察力与通感力，将两种文化融为一体，融汇于统一的大学理念之中。大学组织内部要加强各类人员之间的沟通与交往，将其融合到统一的大学理念之中。一是提高教授与管理者双方的专业层次，力求在基本问题上能够达成共识；二是提倡业务院系领导与行政部门领导的轮岗制度，拓宽视野，加深理解，促进合作共赢和高效能发展。

大学科研绩效考核在一定程度上导致了大学目标的偏离，科研评价重形式轻实质，缺少对学术与教学评价的专业能力和评估思维。重视静态评估，忽视动态评估与博弈思维，缺少激励成长的动态机制和文化环境。学术发表是科学共同体进行学术交流、检验学术水平、展现学术前沿的重要渠道，但目前大学的学术发表仍存在一些弊端，例如学术期刊的数量与学术发表需求之间的矛盾；学术发表周期与数据的时代要求不匹配，学术发表周期过长与学术创新与传播周期缩短的时代要求不相称；学术传媒形式与数据时代要求不匹配。发达国家重视在线投稿与网络出版，提高发表与传播的时效性。我国目前仍然重视纸制发表并且一些期刊评审的透明度不足，沟通交往机制不畅通，学术亲疏关系影响学术发表的公平性。学术精英控制学术发表而缺少诸如智能评估、叙事评估等广泛的学术评审制度和参与机制。在科研经费管理方面管得太死，没有形成合力，财会审计专业性不足，不能提供有效咨询合作。

学术界有关大学治理的探讨由来已久。国外有关大学治理的研究早在20世纪中叶就开始了，从90年代至今呈现持续上升趋势（如图4－1所示）。其研究关键点包括学术职业、治理、全球化、图景、大学治理、问责、可持续发展、学生参与、代理机构化、共创、智力资本、伦理等（如图 4－2 所示）。

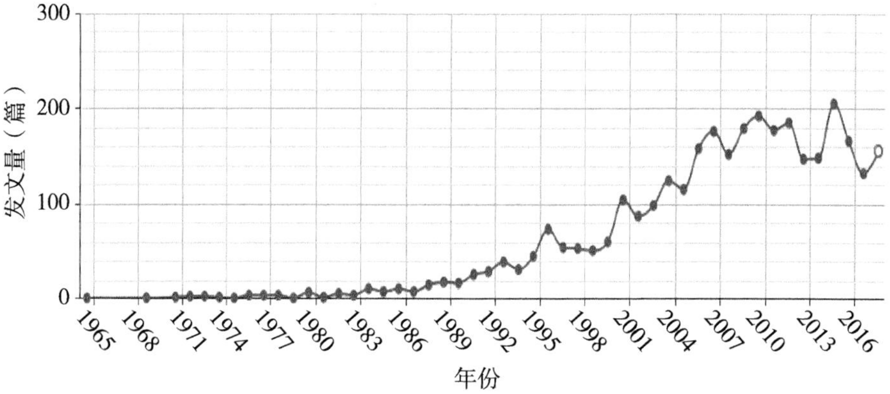

图 4－1　国外有关大学治理研究的总体趋势

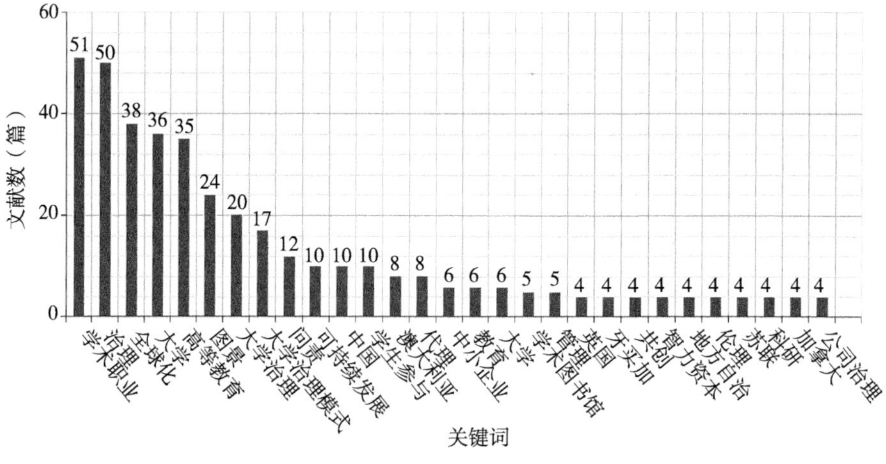

图 4－2　国外有关大学治理研究的关键词分布

国内有关大学治理的研究从 20 世纪 80 年代末开始，1988 年出现两篇介绍日本和法国大学自治的文献，2007 年、2009 年达到热点（如图 4－3 所示）。研究关键点包括：大学自治、学术自由、学术自治、司法审查、平衡、学生自治、学术权力、大学章程、行政权力、现代大学制度、权力关系等（如图 4－4 所示）。

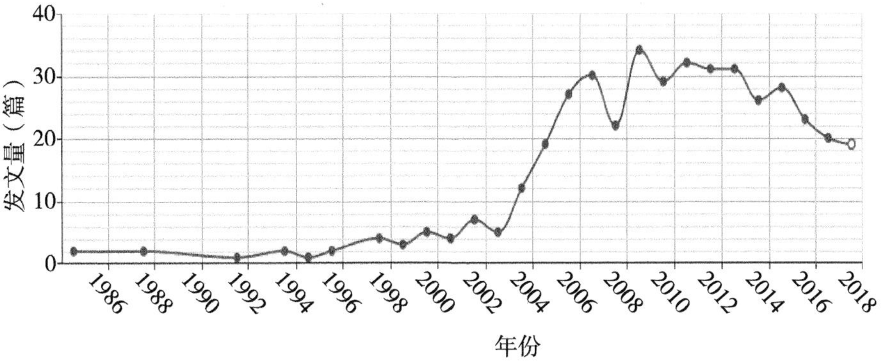

图 4-3　国内有关大学治理研究的总体趋势

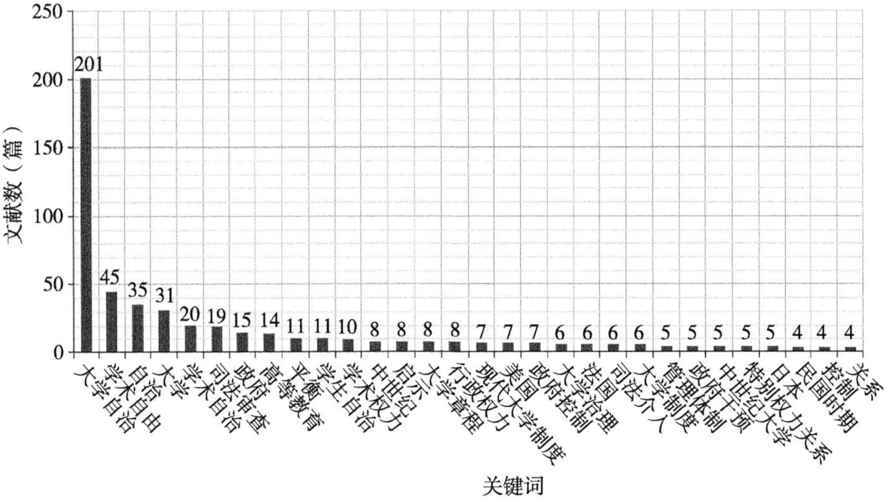

图 4-4　国内有关大学治理研究的关键词分布

国外最早出现的一篇文献涉及具体的知识产权保护问题：医药史的自主性及其在大学中的地位❶；1962 年出现第一篇日本现代大学学术自治传统形成的文献❷；1969 年出现一篇日本大学教师新型自治模式的文献❸；

---

❶　Sigerist H E. The autonomy of the history of medicine and its place in the university [J]. Journal of Internal Medicine, 2010, 142 (S266): 109-113.

❷　Terasaki Masao. The Formation of the Tradition of Academic Autonomy in Modern Universities in Japan [J]. The Japanese Journal of Educational Research, 1965, 32 (2-3): 134-147.

❸　Suzuki Eiichi. New Type of Autonomy in the Faculty of Education, Hokkaido University [J]. The Japanese Journal of Educational Research, 1969, 36 (4): 339-346.

1972年出现两篇文献：以耶鲁大学护理学院为个案的学院自治模式❶；大学自治❷。

20世纪80年代后期开始有关的研究不断增加，研究主题集中在以下九个方面：一是大学治理的理论探索，对大学治理的基础理解、大学治理的悖论；二是不同治理模式的跨国比较研究，如公立大学治理模式的国际比较研究；欧洲大学治理对科研绩效影响的跨国研究；三是有关大学治理的个案研究，如对英国和希腊大学治理的洞察；巴西、荷兰、葡萄牙大学治理模式；四是有关学生参与大学治理的研究；五是知识管理视角下的大学有效治理模式探索；六是有关大学治理指标体系建构的研究；七是新技术对大学治理影响的研究；八是有关教师及领导的职务晋升制度的研究；九是有关全球化治理对大学治理的影响的研究，如全球化与大学治理：观念及知识的力量。

国内有关大学治理的研究视角：一是有关大学与政府的关系，研究大学的自主权问题；二是大学社团与学生自治；三是教授治校与学术自由的研究；四是有关法律的介入与大学章程的建设；五是有关基层学术组织建设与大学治理；六是有关导师制、学分制与大学治理的研究；七是有关跨学科制度与大学治理；八是新制度主义视角下的大学治理与博弈关系。

大学一方面要与外界建立合作共进关系；另一方面要在其理念指导下加强大学章程及专业标准建设，重视契约精神下的学分制、导师制及社团模式下的学生自治。重视各主体间的沟通与理解，消除一切二元对立。从精神层面看，大学更强调其理性精神及超越性，而从个体及组织层面看，又需要关注人、生命及意义，使得理性与人性、科学与人文和谐共进，激发创新的原动力，进而收到善治与共赢的效果。

唐玉光、薛天祥在“大学自治与高校办学自主权”一文中指出：“大学自治是大学最悠久的传统之一，这传统可追溯到中世纪大学。在大学内

❶ Reinkemeyer A G. Critique of autonomy: an institutional study of Yale University School of Nursing, 1923—1924. [C]. Nursing Research Conference. 1972, 8: 249 - 256.

❷ Duryea E D. The Autonomy of Higher Education [J]. Journal of Thought, 1972, 7(4): 274 - 280.

部，存在着两种不同类型的团体：①学生团体，即学生参与学校管理，校董事会在很大程度上代表学生的意志行使任命和监督教师的职责；②教师团体，即学校的管理完全由教师协会控制，大学内部的管理，大学与外界各种关系的协调都是由教师协会负责的”。❶

大学自治强调大学不受外界的干扰和控制，在教学、科研及管理方面享有充分的自主权。相应地，在大学内部强调教师在专业方面享受充分的自主权，学生享有一定的自由与自治权。问题的关键是掌握好“度”，形成制衡观与共进机制。其中有些需要法律和规章制度保障，有些是约定俗成的潜规则或文化约束。

“大学是特殊的学术组织，主要从事创造性知识活动，包括知识传播、知识创造、知识物化。”❷ 科学共同体通过科学建制加强标准制定、学术交流及人才梯队建设，从而与大学组织产生共振效应。大学发展需要有学术做基础，一方面保证知识的传承与创新，另一方面也使大学改革能够建立在科学研究的基础上。学术探索与应用需要学术自由作保障。学术权力强调其权威性和影响力，同时又应该赋予其一定的身份和地位，目的是更好地维护学术自由，保护学术共同体成员的利益。行政权力更多地依靠刚性的科层制度系统，每一角色都有严格的分工和定位，个人的人格和才能没有多少发挥的空间，其权力的大小和影响力主要取决于所处的行政级别；而学术权力更多地强调学术权威，学术权威主要来自其学术水平和学术人格，而不是依靠“官衔”和行政级别。在学术权力的威望影响下，科学共同体成员会严格要求自己，规范自己的学术行为，同时又能够在学术权力的保护下拥有更多的自由，从而更好地创新发展。

任何一门学科的发展都需要富有科学精神和时代精神的“大家”引领，他们会引领这门科学沿着正确的轨道前进，造福于人类。一个学科的发展前景如何、贡献有多大，主要不是看这个学科群体中有多少追随者，

---

❶ 唐玉光，薛天祥．大学自治与高校办学自主权［J］．上海高教研究，1994（4）：34－36.

❷ 刘献君．自治·共治·善治——大学治理的特征、方式与目标［J］．探索与争鸣，2015（7）：45－47.

不是看它表面的繁荣景象，而主要是看有没有具有开拓性的学术大师的引领。当然不同层次的大学，其学术权力的层次也是有区别的，但他们都受统一的科学范式的引领和影响。他们既遵循一定的科学规范，又能够包容一些具有创新因素的例外；既维护科学共同体威望和边界，又不排斥其他领域人员的介入。学术领袖能够站在公共立场上，超越各利益群体的狭隘性和局限性，更好地发挥引领和协调作用。另外，知识、权力与政治要保持合理的张力，从而始终保持科学独立的精神气质。

从管理机制来看，大学不仅应弱化科层式管理，也要弱化学术权力，应该基于大学理念、章程和专业标准，强调各主体之间的平等对话与交往，强调沟通与理解，利用各种非正式组织形式，诸如论坛、茶话会等形式将不同层次、不同文化背景以及不同身份地位的人员都整合起来，将矛盾消融在日常的对话沟通与富有创造性的工作中，这也有利于提高政策的执行效率。

教授不仅是科研和教学的楷模，也是道德及和谐社会的楷模。他们能够专心致志、精益求精，有自己独立的学术思想和成果，并且能够结合教学和项目向人才培养和社会服务转化。他们视野开阔，思维有深度，不问西东，“兼容并包”，从而更好地发挥各种文化的积极共生作用。从组织的群体动力系统来看，组织氛围是影响士气的重要因素，要提高组织的生产效率和创造力必须营造一种积极向上并且和谐宽松、情感宜人的组织心理氛围。

教授在学术和修养达到一定阶段后能够回归平常人的角色，用一种平常人心态走近同事，倾听他们的心声，帮助他们解决职业生涯发展中遇到的问题。他们具备一种亲和力，对组织建设能够发挥出“无为而治”的功效。根据哈贝马斯的交往理论，交往必须是真诚的、真实的，并且还要具备一些交往的技巧，交往双方是可以沟通和理解的。例如一些谈话式或非指导性访谈会解除教师和员工对以往管理者角色的心理对抗和防御，教师和员工愿意向他们所尊重的教授们谈自己对工作的感受、困惑、不满和愿望，教授善于倾听他们的心声，员工由于感觉自己找到了目标和方向，所以工作的积极性和热情被大大地激发起来，促进了工作质量和创造力的提高。

加强基层学术组织建设，强调专业性、学术性、研讨性，建立互相听课及项目制，淡化权力与管理。基于学科逻辑在科学共同体领导下建立学科规范和专业建设制度；基于实践逻辑建立基于课题的项目小组和工作坊。姚荣指出“从研究型自治迈向创业型自治，是激活学术心脏地带、实现大学基层学术组织自治制度化的重要发展趋势”❶。汤智、李小年指出，“在国外大学基层学术组织运行机制中，德国讲座制、美国学系制、俄罗斯教研室制分别代表了权威型、社团式、参与式等三类大学基层学术组织运行机制的典型模式”❷。“19 世纪德国大学的讲座制确立了现代大学的科学研究职能，并对美国高等教育发展产生深远影响。美国大学对讲座制进行继承和发扬，形成如今的学系制”。❸ 文少保、杨连生指出：“传统院系结构惰性与跨学科研究合作困境的现状，促进成立独立的跨学科研究组织及其运行机制”❹。我们需要结合高技术语境，在原有基层学术组织基础上加强学习社区建设，与学术共同体、跨学科组织、学生、家长、企业和政府建立广泛的网络联系。

大学生学术社团的成立和虚拟学习社区的建立可以有效促进学生之间、师生之间以及师生与技术研发商和平台供应商之间的互动，形成多方共进网络关系。维护学生在纪律和道德等方面的自治，同时增加了创新创业组织、学术交流、课程与学习咨询等职能。随着各种社交媒体的出现，虚拟社区在大学生自治中也发挥着重要作用，及时利用这些虚拟社区促进学习与创新具有重要的时代价值。

无论是哪类大学都要重视将“研究”理念和思维方式引入教学中，通过良好思维方式和方法的训练培养学生的独立精神和理性精神，在更高层

---

❶ 姚荣．激活学术心脏地带：中国大学基层学术组织自治如何走向制度化［J］．清华大学教育研究，2016，37（2）：72－79.

❷ 汤智，李小年．大学基层学术组织运行机制：国外模式及其借鉴［J］．教育研究，2015，36（6）：136－144.

❸ 孔捷．从基层学术组织变革看德国与美国大学的相互影响［J］．现代教育管理，2010（12）：108－110.

❹ 文少保，杨连生．美国大学自治型跨学科研究组织——结构惰性超越、跨学科合作与运行机制［J］．科技与管理，2010，12（3）：133－137.

面上将教学与研究相结合，知识学习与项目学习相结合，重视基于问题解决的教学模式。通过教学与研究的结合让学生看到学习的结果，用所学知识解决实践问题或者深入探索学科知识本身存在的问题。这种训练对培养大学生的创新性思维、问题意识、责任意识以及严谨的治学态度，诚信与合作态度都具有重要的价值。

最后，要营造自由、开放、宁静的组织氛围。从大学组织特点来看，中国大学的雏形“书院”既带有“官学”的特点，所招收学员按照“贤、良、方、正”的标准进行挑选，所授内容仍然以科举考试和儒家经典为主，其教学方法重视对儒家经典的“考据”。但它又与“宫廷养士”和“学在官府”有些不同，带有自由超脱之“道家”风气以及科学化的倾向。他们不受政府的控制，经济上寻求自给自足，思想上追求自由清澈，并且有各种诸如“会讲”等学术交流和探讨的平台。宋代新儒对中国文化的传承、生产与保存起到了积极作用，其“考据”的方法重视对儒学正统知识的正本清源，减少了个人偏见和歪曲，从而捍卫了文化传承的纯正性，同时他们对“格物致知”的执着也使宋代儒学带有了科学的成分，其自由和独立精神又保证了文化创新的需要。他们不是对“天理”进行追究，而是结合具体的知识丰富对“理”的认识，从而深化了对宇宙自然与人类社会共通的“理”的认识。

西方大学产生于学生自治和行业自治的“学会”“行会”，其共同点都是为了争取公正、自治，并且建立了相应的学会、行会规范和标准，履行其治理功能。后来逐渐发展成专门的教育机构，从事人才培养和学术研究，大学章程及科学建制逐渐得以完善。

西方大学也是中世纪“知识分子”与世俗社会的结合。中世纪大学作为一种民间组织，一是为了满足知识分子在城市分工中寻求职业生活和经济独立的生存需要；二是为了满足市民由于专业分工所需要的职业技术和知识的需要。为此，一些具有不同知识背景的知识分子模仿手工业劳动的行会组织组成了“教师行会”和“学生行会”，然后进行行业培训。这种民间组织在一开始就具有“自由自治”的特点，其招收的学员没有严格的标准，即使乞丐和流浪汉也可以入学，教学也就成了他们谋生的手段或一种生存方式。西方大学的产生与社会需求紧密结合在一起，与城市分工及专业培训的需求相连，同时也满足自身成员经济独立与思想自由的需要。

“中世纪的大学与宗教有渊源关系。基督教本来产生于民间，但后来却被教条化、权威化，宗教成了压迫群众的工具。为了反抗宗教压迫，寻求信仰自由，使宗教重新回归民间，为民众提供精神食粮，一些知识分子开始寻找它的文化本源，重视对基督教教义的整理与阐释。他们招收信徒进行讲学，采用‘辩论’‘对话’的教学方法，试图从人类文化本源上达到对教义的一致共识，摆脱权威和教条的束缚，从而使基督教文化得以正本清源，并且得以传承。”❶

从西方大学的产生可以看出它一开始就承担着双重使命：文化的清理与传承以及知识的生产化，从而保证从精神和物质两方面为人类的发展提供营养。到了近代西方国家由于受文艺复兴与思想启蒙运动的影响，人们的思想得到了解放，创造的热情被大大地激发出来，科学技术和生产力大发展，而科学技术的发展又促进了教育的需求和发展，完整而庞大的教育体系逐步建立起来，大学组织结构也在整个人类教育体系不断扩展中逐渐走上了理性化、制度化轨道。

“人类社会各种组织的产生本来是为了使人与人之间能够更好地协作共处，为工作和生活提供更多的便利和归属感，但随着专业分工的出现和组织规模的不断扩大，等级制度的出现以及不断完善化，使组织产生的初衷发生了质变，人类创造了组织又成了组织机构中的一个部件，组织内部缺少了人性关怀和理解的有机联系纽带”❷。人们更多地关注效率、绩效而忽视了人的存在意义。组织中的人际关系从一种互惠互利的、团结友爱的方式转变为一种合同和契约，在有限资源和绩效驱动的管理理念下，管理者、教师、员工之间形成了利益竞争关系。其结果是一种无根基、无归属的组织生存方式。埃米尔·杜尔凯姆（Emile Durkheim）提出“失范”的概念，即缺少规则。对效率的追求破坏了社会团结，这种失范使个体产生了一种

---

❶❷　王玉秋·走向生活世界的教师——对大学教师生存方式的考察［M］．济南：山东人民出版社，2013：227－288.

无能为力、悲观失败和幻想破灭的普遍感觉。❶ 人对秩序和意义有一种天生的渴望，如果所处的组织缺少合理的秩序，充满了矛盾、冲突、愤怒和不公平，个体也不会有归属感，找不到劳动和生活的动力及意义。

正本清源，大学组织建设应该在文化与交往的意义上、在更高层面上向自由联合体回归。为维护大学组织的合理结构，保持和谐的人际关系，需要建立大家认同一致的伦理道德规范。语言交往行为的基本有效性要求真实性、正确性和真诚性，并且要在一定的文化脉络中去理解语言的意义。大学组织再造、制度改革与人员素质的提升是相辅相成的。组织再造是根本，制度改革是保障，教师素质的匹配是前提。

著名的管理哲学家玛丽·福莱特将权力分为“共享的权力”和“统治的权力”，试图消除上级与下级的等级观念，用“共同行动”来代替“发号施令”和“接受命令”。“良好的人际关系就是产生一种与某人在一起工作的感受，而不是在某人领导下工作的感受。这就是‘共享的权力’，而不是‘统治的权力’”❷。通过一段时间的开放性互动就可能获得“共享的权力”，领导不再是基于权力，而是在某种情境中领导者对于下属以及下属对于领导者的互惠影响。“最好的领导者并没有随从者，而只有同他一起工作的男人和女人。”❸好的领导者能够把群体的经验和个体的能力发挥出来，实现共同的目标，赢得更多的共同利益。他们不仅为利润而工作，也为个体和组织的发展以及为创造的热情而工作。

传统的知识生产模式更多的是依靠研究型大学师生共同体的研究和学术传承。研究生和博士生培养制度的建立是科学共同体得以发展的重要途径。通过文献计量我们不难发现科学共同体中的各种学缘和地缘关系。这种学术的传承有利于学术的深化和推广，学生可以将前辈的学术风格和学术理想传承下去，从合作网络中可以看到学术进化与扩散的脉络。新的知识生产范式强调在更广泛视野下产学研的深度融合，而不是学术研究的单

---

❶ 丹尼尔·A. 雷恩. 管理思想史［M］. 孙健，等，译. 北京：中国人民大学出版社，2009：338.

❷❸ 丹尼尔·A. 雷恩. 管理思想史［M］. 孙健，等，译. 北京：中国人民大学出版社，2009：353.

向度进化。知识生产有内在的学科逻辑，也有外在的共生逻辑。学术创新不能只停留在象牙塔内衍生繁殖，也应该敞开视界、关注生动的社会实践。研究生、博士生也不可能都留在研究型大学里，他们更多地被分配到地方院校或基层研究部门和企业，充当着知识创新与实践改进之间的“媒介”。他们在各自的工作岗位上开拓性地开展工作，将理论运用于实践，同时又能够结合实践进行研究，推动理论研究的深化。他们离开母校，离开导师开始了自己独立的工作，能够融入自己所在组织的各项工作中去，而不是仅仅保留学术传承一条线。他们要及时与母校和导师之间“断奶”，进而从实践中吸取营养独立成长。他们不仅能够在自己的岗位上脚踏实地地开展工作，而且能够在高深学问与具体实践之间搭建起一座交流的平台。哈贝马斯所谓的“交往行动”在各阶层间、在理论与实践间之所以可能，关键是有大学源源不断的人才培养机制充当“媒介物”，使大家对一些基本的规则、范式及不同文化背景中的话语能够达成一致的理解。❶

小　　结

本章通过对国内外大学科研评价活动的比较，进一步明确了大学科研评价的历史缘由，找到了其中的必要性和存在的弊端，并且结合中国大学科研评价的实际提出了大学科研评价的指标体系及范式转换。在指标体系中重视人才队伍的优化及配比，重视科研成果质量与选题的适切性，考虑到具体的社会语境，关注大学组织目标和办学特色，发挥自身和团队的专业优势，同时重视制度创新，加强科研成果和项目的后期管理，实现增值效应；加强产学研结合机构建设，为研究者和需求方搭建联络平台，加强合作，形成多方共进与共赢的大学科研创新管理机制。

大学科研绩效考核在一定程度上导致了大学目标的偏离。科研评价缺少对科研及其评价的理性认识，重形式，轻实质；缺乏评估思维，重视静

---

❶　王玉秋·走向生活世界的教师——对大学教师生存方式的考察［M］. 济南：山东人民出版社，2013：231－232.

态评估，忽视动态评估与博弈思维；缺少激励成长的动态机制和文化环境。学术发表是科学共同体进行学术交流、检验学术水平、展现学术前沿的重要渠道，但目前大学的学术发表仍存在一些弊端，例如学术期刊的数量与学术发表需求之间的矛盾，学术发表周期与大数据时代要求不匹配，学术发表周期过长与学术创新与传播周期缩短的时代要求不相称；学术传媒形式与数据时代要求不匹配。发达国家重视在线投稿及网络出版，提高发表与传播的时效性。我国目前仍然重视纸质发表并且一些期刊评审的透明度不足，沟通交往机制不畅通，学术亲疏关系影响学术发表的公平性。缺少诸如智能评估、叙事评估等广泛的学术评审制度和参与机制。在科研经费管理方面管得太死，没有形成合力，财会审计专业性不足，不能提供有效咨询合作机制。

大学科研创新需要良好的制度环境。大学强调自治、自由、自主，在大学理念、章程、标准的引领下，激活多方潜能，创造性地开展科研、教学和管理等各项活动。大学组织重视专业性、网络化，淡化行政权力和各种“发号施令”，提倡自由、自主理念下的“共享权力”和网络机制的建立。

第五章　大学科研创新生态研究

大学科研　创新生态　融合创新　创新指数　知识生态圈

大学科研创新既要考虑大学的战略目标和特色，又要将科研置于具体的社会语境中去定位；既要考虑前沿学术探索，又要考虑产学研结合；既要重视自然科学的创新，又要重视人文与社会科学的创新，要建立良好的科研创新生态。

大学科研既需要考虑知识的内在逻辑和衍生机制，形成良好的知识生态和内驱力；又要结合科技发展和政治、经济、文化语境考虑科研的目标和功能，形成科研的外驱力。

21 世纪随着工业 4.0 的出现，创新模式更加多样和灵活。在全球统一标准和规则的引领下，从创新源头把好技术关，降低创新成本和风险，提高创新与转化效率，促进绿色创新和创新生态系统的形成。

本章通过对 2018 年全球创新指数的解读，了解了全球重大能源问题解决的路径，增强了创新预见性，把握创新机遇，并从源头创新和融合创新不同模式考虑我国的创新对策，最后通过美国哈佛大学社会学系的知识生态圈以及斯坦福大学的学术生态圈和学术创业两个案例，展示了大学科研创新的内部学术圈子与外部产学研结合圈子，以期更好地定位不同类型大学科研创新的目标和路径。

引　言

创新生态系统的概念来源于自然生态系统的概念，不同的物种之间以及各物种与环境之间相互竞争与适应，形成相互适应和不断进化的生态系统。2004 年，美国竞争力委员会提出了“创新生态系统”的概念，强调企业、政府、教育工作者和工人之间的互动及建立新的伙伴关系。《2018 年全球创新指数报告》传达了这样的理念：各国光强调创新是不够的，还必须将可持续发展指标纳入创新评估体系中。创新还需要良好的社会规范和文化相配合，创新需要建立在社会信任的基础之上，全球创新指数还需要将文化指标纳入其中。❶ 各国在不同的社会语境下如何选择有效的发展策略？如何处理效率与效益、竞争与合作之间的矛盾？可持续性发展与经济增长之间是否存在正相关？

创新是一个系统工程，需要多方面的配合。例如，制度环境，地理环境以及人力资源环境和技术环境等。由于受全球化和信息技术的影响，全球创新模式出现了很多新情况，例如，利用数字技术进行异地生产和销售，从科研到商品化链条缩短，关键技术、精尖端技术成为引领时代发展的关键要素。高科技影响到社会的方方面面，影响到产业结构和生产方式，影响到就业形式和生活方式，影响到人类的可持续发展。同时，从政策层到创新和实践层，创新生态理念深入人心。绿色创新、绿色生产成为一切创新活动必须考虑的首要因素，也是科学与技术应担负起的社会责任。在这种创新生态范式下，如何更好地发挥大学在创新供给及绿色发展中的引领作用？

2004 年，英国政府发布了为期十年的《科学与创新投资框架》。英国为了保持自身在世界的科技领先优势，将知识转化为新的产品和服务而采

---

❶ Cornell University, INSEAD, and WIPO. The Global Innovation Index 2018: Energizing the World with Innovation [E/OL]. Ithaca, Fontainebleau, and Geneva, 2018: 11 - 13.

取了一系列措施。在这样的语境下大学应该从文化、基础设施和资金保障方面为多学科融合提供支持。加强知识世界与劳动世界之间的联系，并重新配置教师人力资源以符合更高要求。自 2012 年以来，政府投入超过四亿英镑用于装备英国学术界和工业界的研究人员，建立了专业技术中心，将大数据技术融入新的培训课程设计等项目中去，而商业、创新和技能部门（BIS）发布了英国提升数据能力战略。为了研究高性能计算（HPC）建模和仿真的基础数学和算法，政府宣布为 Alan Turing Institute 提供资金。所有这些政策和措施对大学都有重大影响。大学必须承担起开展优秀研究并适应高科技要求的责任。相应地，大学科研范式、课程和教学模式必须变革。

创新引领产业变革和生产、生活方式转换，促进社会可持续发展和良性生态系统的形成。从世界范围看，大学集中的城市和区域属于知识和技术密集型区域，创新指数和景气更高。从知识创新到研发创新和生产转化都处于领先地位，并且容易形成创新集群。大学承担着保存文明，创新知识，培养年轻一代，促进经济繁荣和社会凝聚力的主要责任。随着全球化、信息化、知识经济的到来，大学自主创新功能越来越受到重视。

伯顿·克拉克等（2000）指出，“新世纪自主创新型大学将越来越适应新时代的需要。它寻求抓住尚不具备条件的机遇，从而产生新型的知识、新型的学生、与劳动世界的新型联系、为政府和经济部门提供新的解决问题的技术与思路。同时，自主创新型大学保持了与过去和现在的连续性。它保持和更新了传统的学科领域，奠定了重建内部共治特性、外部自治权的新型基础；它找到了把不同的部分整合为一体的新方式”❶。

本章通过对 2018 年全球指数的解读入手，从全球层面剖析创新生态发展理念与经济增长之间的关系，发现创新发展成功案例，结合新技术语境，从生态视角分析自主创新型大学在科研创新及创新生态系统建设方面的作用，反观大学科研评估指标体系，希望将社会语境及文化纳入大学科

❶ 伯顿·克拉克，王晓阳，孙海涛．自主创新型大学：共治、自治和成功的新基础［J］．清华大学教育研究，2000（4）：1－8.

研创新评估体系中，如图 5－1 所示。

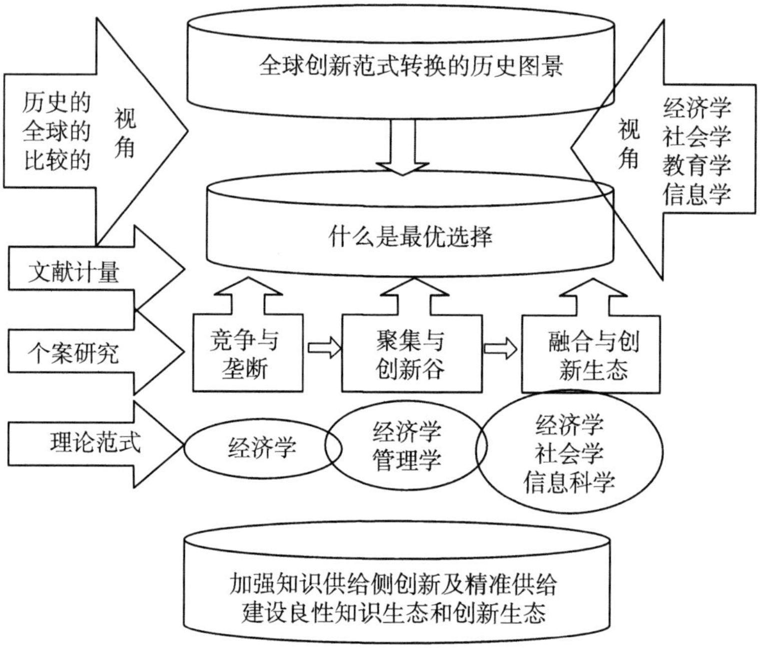

图 5－1　全球创新生态范式转换及实现路径

一、2018 年全球创新指数解读

2008 年的“巴黎共识”中提出减少温室气体排放，促进低碳经济发展的目标。全球创新指数咨询委员会成立于 2011 年，旨在为全球创新指数（GII）的研究提供建议，并在其研发过程中发挥协同作用，协助传播和阐释有关创新指数研发过程、方法和结果。咨询董事会成员由一批精选的国际领先从业者和专家组成，他们拥有专业知识和相关技能。其成员来自世界不同的地理区域和制度背景，包括一些国际组织、非政府组织、企业和学术界人士。

《2018 年全球创新指数报告——全球能源，创新为要》（*Global Innovation Index* 2018—*Energizing the World with Innovation*，*GII*）在回顾过去、考察现实和预测未来的基础上提出未来十年全球能源创新的目标以及在替代性能源、分布式电网、智能电网、新能源、能源储存、能源分配、能源消耗、智慧城市、智慧家居、智慧建筑、节能产业、新能源交通等领域可能实现的突破性发展。报告指出，各国仅仅依靠创新是远远不够的，创新需要建立良好的社会信任基础，在全球范围内合作共商解决人类重大问题的目标和策略，并且能够采取统一行动。传统的集中式电网通过长距离电网的集中发电，效率低下且不可靠。分布式能源系统随处可建，可再生能源技术、微电网、微电池、智慧电网等可以改变能源生产、存储和传输方式。客户安装太阳能电池板，自给自足，并将未使用的能量发送回电网。在全球范围内，传统能源框架正在经历根本性的变革。私营部门投资将在这些新的投资中发挥重要作用，初创公司和企业家在可再生能源领域开发和应用新技术。全球各地的公共部门与私营公司密切配合，发挥各方面的创新潜能，实现“人人享有能源”的目标，这将有助于缩小创新目标和切实的社会效益之间的差距。❶

GII委员会将协助各国更好地评估其创新绩效，改善他们的创新能力和创新政策，同时更好地发挥各自的优势以应对各种挑战，为各国创新赋能。各类技术会议以及大数据跨越了国界大大缩小了评估专家、利益相关者之间的数据鸿沟和信息不对称，使他们更容易在评估标准和指标体系等方面缩小各国之间的差距并达成共识。如何更好地评估创新和服务业等无形资产？如何结合对创新者的行为分析更好地对创新潜能、创新绩效进行量化和评估？如何建立更加开放、通透的全球创新体系？专利和科学出版是全球创新指数评估的关键指标，大数据评估是其评估的重要证据来源和路径。

创新是保证能源安全的关键，也是社会可持续发展的关键。在工业化时代，发展模式是粗狂型的，发展的同时造成了诸多破坏。今天绿色创新和生态理念已成为全球共识，如何更好地利用信息技术和人类智慧促进绿色创新和可持续发展已成为世纪主题。

通过创新指标评估，各国能够更好地识别创新机会和挑战，并通过讲

❶ Cornell University, INSEAD and WIPO. The global innovation index 2018: Energizing the world with innovation [R]. Ithaca, Fontainebleau, and Geneva, 2018: 11 - 13.

述各自的能源创新主题故事，展现各国能源需求和紧张情况，激发“草根”创新和万众创新，提供创新思维和创新智慧，提供技术服务，帮助改善世界能源图景。

大型高收入经济体如美国、德国、日本、英国等国以及中高收入的中国在创新绩效方面大大超越其他小型国家，中国等发展中国家基层创新在可再生能源方面做出了巨大贡献，小规模可再生能源系统正在崛起。例如，巴西政府将可持续创新列为优先发展战略。自2008年以来，巴西工商业，包括能源部门在内的领导一直都将促进创新作为商业战略的中心，旨在提高创新能力和效率。合理利用自然资源，重视可再生资源。能源转型是为了降低成本和对环境的不利影响，在新技术支持下，改变技术基础和能源供需结构。每个国家的能源资源和资源需求不同，这就要求各国采取多种策略以满足各种需求，应对各种挑战。巴西的国家能源规模、多样性和独特的环境为其带来了机遇和技术挑战。能源指标中可再生能源的比例增大，2016年可再生能源供应占全国能源消费总需求的43.5%；甘蔗能源用于运输加热和发电占能源供应总数的17%；水电占总供应量的13%。巴西已经能够建立一个复杂的生态系统。能源转型以及生态系统的建立必须有相应政策配套，包括创新、商业和相关制度的配套改革。所有企业，包括小企业在内都要采用数字技术支持的技术解决方案，采用智能管理系统，增加复杂性数据分析工具，并建立新的自动化生产模式。通过技术创新诱导能源工业的转型，促进可再生能源的扩散（风能、太阳能和生物能），建立必要的智能管理电力系统，使分布式发电成为可能。

2018年全球经济增长加快，许多地区经济复苏扭转了生产下滑的局面。目前要保持适当增长速度以确保在未来几年内的可持续增长。GII 2018的七项主要发现是：对全球创新持乐观态度，增长是可能的；持续投资突破性能源创新对全球增长和避免环境危机至关重要；中国的快速崛起为其他中等收入经济体铺平了道路；更富裕的经济，更多样化的产业和出口更有可能获得高创新指数；重视创新转化投资是关键；创新的区域差距依然存在，并且在短期内无法填补鸿沟，这会阻碍经济和人类发展；大多数顶级科技集群都在美国、中国和德国。巴西、印度和伊朗也进入前

100 名。[1]

以下几个方面需要持续关注：首先，在全球层面，投资和生产增长率仍处于历史低谷。目前高收入经济体的生产力增长加快。但全球生产性危机并没有消失，增长也可能是周期性现象。现代技术创新和扩散是否足以与几十年前的工业革命时期的增长率相媲美？2017 年第一次绿色增长治理模式浮出水面导致经济下滑，今后要考虑如何克服潜在的下滑风险。由于受经济和地缘政治等因素的影响，如金融脆弱性和保护主义的增加，全球经济在真正全速运转到来之前可能会再次下滑。新的政策需要优先考虑促进创新驱动型增长，政府再造和管理创新，超越短暂的周期性复苏，为持续增长奠定创新基础。对突破性技术和无形资产的投资对刺激增长和可持续性发展至关重要。同时对目前涌现的新技术，如工业 4.0、自动化和机器人以及人工智能要持理性态度，相关领域的研发投资和发展规模要科学论证和合理安排，不能出现基于市场导向的投资“过热”现象，要在抓住关键技术和前沿科学研究的基础上，利用好自己的核心优势，创造机遇，超越发展。如果缺乏关键技术，需要依靠外援，那么产业过热必然带来更大的危机。因此要做好充分的全球科技创新趋势和关键技术预测。创新不仅仅是为了促进增长，更重要的是为了应对全球危机和挑战，为了人类更加美好的未来。为此，需要将科研的短期利益和长远利益相结合，部门目标与区域、国家、全球目标相结合，统筹规划，科学论证，抓住重点，保持优势，在推动创新增长的同时能够更好地应对各种危机和挑战。

2015 年，联合国（UN）成员国宣布了 2030 年可持续发展议程（2030 年议程）和“巴黎协定”。二者都认识到，有效的国家创新体系是促进利用科学技术解决能源系统效率问题的关键。“2030 年议程”及其 17 项可持续发展目标（SDG）和 232 项指标普遍适用于所有国家。目标 7 要求“为所有人提供负担得起、可靠、可持续和现代化的能源”，突出了国际合作以促进清洁能源技术的研发和对基础设施的投资。17 项可持续发展目标中

---

[1] Cornell University，INSEAD and WIPO. The Global Innovation Index 2018：Energizing the World with Innovation［R］. Ithaca，Fontainebleau and Geneva，2018：3.

各项指标都要依靠技术创新，而且各项指标都是相互关联的。目标 9 明确了 GII 中提到的若干具体创新因子。“巴黎协定”第 10.5 条明确承认技术创新在有效应对气候变化方面的关键作用。GII 为各国提供基于数据的政策制定工具，并将科学家、技术和服务提供商联合起来，促进清洁能源的创新和扩散。全球治理方案还必须考虑不同地理区域的具体环境，设立相关项目并合理投资，避免各种思维的僵化和创新障碍。

GII 2018 透露出五条信息：创新在满足全球能源需求中起着关键作用；能源创新已成为全球行动，但各国的目标各不相同。新能源创新体系需要通过能源分布、存储等各个环节的努力来实现；能源创新和采用、扩散仍存在很多障碍；公共政策在驱动能源转型中发挥着重要作用。2018 年全球创新指数共有 80 个指标，一级指标 7 类，第一个一级指标下设 3 个二级指标，共 21 类，如图 5 - 2 所示。

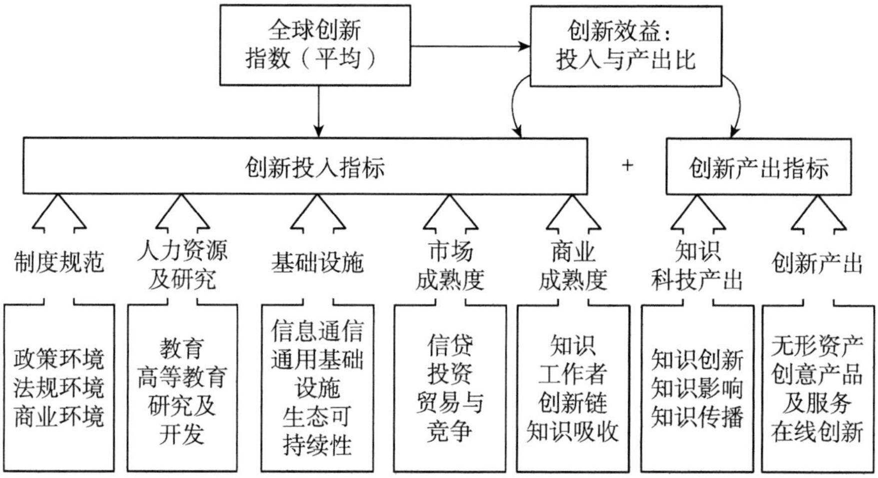

图 5 - 2　全球创新指标体系

全球创新指标将研发经费、研究人员投入、企业研发投入列为创新投入指标；将发明专利申请量和授权量、科技论文、高技术产品进出口等列为产出指标；教育中的师生比、受教育年限、教育排名等是作为创新的长远目标而考虑的。三者综合起来反映国家核心创新能力也是比较合理的，如果能够考虑到信息化时代和学习化社会的特点，将地方信息服务质量等列入投入性指标，这对全民学习能力和科技吸收能力、创新能力的提高都会起促进作用。另外，在高等教育指标方面应用全面反映不同专业和层次的入学人数和毕业生数、就业人数，而不是简单地依靠某一机构提供的高等教育排名。

根据 GII 2018，我国创新指数全球排名第 17，比 2017 年排名进步了 5 位，首次跻身世界最具创新性的前 20 个经济体。创新投入列第 27 位，较 2017 年上升 4 位；创新产出列第 10 位，较 2017 年上升 1 位；由创新投入和创新产出得分之比得出的创新效率列第 3 位，与 2017 年持平。2018 年创新质量方面排名前 5 位的为日本、瑞士、美国、德国和英国 5 个高收入国家，中国、印度、俄罗斯 3 个中等收入国家。在 126 个经济体中有创新领先者、创新实现者、正常发展者、创新落后者 4 类，中国已进入全球创新领先者行列。

中国在 7 个二级指标中的排名，与 2017 年相比，“制度”指标提升了 8 位，“创意产出”提升了 5 位，“市场成熟度”提升了 3 位，“人力资本和研究”提升了 2 位（见表 5 - 1）。三级指标中的“创新投入”指标中的商业环境、市场成熟度、高等教育以及“创新产出”指标中的科技论文、文化创意产业等方面均有明显提升。创新投入方面，商业环境提升了 16 位。“易于创业”提升了 23 位。市场成熟度提升了 3 位；“竞争强度”得分由 73. 5 分提升至 74. 4 分。高等教育比 2017 年提升了 10 位，“高等教育入学率”由 43. 4% 提升至 48. 4% 。创新产出方面，科技论文产出提升显著，“单位 GDP 的科技论文”由 42 位上升至第 12 位；文化创意产业发展迅速，“印刷及媒体产业”比 2017 年提升了 15 位；“网络创意”比 2017 年提升了 20 位。通用基础设施我国排名第 3 位，但科技含量较高的信息通讯基础设施排名 45 位，其中的两个子项目的排名更靠后，信息通信技术准入排名 75 位，信息通信技术使用排名 63 名，均处于全部 126 个经济体的后 50% 。相应的创新产出指标信息通讯领域商业模式创新排名第 55 位，组织模式创新列第 43 位；互联网创新能力列第 84 位。近年来我国在电子微商、零售、移动支付、共享经济等方面赢利明显，但自身缺乏关键技术，属于“搭便车”的比较多，依靠人口红利和互联网用户基数，但背后的风险依然存在。所以有关通信和算法关键技术创新迫在眉睫。

表 5-1 中国在 2018 年全球创新指数中的各项排名

指标	项目	分数	排名
创新投入指标	制度	59.4	70
	人力资源及研究	47.8	23
	基础设施	56.8	29
	市场成熟度	55.6	25
	商业成熟度	56.0	9
创新产出指标	知识和科技产出	56.5	5
	创意产出	45.4	21

我国企业 R&D 经费占 GDP 的比重超过 2.1%，GII 排名第 14 位；中国市场成熟度不断提升，市场规模连年排名第 1 位。创新资金提升幅度较大，为企业提供的国内信贷与 GDP 之比名列第 7 位，R&D 经费中企业资金占比排名第 2 位，企业 R&D 经费与 GDP 之比排名第 12 位。员工知识技能培训常规化，为正规人员培训的公司占比排名第 1 位。中国企业的继续教育和人力资源开发为提升企业的知识吸收能力和创新能力提供了得力保障；产学研结合加强；利用数字技术和各类学习平台进行学习和培训的规模和质量都大幅度提升。

我国创新的制度环境排名第 70 位，尽管比去年提升了 8 位，但在商业环境方面排名靠后，微小企业创新风险较大。由于受知识产权制度以及技术壁垒低等因素的影响，我国技术含量高的微小企业可持续发展能力不强，而一些技术含量较低的微小企业比较容易生存，因为其市场反应速度快，并且挣足了钱就变更经营项目，缺乏日本式的“工匠精神”。日本拥有 3164 家全球寿命超过 200 年的企业。在全球创新指数的 21 个小类指标中，有两类体现了对小微企业的金融支持，一是信用，二是投资。信用主要衡量银行间接融资对小微企业的支持，包括三个指标：获得信用便利度、国内信用对私人部门支持、小微贷款占比。我国分别排全球第 61 名、第 7 名和第 70 名，综合排名第 48 名。投资方面，包括三个指标：中小投资者保护便利度、市场资本化程度、风险投资成交数量。我国分别排全球第97名、第25名、第22名，综合排名第84名；美国分别排第41名、第5名和第1名，综合排名第4名。美国资本市场发达，直接融资比重高，尤其是风险投资对创业创新支持巨大，完善的信用体系也为企业融资提供了更多便利。

中国知识和技术产出指标排名由原来的第1位下降至第5位，专利申请量居世界第1位，科学论文高被引指数排名第14位。创意产品出口在贸易总额中的占比第1位，其中玩具生产占据70%的国际市场。高技术产品净出口排名第1，其在贸易总额中的占比列第3位，高技术及中高技术产业占制造业的比重排名第12位。但中国在高科技创新及高端服务贸易以及创业环境等方面还有很大差距；高层次人才外流现象仍然没有得到很好控制，特别是高等教育海外来华留学生占比太低，排名第97位。中国服务贸易中，信息通信技术（ICT）服务等高端服务贸易较少，信息通信技术服务进口在贸易总额中的占比排名第90位，信息通信技术服务出口在贸易总额中的占比排名第78位。

中国文化与创意服务出口不足，创新水平及高质量文化及创意产品在贸易总额中的占比不高，位居全球第67位。知识产权服务专业化程度不高，相关法律法规不健全，掌握大数据分析及可视化分析、高端产品鉴定等先进科学技术的专业人才缺乏，知识产权收入在贸易总额中的占比排名第66位。国内信贷对于中小企业支持力度仍然较低，中小企业贷款额占GDP比重排名第70位。尽管对企业研发及私人部门投资的总额增幅较大，但对中小企业投资者的保护力度较低，创业及失业风险较高，排名第97位。企业裁员等市场行为成本较高，冗余职工遣散成本排名第103位，这与企业培训排名形成鲜明对比。表明中国对中小企业的投入和培训重视不够，员工总体技术含量得不到保障。需要利用好网络学习平台和移动学习等便捷工具加强对中小企业员工的全员培训，地方政府和企业联合会负担学员的部分培训费，并且及时给予各类专业认证。

尽管中国在全球排名有较大提升，经济发展势头强劲，但一些关键性指标还有很大的升值空间。例如，吸引来华留学生人数、高端信术、网络创意、文化产业排名比较靠后。尽管引文 H 指数排名第 14，但在线知识供给、文化产业方面相对滞后，知识经济没有形成气候。“产学研”合作能力、精准科研、科研向生产转化能力仍然不强。据教育部《2017 年高等学校科技统计资料汇编》的数据显示，“全国各类高校全年专利授权数共 95 497 项，合同形式转让数仅为 3 005 件，见表 5－2。”❶

表 5－2　2017 年度我国高校专利申请、授权与出售数量

知识产权与专利											
专利申请数（项）				专利授权数（项）				专利出售数			其他知识产权
合计	发明专利	实用新型	外观设计	合计	发明专利	实用新型	外观设计	合同数（项）	总金额（千元）	当年实际收入（千元）	
151 475	74 615	67 159	9 701	95 497	32 032	56 080	7 385	3 005	447 020	323 858	9 667

从表 5－2 可以看出，科研成果与专利申请之间联系不强，高层次科研成果向研发转化能力不强。影响专利向生产转化的原因有：①专利本身的质量不高，这与我国的创新生态理念和系统设计不足有关；②专利拥有者与购买者双方信息不对称，彼此之间的信任关系和保障机制没有建立起来，导致一些专利搁置时间太长，结果还没有来得及使用就被淘汰掉了。

二、全球创新经济体个案研究

2018 全球创新指数启示大家：新能源的创新不仅是发达国家的专属，一些发展中国家在能源创新方面具有巨大潜能，探索出诸多成功之路。下面以巴西、中国两个中等收入国家以及世界大学创新集群为例进行创新驱动发展模式的个案分析。

---

❶ 中华人民共和国教育部科技司．2017 年高等学校科技统计资料汇编［M］．北京．高等教育出版社，2017：79.

（一）巴西能源创新生态系统与政策支持

巴西通过建立良好的能源价值链促进创新生态系统建立。在全球能源结构中越来越多地采用可再生能源。目前的关键是在减少能源成本与环境保护之间如何进行权衡。能源部门的创新属于突破性创新，能带来系列变革。例如，在电力部门，智能网络的出现和小规模分布式发电的引入有可能改变分销公司的作用和商业模式，并为小型创新企业提供机会。能源消耗、生产和存储（或重新注入电网）的方式决定了电网管理方式以保证供应的安全性和可持续性。巴西在能源领域拥有强大的创新传统。在20世纪90年代巴西发现石油之前，该国经受了煤炭和石油短缺的困境。目前巴西已经开发出一个复杂而先进的能源创新生态系统，以应对国内外新旧挑战，适应全球能源转型和创新生态系统的要求。

生物燃料创新体系侧重于甘蔗农业项目，包括适合二代乙醇的甘蔗品种以及其他可能的原料，如甜高粱和木屑。2011年，生物燃料部门创新体系的配置发生了变化，之后创建了支持生物燃料和生物化学领域创新的PAISS计划。该方案由巴西国家经济和社会发展银行联合制定。PAISS行业的目标是促进三个领域的创新发展：二代乙醇、甘蔗新产品和气化。

生物经济与能源、健康、农业领域的生物过程和产品研发及使用直接相关。畜牧和工业生物技术、电化学储能（可充电电池、超级电容器、电池）燃料和氢储存技术是影响巴西工业综合体的技术集群之一；航空航天、农业企业、汽车和采矿等行业将直接体验通过发电技术变化在短期（5年）和中期（10年）产生的突破性影响。这些变化为所有相关行业带来了机会。

供应商资格认证计划鼓励大中型公司（主力公司）及其供应商之间的互动，有助于提高能源部门的竞争力，促进创新和生产链网络机制的形成。他们的主要目标是为中小型企业开辟一个在大公司主导的领域进行创新的空间。将创新型中小企业纳入创新生态系统具有重要意义。种子基金、风险投资可以整合像初创企业等一些小型企业，以适应大公司的开放式创新以及规模扩张。尽管巴西能源部门取得了成功，但必须应对挑战，以确保适应能源转型形势下的创新生态系统要求。

（二）中国能源创新的探索与政策支持

创新是中国可再生能源发展的关键驱动力。政策创新是可再生能源创新的基石和保障。2005 年中国颁布了“可再生能源法”，为国家可再生能源发展奠定了法律基础，其中提出了一系列创新条款，特别是“全额购买”和“上网电价”条款。在这个法律框架下，在资源丰富和发电密集的地区（如东北地区、西北地区和华北地区），建立了大功率直流输电网络，以实现西电东供计划，政府为全面购买提供必要的基础设施。这些地区通过招标，选择和应用先进技术和具有市场竞争力的产品，引导创新技术的应用，推动光伏产业的整体发展。

可再生能源行业规模不断扩大，技术成本不断下降，在可再生能源发展过程中，政策和措施不断适时调整和修改。自 2015 年以来，RE 电力的关税支持每年都在下降，刺激相关企业不断创新，RE 行业更加积极地进行持续性技术创新，开发新产品和新技术，降低成本。这些行业也提高了员工的技术能力和业务管理技能。作为中国可再生能源产业的管理机构，2017 年国家能源局提出建立自愿采购系统，以获取绿色电力证书，并计划启动电力配额评估和资格认定程序。扩大可再生能源发展的最重要决定因素是成本。通过招标等方式，中国最终确定了风电和太阳能光伏发电等主要可再生能源发电技术的上网电价。上网电价有效降低了风电和太阳能光伏发电的成本，推动陆上风电和太阳能光伏发电技术成为中国第一个商业化的非水电可再生能源技术，从而促进了全球成本优化。多年来，中国一直支持可再生能源发展的创新技术，为其设立专项资金，并为高科技和小微企业提供优惠税收政策。

国家级创新计划和试点项目将可再生能源技术推向规模化发展和工业化。科技部长期以来一直优先考虑可再生能源技术作为获得国家创新资金的领域之一，旨在促进这些技术产业化，如太阳能领跑者和太阳能光伏脱贫计划等；政策法规还引导绩效良好的企业获得更大的市场份额，并帮助确保可再生能源有稳定的增长空间。

技术创新直接推动了中国可再生能源行业的发展。可再生能源技术需要技术创新并与跨境技术相适应和融合。全球可再生能源技术领域首先在丹麦、德国和美国进行探索；中国的可再生能源发展始于与欧洲和美国的技术交流。早在 20 世纪 80 年代，中国就与丹麦和德国就风力发电技术和人力资源建设进行了交流。随着可再生能源产业的发展，中国对这些技术的创新能力不断提高。中国优先考虑可再生能源技术的发展，市场前景广阔，工业规模迅速扩大。例如，中国的风轮机设计技术经历了漫长的过程，首先是直接进口，然后购买许可证，创新组件，最后参与当地生产商的内部研发，目前中国已经建立了世界上生产能力完整的最大生产链。大多数风力发电机组件的生产能力达到国际先进水平，可满足主流机型的所有要求，与轴承、变频器和控制系统有关的技术也有很大改进。

中国重视知识产权保护，以鼓励可再生能源创新。风轮机偏航系统就是一个典型例子，从 2000 年到 2007 年，中国和日本的偏航系统专利申请量增长最快。从 2007 年到 2012 年，全球有 1 203 件与偏航系统有关的专利申请，中国有 318 份申请。适合中国国情和实际需要的创新是可再生能源技术发展的基本要素。例如，当中国在风轮机研发时，特别注意满足中国多样化的风力资源、地理地形和市场需求。中国已成功开发出能够适应中国各种风况和地形的风轮机，包括低风速、高海拔、潮汐带和沿海地区。商业和金融模式创新有助于 RE 扩大规模，这需要不断创新商业模式以及公共和私人资本的参与。2016 年中国在非水可再生能源和燃料方面的投资达 783 亿美元。其中，大型项目建设运行的融资 729 亿美元，比 2015 年减少 34%；小型和分布式光伏项目的融资额达到 35 亿美元，比 2015 年增长 32%。这一成功表明中国采取了双管齐下的方法：通过建设主要光伏电站来实现快速增长，而另一个则是正在通过创新的融资模式支持分布式光伏电站的发展。

中国可再生能源发展取得了显著进展，但仍面临诸多挑战。

一是可再生能源发展可能增长太快，导致供需不平衡。在这种情况下，产生的可再生电力不能在本地消耗，并且不能被集成到电网中以满足长远需求，从而引起缩减风能或光伏（photovoltaic，PV）电力的问题。为了解决这个问题，政府需要加快建设基础设施，如广泛的输电线路。同时，企业应大力鼓励消费需求，在西部地区建立生产基地，在那里他们可以从更便宜、更有利的电价中受益。中国还应加快电力交易市场的建设，消除可再生能源发展的制度障碍，为可再生能源的发展提供根本的市场保障；应巩固整个能源系统的技术最佳整合。由于互联网和其他新技术的融入，RE 将成为分布式能源系统的重要组成部分。电力存储技术可以在调节电力供需的灵活性以及减少风能和太阳能浪费方面发挥积极作用。

二是 RE 企业规模数量超标，特别是电池、面板等光伏电源产品的制造商生产的产品超过了需求数量，导致产量过剩和多重压力。政府应该通过市场调研和技术预测为企业提供咨询服务，指导这些企业开发适合扩展到不同国内市场的新产品来解决这一问题；还应该鼓励这些企业将盈余带到海外市场并竞标国际项目。

三是以前的标准和法规很难满足快速增长的可再生能源行业的需求。政府通过颁布“鼓励行业协会和社团制定标准和规则的措施”提出了解决方案。要切实落实这些办法，促进可再生能源行业评估规则和标准的制定和完善，促进行业健康有序发展。

四是就可持续发展问题达成了全球共识。RE 是实现这一目标的重要手段。可再生能源部门需要多方合作和多元创新，中国应继续加强这一领域的国际合作，实现双赢，开展技术、政策和管理交流，分享经验，通过合作促进创新，通过创新促进合作。

（三）大学在推动创新生态建设中的作用

大学作为知识供给侧在推动创新谷或创新区发展中发挥着主导作用。例如，硅谷由斯坦福大学、圣克拉拉大学、圣何塞州立大学、卡内基梅隆大学西海岸校区提供支持，并为初创企业和衍生企业提供前沿学术和咨询支持；加利福尼亚大学伯克利分校、加利福尼亚大学戴维斯分校、加利福尼亚大学圣克鲁兹分校、加利福尼亚大学东湾分校、加利福尼亚大学海沃德分校为他们提供高质量的毕业生和创新研究资源。

另一个案例是通用电气已经很快适应了数字工业业务并创造了非凡的业绩。GE 采用基于 Predix 的应用，这些应用连接工业资产，收集和分析数据，并为优化工业基础设施和运营（包括 GE 和非 GE 资产）提供实时洞见。全球知识交换系统“GE 商店”针对所有业务共享技术、市场、结构和人才，促进跨界创新和应用。

大学通过顶级研究和知识转移在创新中发挥着关键作用。得克萨斯州农工大学的 A&M AgriLife 研究是相关研究和重大主题的来源：从植物病害、动物寄生虫、草地和牧草生产到经济地喂养奶牛和肉牛，研究人员保持与农业和牧场的联系，同时开发营养强化的作物，发现创新的可再生能源资源，并实施改善空气和水质的新方法。他们服务于得克萨斯州的所有 254 个县，在州周边有 15 个单位。

科罗拉多州立大学教授 Jennifer Dimas（2014）研究了科罗拉多前沿农业价值链中创新集群的兴起，并确定了在农业和粮食系统中的创新趋势，科罗拉多前沿领域对创新引导型产业集群的发展产生了重大影响。该研究通过检测科学出版物和美国专利在该州的发源地，关注都有哪些主体在科罗拉多州的农业和食品相关行业进行创新。这提供了科罗拉多不断发展的科学基础以及技术创新产出的跨界视角。

2014 年，欧盟发起了历史上最大的科学研究和创新项目：“地平线 2020”。整体思路是致力于负责任的研究和推动创新。它认为世界级科研是未来技术、就业和福祉的基础。欧洲需要开发、吸引和留住研究人才，获得最佳基础设施，整合部分活动，超越“孤岛”，拓宽参与范围。

创新生态范式从区域发展集群演变而来，全球创新生态系统在不同的发展阶段和背景下，采取不同的策略。在全球化和知识经济时代，在信息技术和大数据科学的帮助下，创新生态系统受到政府、大学和公司等多方利益相关者的广泛支持。纳米和计算机科学等新发现已融合到许多领域，带来了工业、商业和日常生活的革命。量子信息科学（QIS）已在其他科学领域得到广泛传播。越来越多的行业和服务部门将 QIS 整合到产品、过程和业务中，形成一个自适应的创新生态系统。

有证据表明，当今对产业研发的高强度投资是低效的。技术生命周期在缩短，公司需要保持其传统优势，并考虑及时采用高科技来提高质量。与大学和研究机构合作开展技术前沿预测和战略设计以及人力资源培训比企业自行研发更有效率。大学有责任培养合格的毕业生传播科学并付诸实践。系统合理地安排学科和课程。如果学生受过良好的教育，他们可以掌握专业的知识体系，学会学习、学会思考、学会创新。他们的大脑结构和功能训练更严谨、更富有逻辑和智慧。他们可以在工作场所互相交流和激励。知识体现在个体中，嵌入在环境中。人与人之间互相交流，可以激发新思想，共时思考和协作创新。哪里是知识分子聚集的地方，哪里就会成为新思想和系统思考的中心，这是创新的源头和保证。科学家、学者和学生应倡导并实践科学的严谨性、原创性、前沿性、研究伦理和社会责任。来自政府和公司的资金应该支持顶级研究，并汇集跨学科领域人员形成创新生态系统。创新平台、专利局和知识库应成为研究、创新、生产和市场化的桥梁。大数据支持的大学分布式创新网络，如图 5 –3 所示。

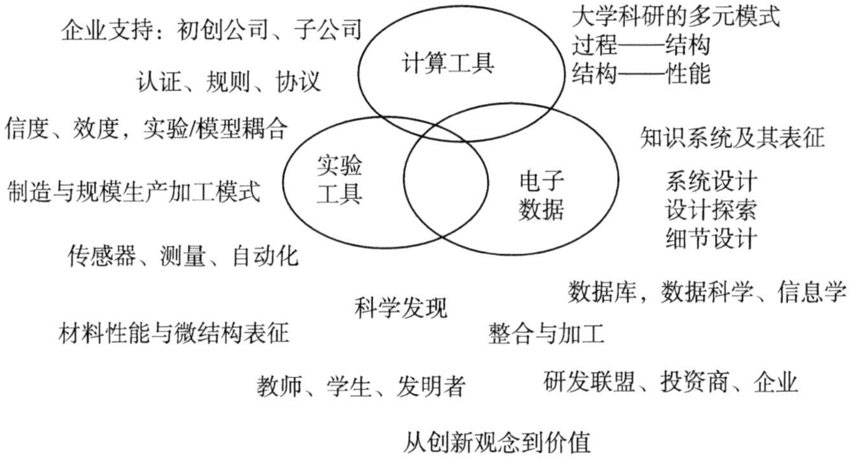

图 5 –3　大数据支持的大学分布式创新网络

大学应进一步强调毕业生的素质和素养：诚信、韧性、创造力、主动性、自信、人性、价值、自主和独立思考。有证据表明，从事研究的学生毕业后有更成功的职业生涯。这些学生将继续成为下一代政府和行业的科学家、工程师、教师和领导者，并将作为联系科学界与行业部门的纽带，以更好地推动创新。学生可以参加项目和会议，并根据自己的研究项目和经验发表论文、申请专利或启动创业公司。

大学要鼓励跨学科项目并将新技术与教育相融合。大学课程应该及时整合新的科学发现，鼓励跨学科项目，并结合核心课程，帮助学生更深入地了解科学技术和社会领域发展趋势及需求状况。例如，纳米科技、能源、信息和生命科学可以融入医学、工程、科学和艺术，形成一个课程群。学生可以参与跨学科的合作项目，培养合作精神和创新精神以及跨学科的多元视角。

加强创新潜力评估和技术预测。科学共同体负责创新潜力评估和技术预测。知识从出现到广泛认可和应用具有一定生命周期。科学界可以通过前沿技术预测、质量控制、风险监测和偏好分析等来刺激和调节上游创新。他们可以制定动态标准并进行质量评估或启动项目，以迫使创新团队在科学探索过程中学习和适应。科学家受过良好教育，懂得科学的使命，并在严格的标准和规范下进行系统知识生产。他们还决定要研究什么以及科学在多大规模下向公众开放，如图 5－4 所示❶。

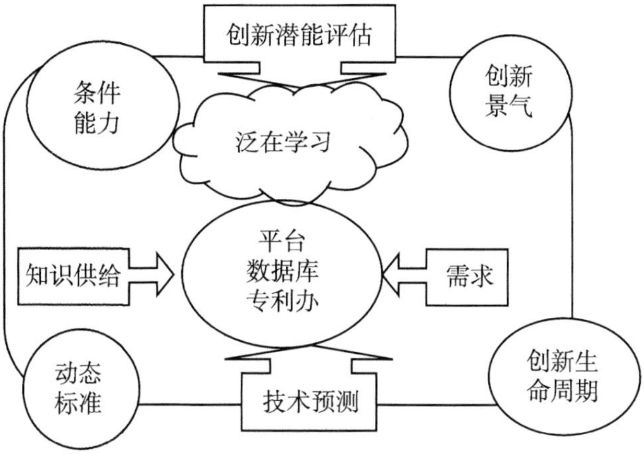

图 5－4　大学创新潜力评估及技术预测模型

❶ Wang Y. Promoting innovation ecosystem from knowledge supplying side [J]. Management Dynamics in The Knowledge Economy, 2017, 5 (1): 137－147.

构建知识平台，促进交流。首先，跨学科领域的科学家和工程师可以相互交流，促进知识的传播和创新。其次，加强专家与公众之间的沟通。知识生产者和应用者之间的信息不对称和信息不完整往往阻碍科技创新。科学家有责任让公众了解有关事实和风险，以避免各种人为灾难，并加强对创新不确定性的控制。科学界应建立风险分担和预测机制，构建开放获取知识共享平台。科学界可以提供实时的专家在线服务并与公众互动以增强他们的科学意识。我们需要对高科技保持敏感，创造新的市场需求，提高生活水平，维护良性创新生态系统。我们还可以使用大数据来评估消费者的偏好，并提前制定相应政策，以引导市场和创新。科学共同体负责为企业、政府和公众提供顶尖的研究、前沿技术、公共知识、标准以及高素质的人力资源。借助大数据和协作平台，学术成果和见解可以迅速传播，并被各类成员更方便地吸收，这很可能成为创新涌现的诱因。

学术期刊和新闻媒体应该负责出版高水平研究成果和人文作品，构建知识平台，实现开放获取和交流。同时通过大数据和文献计量以及模拟技术精确评估和预测高科技和学术前沿。科学共同体、中介机构、专利局和跨学科项目、国际学术交流、学习型社会在这一过程中起着关键作用。动态的标准、政策和伦理是创新生态系统的保证。知识供给侧创新应该系统设计、分步进行。

三、从知识供给侧创新向融合创新转化

EricDahmén 于 1950 年提出了“发展区”一词，指的是高科技和特殊政策支持的一系列经济发展密切相关和相互依赖的因素。他受到了约瑟夫·A. 熊彼特的理论启发，如企业家精神，资本和价值创造，颠覆性创新；迈克尔波特（1980）在他的书《国家的竞争优势》中介绍了“集群”的概念，作为产业、地区和国家经济发展的战略优势。强调联盟、战略伙伴关系、全球一体化等理念；Christopher Freeman（1988）和 Bengt A ke-Lundvall（1988）介绍了“国家创新体系”的概念，不仅包含了最初的主体，如企业家、公司和资本，而且包括了经济发展框架下国家的劳动力市场监管制度、要素市场、教育和其他政策。

James Moore（1993）在研究中引入了“商业生态系统”术语，“创新生态系统”一词在有关经济发展的政府白皮书及全球创新和竞争的学术论文中持续成为热点。最富有突破性的创新都不是孤立地成功完成的，他们需要完整的价值链与优势互补、资源共享、风险共担。Andrew 和 Sirkin（2006）强调根据企业创新的性质、关键能力要求和投资要求选择各自的创新模式和担当的角色。在工业 4.0 时代，创新生态系统的概念有所创新，特别是利用信息通信技术和数字生产使得创新的速度加快，生产与转化时间缩短，全球一体化趋势更加明显。不同经济体在全球创新价值链上要找准自己的位置，哪些经济体属于前端创新，哪些属于追随者，哪些属于技术消费者?

斯坦福大学（2010）与芬兰、中国和日本的合作伙伴合作推出了国际创新生态系统网络。同时，创新生态系统资助信息和通信技术平台，像微软、亚马逊等公司资助的苹果的 iPhone、谷歌的 Android、云计算和软件平台等。在知识经济和行业 4.0 的背景下，从知识供给侧和融合创新两个方面推动创新生态系统被科学界、公司和政府等多方利益相关者所接受。大学是知识发现和生产的主流。在美国 56% 的基础研究由大学完成。一些前沿领域如天体物理学、凝聚态物理学、粒子物理学和等离子体光谱学、神经科学、生物燃料、癌症遗传学、杂交玉米、水处理、微生物学、分子遗传学、地质学、传统医学、核磁共振、地球和行星大气、可视化、模拟、可再生能源材料、能源和物质、高能物理、核物理、老龄化、生物工程、计算机建模、高温超导、数字计算机、风能、模拟器、高分辨率虚拟现实等在大学中被持续研究并形成一个价值创造循环系统，如人才培养、引用、开放获取、应用与创新。

在知识生产模式 1 下，科学界和高产科学家在推动知识传播和形成学术圈中起关键作用。他们将决定知识配置与知识生命周期，在知识生产模式 2 下，科学、技术和社会之间的关系更加密切，学术成果、专利、引用、转化、反馈形成循环网络机制和知识生态系统。

美国智能社区创始人乔治・珀尔（George Por，2001）首先运用“知识生态学”术语，并将其视为知识交换网络的完美体系，交流是知识创新、进化和分享的中心环节，个体心智模式的相互影响和相互促进为知识生态系统提供了基本结构。虚拟学习社区是人们交流思想和知识，将个人知识融入系统知识的学习与创新空间系统。

理查德·怀特利（Richard Whiteley，2000）分析了科学的知识和社会组织，知识生产性质的变化，科学工作的专业化，科学学科和组织专门化，实验室活动的社会和认知结构，合作研究的作用，标准化的符号系统和相互依赖性的增加，标准的控制，作为现代科学中的控制系统正式的出版物；F Murray（2002）使用生物－医学组织工程新兴领域的案例研究来追踪专利引用网络、论文、发明人和作者，并发现存在独特的科技网络。他们通过资金、许可、咨询和顾问等方式共同演进。

Resende D N，Bravo M（2016）介绍了一个项目，建立了基于大学技术转移办公室（TTO）、孵化器和科学园的国家创新网络。联合国成立大学技术企业网络（UTEN）旨在刺激国际技术转让和商业化。

从 GII 2018 全球创新指数中可见看出，在各类绿色能源家族中，按照专利总数量排序包括以下各类能源技术：其他能源技术类、核能、风能、人造废物、燃料电池、绿色运输、生物燃料、太阳能、能源减排量。❶

能源创新涉及不同阶段的能源生产、传输、分布、存储及消费整个的价值链体系。数字监控技术在电力系统发电和传输领域的应用已嵌入到当地电网中。智能电表和传感器以及物联网的广泛应用创造了为消费者提供新服务的机会。通信和控制的增强功能可以提供有关消费者行为的数据，为电网运营商提供诸多洞见以便更好地规划，实时获得有关分布式能源的有价值信息，建立更好的生产和消耗预测模型。智能电网和大数据为电力供应和管理带来了诸多灵活性，并适应新的和可变的能源需求。

在创新的各个阶段所采取的支持措施：数字化、耦合关系、投资、供给链、价值链、克服死亡谷。创新具有高度关联性和耦合性，各种新能源

❶ Cornell University，INSEAD，and WIPO. The Global Innovation Index 2018：Energizing the World with Innovation［R］. Ithaca，Fontainebleau，and Geneva，2018：11.

的整合应用也为清洁能源技术的整合提供了机遇。例如电动汽车（EV）的出现将促进可再生能源和低碳消费的整合。现在有超过 200 万辆电动汽车已在全球范围内销售，包括中国、日本和美国，2016 年创造了近 80 万的世界纪录，约占所有汽车销量的 1% 。通过建立目标来实现电动交通，化工和钢铁等工业领域的生产以及一些应用程序已经开始重新规划以与之相匹配。例如，使用如氢、氨等新的电力转换形式，从而允许间歇性的可再生能源发电在非高峰时间被吸收。

创新应该覆盖从能源资源开发到生产和消费的所有方面和阶段，包括完整的技术生命周期和所有部门可再生能源一体化配套。政府要制定正确的创新和实施框架，研发投资需要加强基础研究和创新转化。可再生能源投资每年增加到约 3 000 亿美元，清洁能源的研发支出每年达到 100 亿美元，这 3% 的研发投资份额远低于其他创新领域，如 ICT 和汽车制造业。增加研发投入有期带来更低廉的低碳技术解决方案，从而降低能源转型的总体成本。目前投资多在太阳能和风能等行业，而不是用于消费终端的生物能源和太阳能热等技术，而后者更急需。消费终端用户在脱碳创新方面取得的进展最小，例如重工业、货运和航空，缺乏适当的政策激励和长远规划。虽然昂贵的低碳技术可以在这里发挥作用，但需要统一的全球碳价来创造一个公平的竞争环境，制定可行的政治、经济政策框架。可持续的解决方案目标是提高生产率和性能，同时消除排放物。

创新包括完整的技术生命周期，包括试验、部署（技术学习）和商业化阶段。此外，创新生态系统应扩展到一系列活动，包括创建新的市场设计，建设创新基础设施，形成运行能源系统的新方法，建立标准和质量控制系统，以及实施新的监管措施。商业化不仅在健康的投资环境中蓬勃发展，而且在强有力的制度安排和其他政府机制支持的环境中蓬勃发展。一些新的战略管理与决策工具方便决策者和企业家为创新技术开发及市场扩散进行大数据分析和精准匹配，其中国家机构、私人公司和技术转移办公室以及与最需要的创新消费者、新的客户群和市场“缝隙”（niches）相匹配。包括众筹、合资企业、专利和许可、市场细分和技术孵化器等方案。

增加公共研发投资至关重要，政府投资和私人投资都很重要。创新要超越研发模式，研发要与商业、金融、市场设计、政策支持相配套。GII 帮助建立了一个持续性创新因子评估环境。新能源创新需要考虑不同层次消费者的能源需求及不同层面的政策、金融调控和支持，不同地区要考虑国际、国家标准，还要考虑区域标准。

2018 年全球创新指数提出三种创新类型：一是自主创新，二是融合创新，三是吸收创新。我国融合创新列第 58 位，其中产学合作研发列第 27 位，产业集群发展列第 26 位。我国大学重视科研论文的发表以及专利的申请，而真正实现产学研深度融合的科研转化机制却没有形成。我国大学尽管也建立了产学研融合服务办公室或创业服务机构，但一般还是通过各级各类项目加强合作，其中也存在着知识产权和经济利益分配等诸多风险，所以一些大学教师宁肯发表高层次论文也不愿意申请专利或与企业合作。另外是通过企业邀请专家咨询和技术培训，加强产学研的结合，包括通用技术的服务以及帮助企业技术升级和产品改进的服务。产业集群统计主要基于 PCT 专利数和科技论文数量，我国排名第二，但高科技产业集群还是集中在珠江三角洲、北京和上海几个大城市，融合创新有效机制仍然没有形成。从全球合作联盟看，我国海外资助研发投入列第 94 位，合资或战略联盟数量列第 28 位，在两个国家以上申请的同族专利数量列第 29 位。

21 世纪多数工业化国家都赞同创新政策中的六种战略："增加对研发的公共投入；集中推动某些高新科技领域的研发；改进企业创新的一般性环境；鼓励以技术为基础的创新企业和中小企业的创新；加强公共研究机构的技术转移，包括将技术转移指标纳入评估体系；加强科学与商业的相互协作，包括学术机构出面建立以技术为基础的新企业，即所谓的衍生企业，建立科学与商业的合作研究中心和培训机构；为不同公共研究机构之间协作提供便利，特别是在大学和政府实验室之间；拓展研究机构对中小企业的研发服务，以及针对企业雇员的进修和培训；部门网络和区域集群的促进，对中小企业的特惠基金或加强新技术的传播和商品化等”❶。

发达国家在知识供给侧引领创新和融合创新两个方面做得都比较好。从知识生态来看，大学各学科、专业之间既界限分明，又相互联系，形成一个庞大的知识生态系统。在知识生产模式 1 语境下，知识生态系统注重内在衍生性。而在知识生产模式 2 语境下，知识生态的衍化增加了异质性和更多的生长点。例如，哈佛大学早期的社会学经过传承和演化，形成了哈佛大学的优势学科和专业，造就了诸多社会学大家，形成了著名的“哈佛圈”。这是知识生产模式 1 的典型。而现代大学在强调学术研究的中心地位的同时，不断加强与异质的合作，在更广泛的社会背景下形成创新生态系统。

在知识产权保护下，美国大学技术转移办公室协助大学进行知识创新与技术转化，收到了巨大的经济效益和社会效益。例如，斯坦福大学的技术转移办公室依托本校优势学科和专业，精准定位，大力扶持，深入研发，加速技术转化。其生物、化学、物理等学科具有明显的学科优势，40% 的技术来自生命科学；60% 来自计算机和物理科学以及医疗设备创新。加州大学圣地亚哥分校，依托其生物医药、植物、物理、信息科学等学科优势，形成了全球生物医药创新高地。

“为支持小企业发展，美国政府出台了小企业创新研究项目，以政府资金推进民间科技创新，并推进科技成果的产业化。美国的《专利商标修正案》则统一规范了美国专利制度，从根本上改变了利用政府资助进行研发形成的知识产权的权属标准，把研发成果的所有权从政府手中转移到与政府签订合同或授权协议的大学、非营利性研究机构和小企业手中。美国各个大学、国家实验室和非营利性研究机构以及小企业纷纷成为科技创新的温床，加快了美国科技成果转化的速度，对提升美国企业，尤其是中小企业的竞争力产生了深远影响。”❷

---

❶ 乌利齐，施莫河，等．国家创新体系比较［M］．王海燕，译．知识产权出版社，2011：266，282.

❷ 李俊，王继平．德国企业内职业培训的多维度探析：基于成本．收益社会合作及质量保障的视角［J］．德国研究，2014（2）：90.

美国高校通过技术发明、转让，不仅创造了大量的就业机会，输送了大批优秀人才，推动了当地社会与经济的发展，同时也增加了学校收入，促进了高校自身的教学与科研不断进步。美国的专利法相当健全，一项科研成果获得专利后很快向生产转化，带动新兴产业或促进原有产业升级，这也使得大学与生产实践相结合有了制度保障，教师在与企业合作过程中不断改革教学模式，鼓励学生进行实证研究，理论联系实际，提高了人才培养的质量和效率，教学与科研相得益彰，研究型与应用型同时在教师身上得到体现，也带动了学生学以致用和研究探索的积极性，美国大学的教师与企业除了合作开展科研工作外，还积极合作进行课程建设，结合企业的人才需求以及专业发展需求，开设相应的课程，提高了大学课程设置的针对性和有效性。

日本的大学、研究机构与企业之间联系密切，每项合作分工明确，知识产权明晰，从基础研究和原始创新到技术标准的研发、需求定位和产品研究、风险评估，形成了良好的创新生态系统，日本大学和科研机构的研发一般都是直接在企业进行而不是在自己实验室里进行；研发与客户联系密切，并且研究机构和供给商善于利用大数据和客户行为分析精准定位客户需求，据此进行产品研发和升级改造，所以其创新既具有高科技含量又具有人本主义情怀，提高了创新效率和质量。

“德国科研机构与企业签订合同，为客户提供高质量咨询和定制服务。研究机构拥有多学科整合的高素质科研队伍，能够迅速响应客户需求进行“量身定制”。其技术转移中心为企业提供技术指导和咨询，提高了应用者的技术理解度，为创造性地应用新产品和熟练操作奠定了基础，也减少了诸多中间环节的干扰，实现了研究、开发、应用之间的无缝衔接”。❶

数字化生产使得研发与生产和商业化实现了深度融合，产学研一体化，降低了创新风险，保证了质量，也促进了人才培养模式的改革。21 世

---

❶ 雷朝滋，黄应刚．中外大学技术转移比较［J］．研究与发展管理，2003（5）：45－52.

纪以来，我国大学不断加强教学改革力度，从课程与专业设置到信息平台和大规模在线课程的开发和开放，再到各类新媒体的应用以及“翻转课堂”等教学模式的改革，使得教学的研究性和实践性更加凸显，产学研结合更加密切。大学通过企业邀请为企业提供专家咨询和技术培训，有通用技术的服务，也有针对性的技术升级和新产品开发应用的培训；有实地培训，也有在线培训；大学也邀请企业专家到大学讲学，传授实践经验，合作培养研究生。

新媒体时代的科学普及更加快速便捷，并且能够以大众喜闻乐见的形式进行传播，不仅能够激发公民对科学的兴趣，而且能够将抽象高深的知识从单一的文本模式变成形象化、动态化、生活化的形式和内容，使大众不再感觉科学离自己太遥远，加深了对现代科技的理解，也方便了购买和使用，更重要的是激发了消费者对产品质量意识的关注，引导消费观念的革命和产品的升级，推动科技不断创新发展。

我国要不断提高在全球创新体系中的地位，占领知识创新高地。一是要吸引全球创新人才和资金支持，促使高层次人才从外流向内流转向。二是充分利用大数据资源和技术，在各种数据洪流中挖掘价值，寻找创新契机。三是善于利用各种文献计量工具和地理信息系统软件，对全球科学研究和专利技术进行可视化分析，善于从各种创新“缝隙”中找准“漏洞”和关键点，实现突破性创新，结合本地优势，形成创新高地，走出一条具有中国特色的自主创新之路。四是进一步完善我国的知识产权政策法规，保护和促进高水平原始创新。五是加快知识产权队伍建设，培养大批具有国际视野、掌握先进技术的 T 型知识产权复合型人才，为大学、研究机构和企业协同创新搭建桥梁。六是利用好各类新媒体和数据平台，加强大学、研究机构与企业、客户之间的无缝衔接，形成创新网络机制，实现多方共赢。七是利用各种新媒体工具和虚拟学习社区，加强组织学习，建立新型学习共同体。可持续学习能力是组织创新的原动力和关键能力，大学、政府、企业等要激励员工充分利用组织内外各种优质学习资源，勤于学习，善于学习，并且将学习与工作改进、科技创新相结合，实现从吸收型创新向自主创新和融合创新转化。

四、美国大学知识生态圈个案研究

（一）哈佛大学社会学系与“哈佛圈”

哈佛大学社会学创建于1930年，但由于其非常重视学术梯队的建设和优秀人才的引进，哈佛社会学系很快就成为北美社会学的一个研究中心。皮季里姆·索罗金（P A Sorokin，1889—1968）于1930年倡议组建了社会学系，并且吸引了大批优秀人才。帕森斯、霍曼斯、默顿等功能学派的代表人物都曾经在哈佛大学学习或者工作过，与其社会学思想具有学缘关系。帕森斯（Talcott Parsons，1902—1979）开创了哈佛社会学的现代之路，创立了功能主义学派。他非常注重人才梯队的建设以及学术网络的建立，早在20世纪30年代中期，帕森斯就与社会学系的一批有才干的研究生建立了良好的互动关系，包括默顿、戴维斯、约翰·赖利、维廉斯、穆尔等，即所谓的“哈佛圈”（Harvard circle）。

“哈佛圈”成员以帕森斯和罗伯特·默顿（Robert Merton）为核心，共同讨论功能主义理论问题。经过他们的努力，功能主义作为现代社会学的第一个最具影响的理论流派出现了。默顿1931年以优异的成绩大学毕业后，成了新成立的社会学系的首批研究生，受教于索罗金等名师。1936年获得博士学位。默顿毕业后，先在哈佛大学做了两年多的讲师和导师（tutor），随后到新奥尔良的土兰（Tulane）大学任教，1941年起转到哥伦比亚大学任教。

默顿一进校就做了索罗金的研究助理和教学助理，他说自己甚至成了索罗金的替身，每天都到他的办公室去，替他做许多事情。所以默顿较早地参与研究，成果不断问世。他参与了索罗金宏伟的《社会和文化动力学》的研究项目；他还较早地参与了对涂尔干社会学的研究。这些早期的学习研究为默顿后来独立研究打下了深厚的基础，甚至起了一种定型的作用。对默顿的学术成长有很大影响的第二位人物就是当时年轻的教师帕森斯，帕森斯真正开启了默顿的社会学思维，但又与其有所不同和超越。帕森斯追求理论的高度抽象性和一元性，属于“宏大理论”；而默顿则强调理论的经验性和多元性，属于“中层理论”。

乔治·霍曼斯（George Homans，1910—1989）也是哈佛社会学的大师之一。他于20世纪30年代初进入哈佛大学学习，开始学的是英国文学。后来由于受到了生物化学家L Henderson和心理学家、“霍桑实验”主要组织者梅奥的很大影响而转向了社会学，早期开展了对帕累托的研究。1939年霍曼斯到社会学系任教，1941年他被征兵入伍。1946年帕森斯组建社会关系系时，他又回到社会学系任职。1970—1975年，他任社会学系主任。主要著作有《人类群体》（1950）、《社会行为及其基本形式》（1961）等。他后期受B F Skinner的影响，主要倡导一种行为主义的研究取向，强调对社会现象的心理学解释，从而与流行的功能主义观点形成了鲜明对抗。在帕森斯组建社会关系系时，与霍曼斯一同任职的还有著名的社会学家萨缪尔·斯托佛（Samuel Stouffer，1900—1960）。他曾在威斯康星大学、芝加哥大学任教，专长于定量分析方法。他在哈佛大学组建了“社会关系研究室”，开展了一系列重要研究。其主要著作《美国士兵》（1949）对群体动力学和社会研究方法都有突出贡献，擅长实证研究。哈佛大学社会学系早期的辉煌得益于大批优秀学者的学术传承与不断超越，形成了社会学研究和人才培养的高地。这是经典科学建制下的知识生产和人才培养模式。

21世纪的哈佛大学社会学系在美国大学社会学的排名依然遥遥领先。哈佛大学的社会学系注重社会理论和研究方法，并结合社会需要及学生自身的兴趣开发各类选修课程，为学生提供多种与社会互动的机会和项目，教师和学生参与了遍布美国和国外的各种研究项目，例如有关贫困、贫富差距、移民与种族、健康与人口、性别和文化、经济社会学、政治社会学等领域的各类项目。

哈佛的社会学系的方法论具有无与伦比的广度和深度，包括民族志、深度访谈、档案工作和高级统计建模等。哈佛社会学系在社会学定量研究方法以及文化社会学领域的排名首屈一指，擅长将传统的社会学理论与现代观点相结合，为解决各种社会问题提供原创性的观点。社会学专业培养具备较全面的社会学理论知识和较熟练的社会调查技能的专业人才，能够在教育和科研机构、政府机构、企业、社会团体中从事社会的研究与调查工作；也培养政策研究与评估、社会规划与管理、发展研究与预测等工作的高级专业人才。

哈佛的社会学课程具有交叉整合特点，主干课程包括社会学、社会阶层学、家庭社会学、人口与健康、性别社会学、城市社会学、社会学研究方法、调查报告、社会研究、技术与社会、法律社会学、政策社会学、经济社会学等。另外还根据不同方向开设多种专业课程，例如社会工作方向：社会科学、犯罪学、社会工作、国际关系与公共事务等；社会经济方向：应用经济学、发展经济学与国际发展、计量经济学和数量经济学、经济学、国际经济；社会政治方向：美国政府与政治、政治科学与政府；社会地理方向：地理、人类学、考古学；社会历史文化方向：公共及应用历史档案管理、欧洲史、历史、西方文明；社会数学方向：制图学；其他：城市事务研究。

社会学系从哈佛毕业生及其父母，以及其他朋友的慷慨捐赠中获益匪浅。社会学无限制基金（345304）用于支持短期项目并支付不可预见的一些临时性开支。近年来，这些资金主要用于支付本科生和研究生的研究费用以及学生参加学术会议和调研的旅行费用；支持本科生高年级论文和独立项目的研究资金，前往实地考察、购买数据集或转录访谈等费用。社会学研究生支持基金（345305）用于研究生课程和原创研究项目、参加专业会议发言的差旅费用等。社会学系还通过与政府和社区合作项目获取经费资助，以解决实际问题，另外一些重大理论研究通过社会科学基金资助，形成了科研—教学—社会服务相互促进的社会学专业发展模式，为人类社会做出了较大贡献。

（二）斯坦福大学学术生态圈及学术创业

世界上许多著名高校都成立了自己的联盟或“学术圈子”，例如美国的常春藤联盟（哈佛大学、宾夕法尼亚大学、耶鲁大学、普林斯顿大学、哥伦比亚大学、达特茅斯学院、布朗大学及康奈尔大学）、中国九校联盟、英国罗素大学集团、德国 U15 大学联盟、日本学术研究恳谈会、法国巴黎高科技工程师学校集团、加拿大 U15、澳大利亚八校联盟等。这些大学联盟属于强强联盟，有着共同的使命和办学理念，追求卓越，同时可以建立共同的学术标准，学分互认，资源共享，增强了大学的学术力量，更好地促进科学和人类社会进步。

斯坦福大学位于美国西部加州旧金山湾区南部的帕罗奥多市境内，与旧金山北湾的加州大学伯克利分校共同构成了美国西部的学术中心，并负责运行管理 SLAC 国家加速器实验室、胡佛研究所等机构，附近还有世界著名高科技园区硅谷。

斯坦福大学是典型的学术创业型大学，共有教职工 2240 人，师生比为 1∶5，加强师生合作，重视本科生科研和项目培养模式。其课程设置重视研究方法、思维方式和做事方式的训练，包括审美和解释探究、应用量化推理、创造性表达、参与多样性、伦理推理、形式推理、科学方法和分析以及社会探究。

斯坦福大学独特的本科课程包括：入门研讨会，针对一年级和二年级学生的小型研讨会；本科生科研，旨在使学生通过参与研究明白知识是如何产生和发展的，进而提高学习效率。2017—2018 年，约投资 582 万美元，惠及 1 069 个项目包括国外研究项目。斯坦福大学在澳大利亚、柏林、开普敦、佛罗伦萨、香港、伊斯坦布尔、京都、马德里、牛津、巴黎和圣地亚哥为其学生提供学习机会，同时还提供短期海外研讨会和教师发起的项目。2017—2018 年学年，有 822 名学生参与斯坦福大学的国外学习，每年平均有 48% 的学生参与这样的项目。斯坦福大学提供超过 65 个主要的本科学习领域。工科学生也可以选择追求个性化设计专业（IDMEN）。[1]

以斯坦福大学为中心形成了硅谷创新高地和技术扩散中心，为世界科技界培养了众多高科技公司的领导者。斯坦福大学的创业模式并没有影响其学术追求和大学理念，其校训“让自由之风劲吹”，鼓励师生无拘无束地自由从事教学和科研探索。大学充满了学术研究的氛围，师生都具有强

---

[1] 斯坦福大学官网，2019 - 02 - 19.

烈的创新精神和开拓奋斗精神。斯坦福大学的学术创新与创业紧密结合，不仅聚集了诸多著名学术机构，创造了许多杰出的学术成果，而且建立了众多初创公司，加强了产学研融合，各种基地、公司也为学生科研创新和实践提供了实习基地和真实体验。学术创业不仅为企业和社会发展带来了极大的经济效益，而且为大学的发展和科研提供了充足的经费支持和社会支持，形成内外联动的良性创新生态机制。初创公司和技术转化办公室为师生的创新创业提供了咨询服务，搭建起交流与合作的平台和桥梁。

斯坦福大学的研究机构由院系实验室、大学与工业合作的研究中心、斯坦福研究园、政府设在大学的研究中心以及独立研究机构四种类型组成，四类研究机构总共包括122个研究单位，分别是70个中心（Center）、16个实验室（Lab）、10个研究所（Institute），以及各种项目（Project）、论坛（Forum）、计划（Program）、研究组（Group）等其他研究机构25个，其中独立科研机构共有12个，包括工程类5个、人文社会科学类7个。根据学校官网统计，科研机构已经承担了斯坦福大学科研总量的20%，学校的多数学术活动和项目都是由科研机构举办的。❶

斯坦福大学有5个著名研究机构，56个中心和实验室：布朗媒体创新研究所、斯坦福大学哈索普拉特纳设计学院、计算与数学工程研究所、Precourt能源研究所、斯坦福伍兹环境研究所；高级金融技术实验室、航空流体力学实验室、航空航天机器人实验室、陆军高性能计算研究中心、生物运动实验室、设计研究中心、综合设施工程中心、湍流研究中心、高效能源转换纳米结构研究中心、协作触觉和医学机器人（CHARM）实验室、电脑系统实验室、Edward L Ginzton实验室、工程风险研究小组、流体物理与计算工程（FPCE）组、Geballe先进材料实验室（GLAM）、全球气候与能源项目、重力探测器B项目、汉森实验物理实验室、高温气动力学实验室、信息系统实验室、John A Blume地震工程中心、直线加速器相干光源（LCLS）、LentinkLab、磁共振系统研究实验室、制造建模实验室、马

❶ 付瑶瑶. 从斯坦福大学看美国研究型大学中独立科研机构的发展［J］. 清华大学教育研究，2005，26（3）：16－22.

克斯普朗克视觉计算与通信中心、纳米光子学实验室、纳米模型实验室、国家工程创新中心、神经肌肉生物力学实验室、预测科学学术联盟计划（PSAAP）Ⅱ、产品实现实验室、基于项目的学习实验室、安全实验室、SIMBIOS、SHAPE 实验室、智能产品设计实验室、空间与系统开发实验室、空间和电信及放射科学实验室、斯坦福人工智能实验室、斯坦福专业发展中心、斯坦福社会网络中心、斯坦福压缩论坛、斯坦福大学计算政策实验室、斯坦福纳米中心、斯坦福大学纳米化学实验室、斯坦福纳米加工设施、斯坦福同步辐射光源、斯坦福科技风险投资计划、结构和复合材料实验室、SUNCAT 接口科学与催化中心、系统优化实验室、Bob 和 Norma Street 环境流体力学实验室、TomKat 可持续能源中心、非定常流动物理和气动声学实验室、美亚技术管理中心。

工程可以解决人类问题，如气候变化，人口过剩，网络安全等。斯坦福工程学院专注于多学科方法，利用斯坦福大学在医学，法律，商业和公共政策方面的世界领先专业知识，为应对 21 世纪的挑战创造有影响力的研究和教育。

计算机科学是斯坦福大学的重点研究领域和一流专业，不仅为科技界培养了大批领军人物，而且将计算机科学应用到广泛的领域。随着计算机科学在多学科多个领域的广泛应用，计算机科学研究也已经发展到远远超过软件和硬件的研究。计算机科学从一个相对较小的领域发展到跨学科领域，涉及广泛的社会领域，并承诺解决全球问题，如医疗保健和可持续发展。如何使用该学科中的方法和技术来解决其他领域的问题是专家们关注的焦点。

在斯坦福大学，近 20% 的学生主修计算机科学。进入计算机科学的学生是因为想要学习计算机科学而来的，还是因为他们想将计算机科学应用于其他领域而来？斯坦福大学和其他大学正在改变计算机科学课程，以更好地反映其新的跨学科性质。Jennifer Widom 是斯坦福大学计算机科学知名教授，她除了对数据科学领域的研究做出了突出贡献之外，还是一位充满激情的教育家。她开创了大规模在线课程 MOOCs，她前往 18 个发展中国家提供免费短期课程，主题包括大数据和设计思维以及协作解决问题。

小　结

创新是一项系统工程，需要多方协调，深度融合；创新要重视生态系统构建，将生态理念、绿色创新贯穿到创新与生产的各个环节。创新要激发多元群体的创新潜能，加强大数据支持的组织学习、泛在学习，打造高效能的学习化社会，使得公民的素质提高与科技发展速度相匹配，形成创新共进网络机制。创新不仅是科学发现和研发创新，还需要良好的制度环境和政策配套，需要良好的商业环境和知识产权管理环境，形成合力。科研、生产和商业部门或个人必须对相关的伦理问题有理性的认识和自我规范能力。企业、政府、社会以及科研部门必须建立起共同利益关系，合作共赢。政府可以为科技创新提供良好的制度环境和政策支持，通过信息咨询降低成本，促进有序竞争；通过风险评估和资源的合理搭配，使代价最小化，成本与收益最优化；通过知识产权保护等法律法规，使得专利项目能够在推动产业升级、增加就业机会、促进经济增长方式转变等方面发挥出更大作用，促进社会可持续发展，增进人民福祉。

大学创新生态需要内外联动。从外部看，需要加强大学与政府、企业、社会的合作，以及大学之间联盟关系的建立。大学科研创新还必须置于宏观政治、经济、科技背景下去定位。在一个开放的系统中大学必须敞开视界，将求真与求善有机地结合起来。“从上游创新到研发与孵化、智力资源共享以及商业运作与及时的市场反馈一系列无障碍畅通经营在各种缝隙中寻找新的科技创新点和产业生长点，形成规模经济和价值链体系，并利用大数据、可视化等技术获得及时的情报咨询，降低成本、规避风险，保证质量”[1] 从内部看，需要建立良好的知识生态圈、科研与课程的有机整合以及产学研结合机制。

---

[1] 王玉秋．开放系统中企业创新的网络机制研究（二）［J］．科研管理，2015（S1）：61－67.

［案例5－1］

表5－3　人文社会科学研究成果质量评价指标体系

指标	分值	指标	分值
观点、方法、证据的创新性、前瞻性	15	内容的科学性、思想性、启发性	15
方法的适切性	5	理论基础的适切性、先进性	5
引文的规范性、代表性和时效性	5	语言文字的流畅性、易读性	5
证据的确凿性、论证的充分性、内容前后的关联性、层次性、逻辑的严谨性、结构的合理性	30	对策建议的合理性、针对性、可行性，路径的明晰性	20

说明：此评价指标体系适合于研究者自评以及专家评价用，与本书第四章“我国大学科研绩效评价指标体系”（见表4－3）配合使用。

第六章　大学科研评价的文化人类学考察

范式转换　科学人类学　评估文化　叙事评估

科学既是一项认知活动，更是一项文化活动，科学与文化密不可分。在大数据技术支持下，科学的艺术化以及艺术的科学化景观到处可见；科研、教学、社会服务结合更加密切并且有了经费支持。科研的评价更加多元化，强调价值的多元化、方法的多元化、主体的多元化、标准的多元化，并且将伦理、文化、人才培养、社会服务、环境可持续发展等指标融合于评估指标中。相应地，质性评估、文化人类学评估、叙事评估、智能评估与计量方法、同行评估一起构成更加完整的评估体系。通过评估，各主体加深理解，不断实现视界的融合，促进创新和质量改进，促进科学求真与求善目标的协调发展。

引　言

科研是个体的一种生存方式，也是人类的文化建构活动。人类不断通过科学研究探索自身以及与自身密切相关的自然和社会，在探索的过程中不断发现其中的奥妙，改善生存环境，同时也促使了人类内在的唤醒，这是一种人性的觉醒和理性的运用。当我们从文化人类学视角去审视科研活动及其意义时会更接近于科研的真实情境，这对我们反思现代科学发展的历程以及科研评价方法和范式的转换也具有重要意义。

目前科研评价研究和实践一般采用期刊档次、文章被引次数、转载数量等量化指标配以专家评价并按照一定比重得出最后分数，而从文化人类学视角，采用质性评估、叙事评估的方法却比较少。只有少数评估运用了访谈和实地考察的方法，但利用叙事研究的方法，将科研成果与具体的科研过程及社会语境关联起来的叙事研究方法却不多见。

科研活动不仅仅是论文的发表或者项目的申请和结题等外显的内容，其中还存在丰富多彩的活动和各种“潜规则”，需要人类学和叙事的方法加以揭示，使其变得更加透明和敞亮。这其中涉及科研价值、组织目标、地方建设、国家利益以及多元利益群体的需求；研究者个体的兴趣、动机、角色要求以及绩效考核和职务晋升等内容，而这些背后的情境很难用量化的方式加以鉴定。

叙事研究法也是一种人类学的方法，将关键事件与现实情境以及历史背景、评估范式相结合，更好地反映研究的理论基础、价值取向、社会语境和关键技术，从中发现规律及存在的困境。通过对科研和项目过程的叙事可以进一步厘清科研中的关键技术、突破性创新和关键政策的作用，同时不断显露真相，找出解决问题的对策。

一、中外科学人类学研究述评

布鲁诺·拉图尔（Latour B）在《科学在行动——怎样在社会中跟随科学家和工程师》一书中用行动者网络（actor - network）结构来描述科学从生产到应用过程的交互图景。拉图尔强调他的技术科学模型的社会语境关联性，而不是纯粹的科学探索过程。拉图尔在书中对科学家和工程师的工作进行了田野式研究，试图将科学和技术置于一定的社会语境中进行分析，揭示了影响科学研究活动的各种内外因素及其影响机制。主张对科学研究不仅要看结果，而且要考察其结果是如何得出来的，又是如何被同行和公众所接受的，其中有哪些权力、利益运作在起作用。科学研究在引用同行研究发现的过程中也在建构着对自己论断的防护网，同时构建着一种学术关系网。同样，科学在接受政府和企业、投资商资助的同时也在构建

一种社会关系，形成一种利益和权力矩阵，❶ 如图 6 - 1 所示。❷

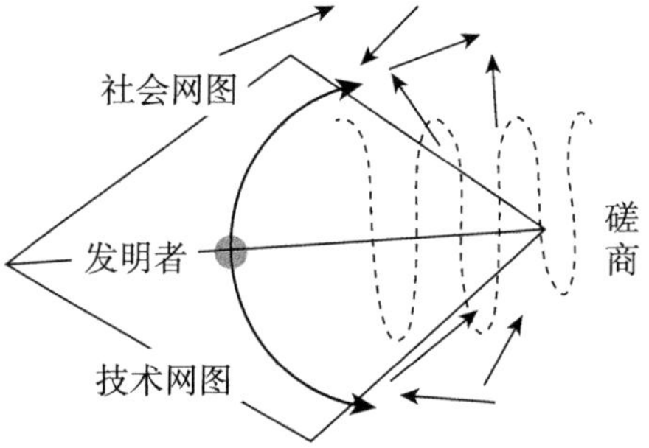

图 6 - 1　科学的社会建构过程

科学研究是一个复杂的多元互动的过程，其中涉及诸多环节和众多利益相关者，各种要素交互配合才能更好地实现科学目标。在这个过程中，科学家专注于研究，同时具有开阔的视野和积极建构的能力。他们在各种理念的世界相互沟通、理解和达成共识，同时又能够通过一些“媒介”“中介”“代理”“第三方”在各主体之间搭建桥梁，实现更好的交流，最终使得价值更大限度地得以实现。在课题进入实验室开始研究之前需要多方面论证和决策，在实验过程中也会发现诸多的预料之中和预料之外的事情，需要科学研究者做出准确的决策。这其中的影响因素很多，是主观与客观交互作用的过程。当实验结果用于发表或研发、应用，又涉及诸多因素和利益相关者。所以无论是多么纯粹的科学家也不可能只考虑实验室内的程序、规则，还需要考察更多复杂因素，有时也需要转换思维模式，从多学科领域甚至是跨越科学和人文、艺术的边界去重新思考问题的实验和解决方案，然后得出更加科学的结论，从而实现价值的最大化。

我们同意拉图尔的科学与社会互动模式，但也反对科学家将更多时间和精力用于游说和争取科研经费上。这些事情可以让那些科学界的领导们

❶ Latour B. Science in Action: How To Follow Scientists and Engineers Through Society [J]. Canadian Journal of Sociology, 1988, 18 (5): 288.

❷ 布鲁诺·拉图尔. 科学在行动——怎样在社会中跟随科学家和工程师 [M]. 刘文旋，郑开，译. 北京：东方出版社，2005：234.

去做，他们往往是科学界的长者，已经度过了科研创新的最佳年龄，同时又有宝贵的科研经验和科研成就，他们可以发挥“传帮带”作用、协调各种利益关系，保护年轻学者更加专注地从事科学探索，争取更好的科研和生存条件，保持可持续性创新活力。他们可以组织各种学术会议、科学博览会、实验仪器展览会、项目论证会，年轻学者可以有选择地参加其中的一些与自己研究关联性强的会议或相关活动，适时提交论文和发表自己的见解，争取同行和专家、领导更多的支持。科研是学者的一种生存方式，而不是交易场所，也不是竞斗场。营造良好的科研氛围和科研文化是科学共同体神圣的使命。

一些资深科学家不再适合长时间坐在实验室里从事研究，可以通过指导年轻学生来延续自己的科学事业和价值，另外可以加强与外界的交流为科学发展保驾护航，也争取更多的理解和支持。即使是非常深奥的科学研究，如高能物理，看上去与我们的日常生活相差很远，但也需要进行启蒙，让政府和大众相信科学家所从事的研究是非常必要的。比方超导技术被誉为一项颠覆世界的重要科技，也是当代物理学的终极目标之一。“目前超导研究一是探索新的超导材料，不断地提高其超导转变温度；二是阐明超导这一现象的机理，从而更深入地挖掘其潜力。常温超导与可控核聚变一样，将是未来人类突破科技瓶颈的一大标志。”❶ 高温超导体可用于制造超高效电源线、医疗核磁共振成像设备、粒子加速器和其他设备等，为电子设备（包括笔记本电脑和手机等）带来革命性的提升。相信通过科学家们的执着探索，终会造福人类。

科学的价值不仅需要同行的认可，也需要得到公众的认可，需要从不同视角去透视科学“黑箱”中的秘密。资深科学家以及实验设备主管有时需要通过社交网络或者各种实验仪器展览会、学术研讨会等到各地进行考察，了解最新仪器设备的性能，及时淘汰旧设备，这对科学研究也是非常重要的。同时他们也需要得到相应的资金支持购买新的设备等。为此他们

❶ Drozdov A P，et al. Superconductivity at 250 K in lanthanum hydride under high pressures. Nature. 2019，569（7757）：528.

需要对自己的研究进行游说，让投资方了解其研究的意义和价值，进而愿意投资。

科学既是一种认识论，也是一种存在论和实践论，科学与人类之间是相融合的，科学研究方法与人类学方法也是可以融合的，二者没有不可逾越的鸿沟。“科学实践观将科学视为在真实的不可逆的时间中的实践过程，在其中各种异质性要素相互作用、相互塑造，并用操作性语言对此进行描述。科学与文化相互作用，二者从不同角度共同刻画出了一幅关于科学的丰富图景”。❶

科学家在进行科学研究时，是将自然作为纯化了的自然、抽象化的自然和简单化的自然而加以研究、分析、实验、推广，实际上是超越于自然之上的研究。有的研究当其重返自然时很快能够被自然兼容，但有的研究在应用过程中产生了“排异反应”，给自然带来了极大危害；还有的研究本身目的不纯，给人类带来了极大的危害。这方面的例子很多，例如，各种生化武器的研发和生产，其中的细菌实验和活体解剖实验采取了极端的实验手段，甚至利用人体在超低温下进行抗菌实验，向人体内注射老鼠疫菌，为观察他们内脏感染的病理反应，就对实验者进行活体解剖。这类的研发都是反人类道德和科研伦理的。

拉图尔在《科学在行动》一书中讲了许多有关科学实验的例子，揭示了其真实动机和研究的真实情境。例如，巴斯德提出产生微生物的病菌总是被从外部引入。普谢拒绝接受巴斯德的试验，他经过实验证明即使是在比利牛斯山脉的“无菌”空气中，装有无菌干草溶液的玻璃细颈瓶也很快就挤满了微生物。从此有了“内在说”“外生说”两大阵营。后来有人提出质疑说是普谢的实验消毒不严格，普谢的赞助人停止了对其实验的赞助。❷

实验室是科学研究的不可缺少的一部分，“约瑟夫·劳斯（Roseph

---

❶ 郑玮．实践文化科学观［M］．济南：山东人民出版社，2011：132.

❷ 布鲁诺·拉图尔．科学在行动—怎样在社会中跟随科学家和工程师［M］．刘文旋，郑开，译．北京：东方出版社，2005：140.

Rouse）对科学实验的功能进行了总结，认为科学实验具有隔离、操纵和追踪微观世界三种作用。”❶ 吴彤教授又进一步阐释为：“隔离与突出、操纵和介入、追踪微观世界。”❷

纯粹的科学是一种科学建制，是一种科学概念和理论体系。而科学用作培养人的体系不能用纯粹的科学标准、量化标准作为衡量科学信度和价值的唯一标准。科学的发展需要人文的渗入，需要相互融合而形成一种良性的生态系统。科学的繁衍需要生态多样性以提高自身的免疫力和普照度，就如同人需要不断增强自身的免疫力以更好地适应环境，而不是仅仅依靠从外部控制污染源和病毒感染。科学的人文化、艺术的科学化不仅必要，而且可能，科学、人文与艺术的交融能够形成良性的科学生态，保证科学的发展更有生机活力，更有强大同化力和辐射力。

科学要尊重自然法则，不能过度干预自然规律，导致生态危机，为人类造成不可挽救的损失。例如转基因食物、基因修复、基因改造、人工智能等领域的研究，科学家从实验室研究成功并不意味着此项研究有益于人类，有些科研的效果需要很长时间才能得到实践验证，从这个意义上说，科学家在关注纯粹的科学研究之外还应承担应有的社会责任。但我们也不能因噎废食，而是要更加理性和慎重，需要更缜密的研究设计和整体规划。

温德尔·贝里、大卫·凯里、王荣江在《“如何认识科学”（八）：科学的滥用及其危害——大卫·凯里对温德尔·贝里的访谈》一文中谈到，“只有当我们认识到我们知识的有限性时，科学才能被明智地加以运用。科学在农业中的应用，必须以当地的各种自然条件为前提。科学的确是一种认识真理的好方法，但科学的运用具有地方性，其运用需要加以控制”。❸

---

❶ 约瑟夫·劳斯．知识与权力［M］．盛晓明，邱慧，孟强，译．北京：北京大学出版社，2004：106－107.

❷ 吴彤．科学实践哲学视野中的科学实践——兼评劳斯等人的科学实践观［J］．哲学研究，2006（6）：85－91.

❸ 温德尔·贝里，大卫·凯里，王荣江．“如何认识科学”（八）：科学的滥用及其危害——大卫·凯里对温德尔·贝里的访谈［J］．淮阴师范学院学报（哲学社会科学版），2015（4）：450－456.

科研评估不仅要考虑创新性指标，而且要考虑应用性和生态性指标。一些农业生产方面的科研成果具有较高的创新性，杀虫剂的利用可以减少农民的劳动，可以提高产量，但可能的代价是土壤的破坏；一些转基因物种可以大大增加粮食产量，但其可能对人类造成的危害必须予以考虑。还有各种生物化学添加剂的发明和应用都需要从人类的长远利益去评估。

从某种意义上说科技评估、专利鉴定部门与创新活动是融合在一起的，必须在人类共同利益的基础上制定新的标准，还需要考虑地方性特点，制定适切性标准。另外，对同类实用性技术，特别是有关生物制品的研发和专利认证可以适当加以控制，以免造成技术的泛滥和对自然生态系统的破坏。美国当代杰出的生态文学作家和生态思想家温德尔·贝里（Wendell Berry）在她的作品中提出要“忠诚大地，回归自然”，其中反映出作者强烈的生态意识和对科学滥用的担忧。

潜伟在“科学文化、科学精神与科学家精神”一文中指出，“科学文化是由科学共同体围绕科学活动所形成的一套价值体系、思维方式、制度约束、行为准则和社会规范，是科学技术的精神土壤，是科学技术与创新发展的思想基础和重要因素。科学格物，历史鉴世，文化润心。”❶ 中国科学要走在世界的前列必须树立科学文化观，关注科研伦理和科学人道主义，科学家要有人文情怀，要担当起科学应有的社会责任。科学家要做有良心的研究，有良好信誉度的研究，不断更新观念，采用先进的方法和仪器设备进行严谨的科学实验，同时又能够从人类学的视角对实验和整个研究过程进行反思和修正。反对数据造假，也反对主观臆测。相应地，对科研成果的评估也要采取更加开放和多元的视角。

2018 年 10 月，科技部、教育部、人力资源和社会保障部、中科院、中国工程院等五部门发出通知，针对各部门在职称评定和人才选拔过程中“唯论文、唯职称、唯学历、唯奖项”的倾向进行了专项治理，要求科研评价真正回归科学本身，而不是只关注外在的形式，这也是科学实践观的

---

❶ 潜伟．科学文化、科学精神与科学家精神［J］．科学学研究，2019，37（1）：1－2.

体现，是科学人道主义和一元论的回归。

徐善衍在“关于我国科学文化发展与构建的思考”一文中指出“米兰的达·芬奇科技博物馆是科技与艺术结合的典范，展出了大量新奇的发明创造，把人类的智慧引申得更为深远。”❶ 科学研究需要厚重的文化根基，需要整个民族文化素质的提高。只有从根基培育，科学才能沿着正确的轨迹运行并且造福于人类。

刘咏梅在“科技馆与科学文化——论科技馆在提高全民科学文化素质中发挥的重要作用”一文中指出，“科技馆是一种新型的科教事业，展示了科技进步、社会发展和人类文明的精华之处，其最大的特点就是展示、参与、教育、研发等功能的有效结合。”❷

日本、韩国等国家都非常重视环境中科学元素的渗透，从社区环境到公路环境；从公园到博物馆，他们都将科学和艺术很好地融为一体，相互渲染，相得益彰，同时给人一种潜移默化的影响，使得科学人道主义理念深深植入国民素养中。这对他们以后从事科学研究以及合理地、正当地利用科学会起到引领作用。另外他们还利用3D技术和交互技术，让公众参与科学发现的过程，让他们像科学家一样地思维和创造。这既是科学的启蒙，也是科学的众创模式，为科学走出“象牙塔”，走向大众搭建了新平台，创造了新机遇。

2006年3月20日中国政府发布了《全民科学素质行动计划纲要(2006—2010—2020年)》(国发〔2005〕44号)。该纲要指出，公民要提高科学素质，包括掌握科学技术知识、方法，树立科学思想，崇尚科学精神，并且能够运用科学解决实际问题，参与公共事务和决策，为提升国家自主创新能力和综合国力，提高生活质量，全面建设小康社会和实现现代化建设打下雄厚的人力资源基础。

---

❶ 徐善衍. 关于我国科学文化发展与构建的思考［J］. 科学教育与博物馆，2019，5（1）：1－3.

❷ 刘咏梅. 科技馆与科学文化——论科技馆在提高全民科学文化素质中发挥的重要作用［J］. 科技与创新，2019（1）：116－118.

二、科学的独立性与人类学关怀

对于科学研究一直存在着两种观点：一种是主张科学家要心无旁骛、专心致志从事科学研究，沉浸于科学的世界并且有所发现；另一种观点认为科学研究不能脱离社会，需要社会的理解和资助，科学家需要得到同行的认可和扶持才能在科学界立足，其中存在一些潜规则必须适应，这对科学家的研究能力、人格特征提出了全面的挑战。另外也对一个国家的科研制度、科学文化提出了要求。优秀科学家首先要具备良好的天资，其次能够专注于自己所从事的研究，并且具备良好的品质和独立的人格，不懈地探索真理、发现真理、坚持真理和传播真理；如果研究者从学术生涯的起步阶段就具备了这些优良品质并且有了一定的科研积累，那么就容易得到同行和专家的认可和支持，沿着自己选择的科研道路不断开拓创新。

但由于现代科研的社会性特征越来越明显，如何既保持科学的精神气质又能够得到社会更多的支持，使自己的潜能得到充分发挥，为科学和人类做出更大贡献？一般来说，研究者在进入科学研究的第一阶段都需要做长期的科研积累和不懈的探索，当自己有了一定的科研成果需要得到更多社会资助和支持时需要有良好的制度保障和条件保障，这时需要开阔眼界，跳出自己的研究圈子重新评估自己研究的意义。“闭门造车”往往会限制自己的视界，容易产生思维定势，不利于创新。

优秀学者或科学家在第一阶段的学术积累期间已经有了自己独特的知识吸收能力和独立的研究能力，这对一生的学术生涯发展都是至关重要的。学术研究需要长期积累，需要在前人研究的基础上实现突破，所以优秀研究者的学术积累是踏实深厚的，其学术研究也是严肃认真、讲究诚信和伦理的。有了第一阶段深厚的学术积累还要与时俱进，始终保持与世界科研前沿同步，在此基础上利用自己的优势才有可能实现突破性发现。当然要想使得自己的成果得到同行专家和更广泛的认可还需要考虑其他因素，对于年轻研究者来说能够得到导师或其他学术权威的扶持和推荐是至关重要的。如果在一定时间内自己的研究成果没有得到学术界的认可也不要灰心丧气，反思一下自己的研究创新性如何？与同类研究相比自己的创新点在哪里？所采用的研究方法是不是科学、适当？研究程序是不是合理？结论是不是有科学价值或应用价值？是不是还有更好的研究方案？当自己反思后继续深入探索，在此过程中会有更多的成长和进步。如果能够坚持不懈地探索，总会有成功之日，其他方面的支持也会随之而来。所以研究者没有必要执意去进行一些不必要的社交。

研究者在研究的过程中也实现着与科学共同体以及宇宙更广泛领域的交往，会有一种“同在”的感觉，感受到一种力量和使命感，这是从事科学研究的专注状态和真实存在。日常生活和工作中要独立自主，懂得顺其自然就好，做一个常人，用宁静和平常的心态去做研究会体验到研究本身的幸福，也会有更多成就。

研究者是人格健全的常人，科研中需要有独立的判断和独立的人格，需要有自律的品格和良好的道德意识，也能够通过科学研究不断提升自己的精神境界和人生境界，使自己充满自信地从事研究，同时能够为科学和社会做出应有的贡献，得到同行和社会的尊重。现在的科研往往需要合作完成一个重大的课题，例如基因测序、高能物理学的研究等都是由大型合作团体与诸多小的合作团体协同进行的，组成一个异质性团队，可以从多个不同视角探索同一主题，容易突破难关，降低个人探索的盲目性和风险。这就需要研究者既有独立的精神，又有合作的能力和健全的人格，宽广的心胸。既能够宁静地独立研究，需要时又能够加强合作，从而更好地实现自身的价值。

科研不是竞技场，也不是商场或战场，尽管需要为项目和经费付出一定的时间让公众更多地理解科学，但相对于研究本身来说这些活动都是次要的，研究者可以适当参与一些学术活动和科学启蒙活动，听听基层对科学的理解和需要，了解一下其他领域的研究动向，这对自身的研究也是有益的。但如果科学家为了争取政府和企业的更多赞助，花费太多的时间和精力到处游说也是不可取的，更不能因此而丢失了科学精神和自身的独立性。科学与政治和大众之间必须保持一定的距离，这样才能不断超越，才能通过专注和持之以恒的探索给科学和社会以引领，也才能通过科学造福人类。

我们讨论科学的人类学关怀，主要是从科研思维方式、科研选题、科研模式以及科学与人文的关系上实现范式的转换。布鲁诺·拉图尔（Latour B）在《巴斯德：一门科学、一种风格、一个世纪》中谈到，巴斯德发现细菌不仅与实验室生活有关，也与那个时代的科学文化和思维方式有关。英国科学家查尔斯·斯诺（C P Snow）在《两种文化》一书中主张不能用统一标准来判断科学和人文，二者有绝对的分界线。而事实上，科学和人文、艺术相互交织在一起，构成完整的世界图景，特别是在新媒体技术下，科学与艺术的交融更加自然、和谐、完美。近现代以来科学的分工使得世界被割裂成单色调的图景，而人文与艺术的强大功能和人类生存价值却被边缘化。

人们需要从思维和观念上将科学和人文结合起来，而不是彼此对立。古代医生实际上首先是心理学家，他们利用了各种心理效应使得患者对医生产生了信任感，而这种信任感激活了人体内的正能量，在一种强大的信念支撑下患者可以战胜疾病，恢复健康。而量子心理学、量子医学理论用越来越多的证据证明了医药与心理、医生与患者、人与环境之间的相互作用。

西方医学的理论体系和实验方法正受到世界医学界和大众的质疑，而中医的整体观、辩证观、博弈观、人本观得到了更多认同，如何更好地利用现代科学积极的因素，基于中医理念进行医学理论和实践创新是解决医学困境的重要举措。在新媒体和可视化技术下，利用模拟和可视化技术能够进行各种精密的医学实验和检验，减少成本和代价，同时又能够利用模拟技术将个体差异融入药物研制和标准制定过程中，进而取得更加人性化、精准化和适切的医疗效果。

科学的人道主义关怀不仅体现在医药研发和临床治疗过程中，也体现在人工智能、基因工程、材料科学、新能源开发等诸多领域。本书结合具体的案例有更加详细的分析。

三、大学科研的性质及其历史嬗变

1809 年，洪堡（Wilhelm Von Humboldt）在德国创立的柏林大学，强

调科研在大学中的重要性，大学中出现了以科研为导向的新范式，旨在加强科研与教学的融合，反对教条式灌输和死记硬背式教学，并且组建了许多“卓越中心”（Center of Excellent，COE）。法国和英国在 17～18 世纪，德国在 19 世纪，美国在 20 世纪相继成立了“卓越中心”。许多研究人员和学生被派往世界各地的卓越中心，他们在那里受到学术训练，并给祖国带回新的文化、学术风气和科学研究的精神气质。

研究意味着批判和怀疑，同时从事科学研究被看作是一种善行，学生和教师一起沉浸其中。研究不仅有利于培养学生独立的思想，而且有利于造就自力更生的精神。研究是对真理的热情和对公正、严谨、耐心、细致劳动的热爱。科学与正直、严谨等品质以及道德进步密切相关。在宗教和道德崇尚勤劳的时代，学术研究者的努力也被看成是一种善行。“勤奋的道德观使托马斯·C. 张伯伦把旧式学院‘对道德努力的热心’与自由探索和研究的新精神联系起来”❶。这种科学研究新范式不仅重视科研与教学和人才培养相结合，而且重视科研产出。这种价值取向从德国到美国和欧美其他国家，逐渐成为现代大学的主导范式。

19 世纪后期美国的学术型教师通常以发现真理而自豪，而不是一味地追逐和传播真理。他们重视确证性实事，崇尚具体的证据，并且愿意为此付出艰苦努力，反对错综复杂、模棱两可的观点，或者朝令夕改的观点。对真理的渴望和对研究的热情使许多学者发挥出巨大的潜力，也成就了一番伟业。1894 年约翰·M. 柯尔特满怀信心地宣称：“知识随着每代人而增加，而人类也由年轻走向成熟”❷。这也说明人类认识真理是永恒的过程。在这种满怀信心的学术氛围中，一些无休止的争执往往被认为是无知或不学无术的结果。如果每个人都能够静下心来从事严谨的科学研究，很多争执都会消逝。学术自由是指发现真理的自由，培养独立人格和独立思想，而不是无休止地争论或固执地各执己见，相互攻击。每个人都有言论自

---

❶ 劳伦斯·维赛. 美国现代大学的崛起［M］. 栾鸾，译. 北京：北京大学出版社，2011：147.

❷ 劳伦斯·维赛. 美国现代大学的崛起［M］. 栾鸾，译. 北京：北京大学出版社，2011：152.

由，但教师必须对自己的言论负责，必须基于实事和证据，而不是信口开河。他们相信真理的客观性，同时主张尽可能地建立在科学研究和可靠证据的基础上，并且要摆脱主观的偏见。他们不是空谈学术理想，而是践行它。学术自由还意味着对学术研究有相应的制度保障和制度规范。

“我们生活在双重世界，我们诠释的世界和真实的世界。一个是普通的暂时的世界，另一个是终极的绝对的世界。我们不断地从我们所诠释的多少有点虚妄的世界走向逐渐被完全揭示的现实世界。”❶

19 世纪大约有 8 000 名学生从美国被派往德国大学。约翰·霍普金斯大学、克拉克大学、哈佛大学、耶鲁大学和普林斯顿大学等一些研究生院在十九世纪下半叶建立起来，引入了德国大学的科研取向。各大学争相效仿德国大学的学术模式，对那些科研突出的科学家、学者和研究人员给予了高度重视。哈佛大学、耶鲁大学和普林斯顿大学等优秀大学开始通过招聘拥有博士学位的研究人员，从文科教育学院转变为重视科研和职业教育的大学。

包括日本在内的其他一些国家也将自己的学生送到世界各地，特别是德国的学习中心，将科研导向模式引入本土。美国大学和学术界都迅速做出反应，以赶上德国大学的学术产出水平，并参与了一系列学术改革。当学术产出在数量和质量方面成效显著，往往与“学习中心”（COL）或“卓越中心”（COE）的概念联系起来。大学吸引了许多具有高生产力的知名学者，形成了学习中心。其他杰出的研究人员和教师一旦获得认可，往往会尽可能地转移到这些中心。

巴黎大学和博洛尼亚大学是中世纪早期具有“卓越中心”特征的大学。当时的评价指标和方法无法评估大学的学术产出，但从教师和学生向“卓越中心”机构的流动性可以间接反映出大学的声誉。在“卓越中心”，德国最初建立了现代大学制度，强调科学建制化，重视学术研究和学术生产而不是以单纯的知识阐释和传播为特征的旧式教学。从那里我们可以观察到研究范式的萌芽以及研究市场机制的出现。

---

❶ 劳伦斯·维赛. 美国现代大学的崛起［M］. 栾鸾，译. 北京：北京大学出版社，2011：154.

哈佛大学校长查尔斯·艾略特（Charles W. Elliot）通过设立大学选修课程，加速了大学从知识吸收向学术研究范式的转换速度。学生在学习知识的同时注重研究方法和科学思维的训练，重视教学产出。耶鲁大学等也争相效仿哈佛大学的做法。那时许多人都开始批评旧式课程知识面太狭窄。一些在德国大学受过专业训练的教师在本地大学里引入自由教育和通识教育理念，教学方法更加灵活自由，强调调查研究和实证方法，教学必须建立在研究的基础上。在美国大学里出现三种教学方式：实验室、讲座和研讨会。实验室和研讨会成为指导未来科学家和学者的主要场所。前者主要用于化学、物理和生物学的教学；后者主要用于历史、经济学和语言学的教学。通过有充分准备的研讨会，同学和教师之间互相启发，交流有价值的资料，重视思维训练，在通往学术精英的道路上奠定了坚实的学术基础。这是美国高等教育史上一个划时代的改革范式，即从单纯的知识学习向学习与研究相结合的转换。

约翰·霍普金斯大学和其他学术产出高的大学开始招收博士研究生，形成一个学术生产的梯队，这也是科学建制的一个重要标志。大学各专业有自己学术传承的生产机制和人才梯队，有标志性的研究成果和著述，有学术晋升的阶梯，有共同的学术评价标准。大学开始引进异质师资，而不光是从自己的毕业生中选拔教师。据统计，耶鲁大学从 1801 年到 1877 年只任命了一位非耶鲁大学的教授。而从 1877 年到 1900 年，耶鲁大学制定了开放式人才政策，开始招募其他大学的优秀人才，但还没有彻底改革已有师资构成。自 1900 年以来，超过一半的教授任命和超过三分之一的助教是从耶鲁大学以外的大学招聘的。这种变化标志着从中世纪继续下来的大学经营范式的转型。大学变得更加开放，更加重视科学研究，教师专业化以及学术产出越来越得以强调。

研究导向使得美国高等教育性质发生了根本变化，一是大学的责任意识增强，知识越来越专业化，大学成立了专业系部，在专业分工的同时也为教师提供正当权益和保障。各系部通过科学研究证明科学的价值和专业的合理性。对科学的一知半解被认为是分散精力；二是智力的解放，大学崇尚一种自由探索的精神和创造的文化氛围。但过度的专业化也受到批评，例如知识面狭窄、研究表现出对细节的偏爱而缺乏深度等。

哈佛大学引入了德国研究性大学的范式，成为美国大学推动研究范式的先驱。从那时起，进行学术探索和制度改革的努力已经持续了很多年。1953年艺术与科学学院448名成员中有将近一半拥有哈佛大学博士学位。研究型大学提高大学竞争力的最重要策略是招募具有较高学术产出的研究人员。哈佛大学将其近亲繁殖率控制在较低水平，尽管它拥有美国最优秀、最聪明的毕业生，但他们还是反对“近亲繁衍”。他们认为，异质性是促进学术创新和激发组织活力的重要特征。在1953年至1957年之间的68次高级职称任命中，超过一半的教师来自其他大学。在所有学术人员中，近亲繁殖率控制在5% （Keller and Keller，2001）。哈佛大学既是“教学中心”又是“科研中心”。教师都有科研任务，高年级学生也有科研任务，图书馆和博物馆是教学和科研的资源保障。

东京大学在日本的大学机构中的声望相当于哈佛大学在美国大学中的地位。东京大学1965年的近亲繁殖率高达90%，2005年为80% （Shinbori，1965；Arimoto，1981；Yamanoi，2007）。这一事实表明，日本大学没有制定出明确的控制近亲繁殖的制度措施。日本的大学也重视学术的裙带关系，这样可以减少内部矛盾冲突和不必要的争执，有利于研究的深化和知识的传承，但也因缺少异质性而影响创新。

1876年，美国的约翰·霍普金斯大学成立，1893年其医学院成立了研究生院，作为科学研究和专业教育的基地。基地负责对大学的专业设置、知识选择标准以及重大的科学选题进行前期论证和系统深入研究，并形成自己的研究传统和传承梯队。其他有影响力的大学包括克拉克、哈佛、耶鲁、普林斯顿也开始建立起研究生教育体系。博士学位成为进入学术生涯的“绿卡”。1891年，芝加哥大学引入学术等级制度，以便更有效地招募和推广学者。学术等级由三个等级（初级、中级、高级）组成，然后细分为十一种类别：首席教授、教授、副教授、助理教授、讲师、合作者、助理、讲解员、讲演者、高年级讲师、客座研究员。

科学建制下大学教师的学术生涯被制度化、等级化。规范的学术等级制度有利于保证教师的学术水准，也加速了对教师学术评估制度的建立。

另外，大学还建立了学会、学术休假制度及大学出版机构。学会的成立有利于学术交流和学术规范的制定；学术休假制度规定大学教师一般每隔7年休假一次，教师离开教学岗位一年左右要出版著作和发表论文。约翰·霍普金斯大学于1878年成立了大学出版社，之后芝加哥、加利福尼亚、普林斯顿、耶鲁和哈佛大学也相继成立了大学出版机构以出版博士学位论文，这进一步强化了大学的研究导向。

日本从明治维新至今的一个多世纪里，政府和学术界一直对不同学科的国际“卓越中心”进行动态评估，以赶上其他先进国家的科学水平。随着东京大学的成立，学者们试图引入先进国家最先进的学科和院系制度。这证明了他们对当时世界学习中心有相当准确的洞察力。例如，他们早在1870年就选择了来自发达国家的以下学科：来自英国的机械、商业、地质、建筑和造船；来自法国的法律、国际法、生物学、人口普查、天文学、物理学、化学和建筑学；来自美国的邮政系统、工业艺术、农业、商业和矿物学。在明治初期，政府和学者决定从西方引进先进科学知识，从发达国家邀请知名研究人员和教师，并选拔本校优秀学生到发达国家的大学学习。东京大学虽然邀请了来自发达国家的研究人员和教师，但这并没有改变其近亲繁殖的状况，加上对声望和排名的追逐，加剧了大学中的近亲繁殖率。

当时尽管日本努力学习发达国家的先进经验和“学习中心”的科学标准，但与发达国家相比，日本大学生的科学水平差异很大。1876年被邀请到东京大学的Erwinvon Bälz在日记中写道：日本学生倾向于从科学树上获得成熟的果实，而不善于从根源上进行探索（Bälz，1979）。日本学生习惯于背诵教师讲的内容而缺乏批判精神。这种方法与哈佛大学19世纪的方法相似。直到哈佛大学引进选修课，这种背诵的方法才有所改进。东京大学试图进行教学和学习方法的创新改革，但都没有成功。

德国大学倡导的研究导向初衷是希望学生能够通过研究方法和思维训练培养严谨性、批判精神和探索精神，这也有利于教学的深化和新式人才的培养。但各国在强调研究导向的过程中，却走向了极端——片面追求学术生产力而忽视了教学。这与大学排行和学术市场化范式有关。大学排行强化了研究导向和学术产出，加速了人才流动和科研资源的竞争，提高了科研产出，但也带来了诸多负面影响，例如对教学的漠不关心以及对论文发表和科研经费的追逐。

自20世纪50年代以来，来自政府和其他组织的研究经费不断增加。美国在1975—1994年，有组织的研究经费投入增加了5倍。此外，还应该包括大学与其他组织开展合作研究的经费以及大学教师自己获得的研究经费。1980—1984年，美国大约成立了200家生物技术公司，许多公司都是风险投资家和大学科学家联合的产物，他们相互合作，开展产品研发和基础研究。联邦政府通过修订专利法鼓励合作研究，保障大学对于利用联邦研究经费发明的成果享有专利权。❶ 大学与企业的合作增多，大学为企业研发培养专业人才或者为企业定制研发项目。20世纪80年代，工业对大学基础研究投入不断增加。基础研究和应用研究的结合更加密切。例如，在生物技术、基因工程、人工智能、材料科学等领域的基础研究向商品化转换时间缩短。大学、投资商、工业联合成立了一些初创公司，成为大学教学实验和实训基地，在那里研发出一代代新产品，引领科技发展潮流。美国研究型大学通过初创公司孵化专门技术，形成了创新集群，推动了经济增长。进入21世纪，在大数据技术和共享平台支持下，大学与企业的合作更加便利，设计、研发、生产和商业一体化，提高了效率，降低了风险。

大学对科研绩效的强调以及与工业合作的加强，使得大学的文理科投资和发展失衡。传统人文学科的优势逐渐消失，那些世代传承下来的经典著作和知识体系的传承受到冷漠。许多人文学科也开设一些与市场需求对接的交叉学科，如电子文秘、艺术与设计、家政服务、文化传播等专业。在研究方法方面，人文学科倾向于阐释、叙事、质性研究等方法。其价值判断也不像自然科学那样通过文献计量、引文分析或者其他量化的方式评判；在科研产出和经费资助方面，人文学科与自然科学相比差距甚远，但人文学科的科学价值和社会价值往往是长远持久的。

---

❶ 亚瑟·科恩．美国高等教育通史［M］．李子江，译．北京：北京大学出版社，2010：368－370.

从知识生态及其功能看，人文学科与自然科学、技术科学应该保持合理的比例，并且相互渗透。大学课程除专业基础课程和专业课程外，还包括通识课程，而通识课程往往具有概括性和交叉性，例如幸福课、公正课、伦理课、哲学课、写作课、书法课、名著导读课等，研究性大学还会开设一些诸如科技史、科技哲学、科技伦理、科研方法等通识课程。大学不仅是知识生产与再生产的场所，也是与人类文化相互作用、反思成长的地方。知识社会会将知识看成是一种社会建构，知识与文化价值体系有关，知识价值具有相对性。知识作为一种文化世代传承并凝固到人类的认知结构和思维方式中，实现了知识的人类化或人文化。知识是将个体、人类、世界联系起来的桥梁，知识与人类的反思体悟相互交织在一起，而不能将知识仅仅看成是一种异己的技术工具。知识是人类的一种生存方式和生存智慧，其本身既包括精神价值，也包括实践价值。所以我们在传授知识时要将其作为一种文化来交流和应用，而不能将其仅仅作为纯粹的符号、公式或技能加以传授。现代大学功能的社会化、功利化以及全球性的大学排行使得各种知识之间的竞争出现不平等和结构性失衡。

现代社会，科学知识越来越受到重视，大学又成了知识生产的中心，科学的社会责任意识增强。地方性知识、民间知识、社会知识则退居幕后。默顿（Robert K Merton）从知识社会学和科学社会学角度论述了科学精神气质、科学共同体及其关系。指出科学精神由客观性和创造性两个指标构成。科学共同体社会结构的规范标准包括四种成分：普遍性、公有性、无私利性和有条理的批评和怀疑。他认为科学共同体有自己的组织结构，讨论了科学交流、评价、奖励与示范等问题，并且提出了科学共同体的分层和“马太效应”。认为科学作为一种社会建制在影响社会的同时，也受社会的影响。科学家通过自己的研究得到社会和政府的资助，同时又要负担起科学应有的社会责任。

随着信息化社会的到来以及高等教育的普及，知识生产、共享变得更加开放，知识评判标准也更加透明和多元化。每个公民在使用新技术的同时也不断获取技术公民身份，参与到知识创新、传播和共享的队伍中来，争取平等的话语权。这对大学科研活动及科研评价、资助体系都会带来深远影响。

通过大学排行以及科研评估指标体系的变迁叙述，可以进一步阐明大学科研评价的实质、意义和局限性。

四、大学科研范式转换及其对科研评价的影响

西方文艺复兴时期，大学成了“新学”的知识生产中心。启蒙时期大学在知识生产的中心地位有所下降，因为一些自由职业者、作家、贵族、牧师、科学家、哲学家都生存于大学之外，他们从事着人类文化和科学知识的生产，并且成了主力军。例如笛卡儿、培根、霍布斯和洛克等都处于大学体系之外。知识是公开的、可以由公众参与并评判其价值。正如兰德尔·科林斯（Collins，1998）所说“德国学术革命实际上是把所有著名的哲学家都当作教授。”[1] 启蒙运动是由一群专业的知识精英推动的学术化运动。英国的牛津和剑桥大学实行由精英组成的导师制度，反工业化的价值观使得大学成为培养牧师和绅士的地方而不是培养学者和技术人员的机构，大学排斥实验性自然科学。

在19世纪第一次学术革命中，德国柏林大学强调研究在大学中的中心地位，科研与教学的结合更加密切，大学教师不仅仅是传播真理，更重要的是发现真理，并且要教学生学会发现真理的方法。教学要建立在科学证据之上，养成求真务实之风。

自20世纪90年代以来，大学科研发生了深刻的变化。最重要的转变涉及资助模式，大学研究越来越多地接受地方政府和企业的资助。一些企业为了在全球市场保持竞争力，越来越多地从大学寻求新知识和基于科学的产品研发和流程改造。大学也需要加强产学研合作，更好地实现科研的价值，同时也改变人才培养模式，提高其就业和创新能力。再者大学也希望通过与企业合作获得经济价值。根据“三螺旋”模型，大学、政府和工业之间日益密切的关系带来了“第二次学术革命”。

---

[1] 杰勒德·德兰迪. 知识社会中的大学［M］. 黄建如，译. 北京：北京大学出版社，2010：38.

第二次学术革命，加强了科研与生产的联系，大学基于科研建立了诸多的初创公司和子公司，也成了大学的实验基地及产学研结合纽带，大学的创新功能日益彰显，成为国家经济增长的重要驱动力和贡献者。西方学者将这种由学术驱动的创新型经济发展模式定义为“学术资本主义”。大学教师利用自己的学术资本进行技术研究，出售专利或者建立各种高科技公司、咨询公司等，很多人成了学术资本家，大学也增加了许多外部收入，包括一些企业家和慈善机构的捐赠等。学术资本主义促进了大学研究中的市场导向和竞争。

不断增长的市场导向产生了一种全新的研究文化，取代了传统的学术价值观和规范，如默顿（Merton，1968）提出的科学的判断标准和科学的精神气质。一种新的后学术文化正在取代传统的学术研究模式。传统的以基于研究为导向，以学科为基础的学术研究（模式 1）正在让位于外部资助的，以问题为导向的跨学科研究项目（模式 2）。

迈克尔·吉本斯（Michael Gibbons）在《知识生产的新模式：当代社会科学与研究的动力学》一书中提出知识模式 2。“模式 1 是指一种知识生产的形式——一种理念、方法、价值以及规范的综合体；而模式 2 中，知识生产则是在一种应用情境中进行的。模式 1 的知识生产是基于学科的，而模式 2 则是跨学科的；模式 1 强调同质性，而模式 2 强调异质性特征；模式 2 的知识生产担当更多的社会责任且更加具有反思性”。[1] 这种变化意味着科学界的基本规范和价值观会颠倒过来。例如，知识产权取代了结果的公有主义，研究中的普遍主义转化为基于当地情境的问题解决模式和地方性知识，无私利性转化为商业、政治和社会利益的融合，学科划界正在让位于多学科语境，个体科研模式被创业团队所取代。学科之间、基础研究与应用研究之间、大学和企业之间的边界越来越模糊。所谓的卓越主要是看个体对于自己所归属团体的稳固的贡献。

20 世纪 20 年代起源于法国知识分子的“年鉴学派”，是人文学科领域

---

[1] 迈克尔·吉本斯，等．知识生产的新模式：当代社会科学与研究的动力学［M］．陈洪捷，等，译．北京：北京大学出版社，2011：3－16.

知识流动和文化生成的成功范例。他们一方面体现了知识生产模式 1 的特征，将严格的科学及方法渗透到人文研究中，鼓励历史研究渗透自然科学和社会科学的方法，而非纯粹的文学—人文的历史研究。正如当今的新媒体技术和数字技术有效渗透到历史文化研究中一样，人文与科学之间实现了新的融合。年鉴学派又具有模式 2 知识生产的典型特征，历史研究具有明显的跨学科性，不仅包括经济学、政治学、社会学等社会科学，还包括人类学的“田野”方法和心理学的反省方法。年鉴学派还采用叙事和讲故事的方式再现历史的真实语境，这对目前的大学科研评价也具有很高的参考价值。

在知识生产模式 2 的影响下，许多大学都走出了“象牙塔”，参与了生动的创新实践和伟大的强国富民工程中去。大学中的一些学科，如工商管理、法律以及机械制造、材料科学、生物工程、信息工程、电气工程、建筑工程与设计等工科很容易与市场接轨，大学教师可以利用自己的研究优势进行技术研发，申请专利，参与技术市场竞争并且为企业进行咨询和培训，或者自己创办公司等。但另外一些学科例如数学、语言与文学、人类学、教育学、艺术学等学科则不容易与市场接轨，有的专业通过与新媒体和数字技术的联姻，传统的人文社会科学也找到了广阔的社会应用前景。

人文学科的过度市场化会导致自身内在精神的消解。大学知识生产方式可以保持多样性，有一些高雅艺术和通识教育需要与社会保持一定的距离，从而更好地满足人们的精神需要和对社会的引领作用。此类学科的研究主要是一些基础性的研究，或者结合教学进行一些学科知识、方法的探索，或者结合新媒体技术和数字技术加强文化的传播；而一些工科则需要将学术研究与应用相结合，实现知识转化。

大学科研评价必须适应新的科研理念和形式的变化，通过评价观念、标准、指标、方式和方法转型更好地促进科研创新和范式转换。下面将对大学科研评价的范式转换进行系统论述。

五、科研评价的文化维度

科研是个体行为，也是群体行为和组织行为，其中组织文化氛围以及时代范式对个体创新起关键作用。为此，科研评价首先必须关注文化语境。

国内外研究者对组织文化的评估进行了大量的探索和应用。Maleti M，等在“可持续创新导向对组织绩效影响”❶ 一文中研究了企业产品创新、生产过程创新和商业服务创新不同环节中加入可持续性指标对组织绩效的影响。作者从四个方面开发了衡量组织绩效的量表：经济绩效、质量绩效、创新绩效、环境绩效和社会绩效。各变量之间保持各自良好的区分度。由此产生的四项目标量表记录了组织实现业务目标的达成度。记录组织在过去 3 年中提高产品和服务质量的程度、满足客户满意度的情况；产品和流程创新方面的创新绩效以及环境绩效、组织在物质和能源消耗方面的效率。结果发现，可持续发展型创新实践与组织绩效之间存在高度正关系。这个项目对大学科研文化评估具有极高的参考价值。大学科研要有长远规划，要与组织目标、组织文化建设和可持续发展相结合，反对短期行为和功利性目标，要从长计议，将组织文化基础打好打牢，一旦形成了良好的科研氛围，无论对个体还是组织的科研绩效都将起到促进作用。

West R E 研究了创新社区中的个人、团体和组织特征，发现“良好的组织文化能够激发更大的创新潜力”❷。根据此项研究我们可以推断：组织内部的自由和自治会促进个体的内在动机，从而促进创新，促进自主性和自我导向活动，可以大大提高组织士气、动机和成就；相反，过度的组织控制会使得员工感到压抑，阻碍创新行为发生的频率；配合适当的科学评估和及时的反馈对个体创新和质量改进具有激励和规范作用，但必须给出反馈又不能过度控制。良好的反馈和适切性的指导有利于创新，但评估的目的不是为了管理的需要和过度的命令。

---

❶ Maleti M，Maleti D，Dahlgaard J J，et al. Effect of sustainability – oriented innovation practices on the overall organisational performance：an empirical examination [J]. Total Quality Management & Business Excellence，2016，27 (9 – 10)：1171 – 1190.

❷ West R E. Communities of innovation：Individual，group，and organizational characteristics leading to greater potential for innovation [J]. TechTrends，2014，58 (5)：53 – 61.

有效团队具有一些明显特征，例如组织成员有共同的科研愿景、较高的科学素养、谦虚自律的品格、平等参与、有效沟通、设计思维、决策思维、建立在长期思考基础上的即时表达与创作发表机会、领导的无私、员工的专业自主；组织规模、组织结构、组织成员的异质性，特别是学科生态的多样性和思维风格的多元性有助于组织创新。

有效组织能够建立一种开放式的互动机制，在讨论前成员都认真准备相关资料，阅读大量文献，讨论时基于证据提出批评性评价和建议，之后要采取自己的立场，从自己的视角对主题进行深化研究和总结提炼，直到能够发表或者在此基础上申请课题资助。

创新学术社区的一个重要特征是成员能够以富有成效的方式给予和接受批评，能够从失败中吸取教训，从而使其实际行为更富有成效。这种能力在很大程度上归功于组织层面支持探索和允许失败的尝试。当一个组织创建一种文化，其中失败不再对团队造成破坏，那么团队成员有更大的机会发表评论，形成自我反思和评估的习惯，掌握团队学习策略。

例如在学术社区中，每周可以组织一次专题研讨，大家汇报自己研究进展的情况和感兴趣的主题。社区中的教师、学生、领导者和其他利益相关者都可以分享讨论过程和创意，也可以参与发言，提出自己的建议和批评。批评他人作品不仅有助于被评估者，也有助于评估者。最后大家就某一主题的学术评估标准、评估方法和研究进展情况进行总结，形成调研报告，成为学术社区共同的研究成果，并在一系列研讨成果基础上申请重要的相关课题，或形成政策建议提交相关决策部门，或完成论文、著作进行发表和传播。

当一个群体的共同愿景清晰易懂，则会更有成效，实现的概率也大大提高。员工对愿景的理解和期望值以及对实现可能性的评估和自信心是影响员工创造性行为的重要因素。企业界和教育界的大量实践都证明了共同愿景对于富有成效的团队氛围的重要性。灵活的组织结构也可以促进社区的创新。官僚等级式组织模式严重阻碍了应对激烈竞争所需要的各种综合能力的发展。灵活的组织形式有利于培养员工对复杂环境的适应和应对能力。例如“扁平化”“网络化”“社区化”自主组建的学术社区、工作坊、科学探索队等能够更好地激活潜能，促进创新。许多创新设计公司鼓励员工终身学习，即使是与他们的工作没有直接关系的领域，也可以开展项目，让他们有目的感和价值感，让他们感受到正在实现更大的利益。社区意识和心理安全对促进个体创新具有重要意义，尤其是具有创新特征和结构性差异的社区，成员之间有强烈的社区意识和心理安全感。社区重视个体的价值和自主评估的氛围，社区成员之间的相互理解和共通感对社区文化建设也很重要。

有关如何促进协作创新的研究方法包括定量、定性、对话分析和社交网络分析，从学术社区创新文化的研究和评估中我们可以进一步完善有关科研评估文化的指标体系。

科研评估的方向维度的第二个方面是对领导力的评估。Waite A M 在“领导力对创新和可持续性的影响”一文中围绕领导角色、导向、实践、影响力、领导能力建设和（全球）领导力发展等主题展开研究，包括全球思维和对他人的关注并提出了服务型领导模式。❶ 有关领导行为和风格对组织创新影响的研究也为科研评估文化建设提供了一个新指标。

发展型领导力被认为是变革和创新的标志。

一是发展型领导能为人们提供成长、发展和有效变革所需的知识、技能和机会，也是创新模式的开拓者。在个体、团队和组织发展的不同阶段能够采取不同的适切领导模式，创造更多的机会和更有利于创新的环境。创新型领导在关注激发员工潜能，提高组织绩效的同时，更加关注创新的专业性，重视风险评估和代价最小化。

许多风险使全世界的公司甚至国家陷入瘫痪。其中一个例子就是美国金融危机，这最终在很大程度上导致了 2008 年开始的席卷全球的经济衰退。次贷危机和信贷危机的加剧导致了灾难性事件迅速在全球扩展。另一个例子是 2011 年初在日本和新西兰经历的地震和海啸。根据对专业人士的在线调查，这些自然灾害影响了 20% 的相关组织，它们的总部设在 18 个

---

❶ Waite A M. Leadership's influence on innovation and sustainability［J］. European Journal of Training and Development, 2014, 38（1/2）: 15－39.

不同的国家及分属12个不同的行业部门，而且灾难性事件引发的骚乱，如人为的金融泡沫和自然灾害，将持续给人类带来创伤。以创新为主要驱动力的经济增长指标是20世纪后期各国的重点战略。现在从决策层和研究者等各创新主体都重新思考他们的创新战略，以应对各种复杂和不确定性的挑战。领导者考虑创新需要兼顾经济、社会和环境指标。许多企业高管赞同将可持续性纳入组织发展目标中，但由于害怕损失利润目标，他们在实践中往往采取比较折中的做法。

二是道德型领导，他们的行为以环境友好型为导向，对可持续性发展的关注，并将社会福利和环境友好视为领导的责任，以此制定战略目标、战略决策和指导道德行为。

三是服务型领导，他们善于授权和关注人的发展，谦虚、诚实、悦纳并且能给员工提供指导和有效管理。他们能够为组织发展承担责任，具有长远眼光，能够与自然和谐相处以及充分发展组织内个人的能力。

四是全球领导能力，具有全球视野和共进性思维方式并吸引广泛的利益相关者，重视全球理解和共同行动。将全球性对话扩展到企业的社会责任、可持续发展和道德规范，并考虑与人力资源开发、战略性人力资源开发和社会人力资源开发相关的多种背景下的领导力和领导力发展。

21世纪，各国更加重视创新与可持续发展，因此在全球创新指数以及各种科研评估中不再仅仅关注创新的数量和绩效，而且关注创新的质量，特别是创新的社会性指标和环境的可持续发展指标。20世纪后半叶在创新促进发展范式影响下，各种创新工业区蓬勃发展，同时也导致了对物质、能源、食物和水资源的更多消耗和破坏。经济全球化改变了商业格局和模式，提供了更多的信息、金融资本和人员流动性。随之而来的也是更多的新机遇带来的新风险、新挑战。这一切都要求我们在科研评估过程关注创新过程，关注领导力，关注文化、伦理和风险评估，标本兼治，进而收到评估促进发展的积极效果。

杨竺松、胡明远、胡鞍钢在“中美文化软实力评估与预测（2003—2035）”一文中指出，“展望21世纪中叶，中国文化软实力对美国的追赶应继续保持战略定力，持续增强经济实力，继续推动中华文化现代化，加快建立与互联网时代相适应的对外传播体系，建立更加务实全面的全球战略体系，进一步夺取全球知识制高点，扎实推进新时代中国特色社会主义民主政治建设与和谐社会建设，多方面推动中国文化软实力追赶美国。”❶实际上各国在分析创新影响因素中无不强调文化因素的强大功能。同样，我们在进行科研评估时，在关注科学技术创新的同时，也要关注文化、语言、传播、创意产品等方面的指标，进而更好地树立“道路自信、理论自信、制度自信、文化自信”。孙建国、李晓轩、王敬泽在“科研机构创新文化建设评价方法研究与思考”一文中提出“创新文化建设三维评价模型，从物质、制度、精神三个层面建立了创新文化评估指标体系”❷。

科研需要良好的基础设施配合，诸如信息通信设施、智慧环境、实验设备和仪器、图书资料和各种开放存取资源获取的便利性程度、办公条件、学术交流场所等；科研也需要良好的制度环境保障，例如教学与科研结合激励机制、产学研结合激励机制、知识咨询服务体系、学术休假制度、职称制度以及人才制度、实验基地以及科技园区建设与互动制度；制度的公正性、合理性、科学性等；行为与精神层面，主要包组织核心价值观、领导者的行为取向（以人为本还是以任务、绩效为中心；以教学为中心还是以科研为中心，抑或是强调二者的结合）、群体自信心、信任度、合作意识、行为分析等。通过对创新文化的评估可以更好地分析个体和组织的创新行为和创新成果、创新绩效，为科研评价提供了完整的社会语境和人道主义关怀。

六、大学科研生活叙事研究

（一）生物人类学界女性学者学术生命史研究

Turner T R，等在“生物人类学中女性学者的参与、代表和经验分享”

---

❶ 杨竺松，胡明远，胡鞍钢．中美文化软实力评估与预测（2003—2035）［J］．清华大学学报（哲学社会科学版），2019，34（03）：155－167＋197.

❷ 孙建国，李晓轩，王敬泽．科研机构创新文化建设评价方法研究与思考［J］．科学学研究，2006（2）：172－177.

一文中通过14名女性生物人类学家的生活史叙事来研究女性职业道路的多样性，这些人类学家包括从研究生到教授各个层次。1996年和1998年的美国体质人类学家协会（AAPA）调查显示，学术地位存在显著的性别差异。2014年的一项后续调查显示，性别平等有所改善，特别是在终身职位中妇女人数有所增加。然而，虽然当时妇女占AAPA会员的70%，但女性全职教授的比例仍然很低。❶

有关女性生物人类学者的生命史研究发现，多数女性在整个职业生涯发展过程中都面临着诸多的“权衡”，并且没有固定的成长模式可以效仿，在学术的道路上都充满了艰辛，但同时她们又具有极强的自我调整能力和适应能力，具有柔韧性和灵活性。她们普遍认为导师在其职业生涯中起关键作用，一是导师的榜样作用；二是导师在学术领域的积累和指导，推荐的阅读书目和一些研究方法、技巧以及相关领域的前沿探索主题、难题、可能的突破点等；三是导师的支持作用，例如，在论文发表、项目申请中导师的建议和推荐有时也很重要。但导师不给予职业生涯指导，也不是教练或经费提供者。好的导师、优秀的导师团队能够帮助个人适应复杂的政治环境，预测和应对不同层面的挑战，诸如项目团队、部门关系、大学和学会等各种层面的关系，识别并充分利用机会，使自身能够在更大的学术圈内建立广泛的联系。有证据表明，男性和女性对导师风格的反应不同，一对一辅导模式对STEM女性可能更有效。

1. Christina Torres - Rouff，加州大学默塞德分校副教授

Christina回忆了自己从青年到生物考古学终身职位的专业发展历程：生物考古学是我儿时最好的朋友一直称其为“骨学”的领域。我的学术道路一路欢歌并且充满感情，我的父母一位是艺术史教授、一位是艺术家，这使我从小就有了追求高学位和高成就的需要；然而，我是拉丁裔和移民的孩子，我父母和祖父母带着我们举家来到这里，他们那些坚持不懈的、

---

❶ Turner T R, Bernstein R M, Taylor A B, et al. Participation, representation, and shared experiences of women scholars in biological anthropology [J]. American Journal of Physical Anthropology, 2018, 165 (7): 126 - 157.

努力获得成就的励志故事以及对新兴职业和发展空间的向往对我的成长影响很大。

我父亲由于工作的需要在我八岁时来到智利，这段经历对我的职业生涯影响最大。在那里，在一个小型考古博物馆的研究实验室内，我遇到了当时该国极少数女性生物人类学家之一的玛丽亚·安东尼塔·科斯塔。她是四个男孩的母亲，我对她能够说出骷髅人的生活的能力深感着迷。我放弃了童年的天文学和医学思想，这样既可以成为一名侦探，也是一名科学家。所以我从这个年龄开始确定我会成为一名生物人类学家。后来我进入了加州大学读书，最终我在职业生涯中期又回到加州大学工作。我在本科阶段就直接关注人类学，并且选修了进化生物学、解剖学和艺术史。我最终成为 Phillip Walker 的研究生。Phillip Walker 是生物考古学的先驱，并且建立了生物考古实验室，其中有许多聪明、坚强的女性，她们至今仍是我的好姐妹。在这个支持性的环境中，我申请了科研经费以完成论文，并最终完成了毕业论文。

在获得学位后，我成为一所充满快乐的教学型学院的助理教授。我在 18 岁的时候认识了我的丈夫，几年之后他拿到了历史博士学位。这种和谐意味着我的专业和个人生活完全交织在一起。但那所教学型学院不是我理想的科研场所。两年后我和先生一起又回到了加利福尼亚州立大学。后来我成了母亲，我与婴儿一起成长，与幼儿一起进行田野工作，并且与其他女同事不同程度地共处。生活中各种挑战改变了我工作方式的本质，并使得我找到了新的平衡，在从事生物人类学领域研究的过程中，我更好地适应了多样化环境。我对女性和有色人种角色的正面体验比较多，大家更加亲密无间、相互帮助，并且不断吸收新的年轻女性加入到我们的项目中，希望建立一种帮助大家更好成长的网络社区。有时“有色女人”身份也剥夺了我的一些话语权，但坚实的学术训练使得我能够专注于自己的研究并且达到卓越目标。生物人类学是一个古老而又成熟，同时也是一个充满活力的学科，众多学者的研究贡献使其变得更加厚重。“回归生物人类学本身”是重要的研究范式，在生物人类学领域更重视学科生态，遵循自然法则，减少过多的人为性。

2. Traci Bekelman，丹佛科罗拉多大学博士后科学家

就人类学家而言，我有点大器晚成。作为一名运动生理学专业的本科生，我发现了我对人类生物学和进化理论的热情。作为和平队的志愿者，我开始思考文化与人类行为之间的联系。我的内心对弱势群体充满了同情。在获得公共卫生硕士学位的同时，我研究了环境如何影响人类健康。在进行全球健康研究的同时，我发现了我对科学研究的热情。我在30岁时参加了第一个生物人类学课程，而在我的生物人类学MA/PhD联合课程的第一年，在国立卫生研究院的支持下，我成了科罗拉多大学儿科系的博士后研究员。我的职业道路迂回曲折，而且有时无方向，但事后我发现自己始终是一名人类学家。

我的专业道路受到各种因素的影响：努力工作、运气、环境和自由选择。许多选择都很困难，因为做出符合我职业生涯利益最优化的选择并不总是符合我家人的最佳利益。我嫁给了一位学术研究者，在我上研究生期间有了两个孩子。有时做出某项决定总是要有一些牺牲或权衡。例如，工作与生活及育儿等事务之间的平衡。我是独自进行论文实地考察，还是带上我的家人？我们应该生活在对我丈夫的职业生涯有利的城市还是最适合我的城市？我对这些类型的问题的回答倾向于支持我的家庭。

目前我面临的最大挑战是在两个互补但又不同的学科之间做出选择：生物人类学和健康科学。前者是理论驱动的，后者是以解决问题为中心的。人类学家描述和理解人类行为，而公共卫生从业者则旨在改变它。对我来说，在研究生和博士后阶段的强有力的指导是应对这一挑战的关键。我很幸运能够得到两个学科同事的支持，他们擅长跨学科的方法。

3. Abigail Asangba，伊利诺伊大学厄巴纳—香槟分校博士生

我的母亲是一名护士，我确信我最终会成为一名医生。因此，我选择科学作为高中专业，在那里我可以参加生物学、化学、物理和数学的高级和选修课程，以获得医学院所需的先决条件。然而，我不适应医院的环境，但我仍然对追求科学事业非常感兴趣。我最终在加纳农业大学消费者和环境科学学院获得了学士学位。到大学一年级，我不得不选择农业经济

学和动物科学作为专业。我对经济学不是很感兴趣，经过一年的国外研究，我选择了动物科学。2009 年，我以优异的成绩获得了动物科学学士学位，我的论文专注于育种。然后我移居美国攻读动物科学研究生学位。我的研究重点是发现从各种环境中分离的酶，这些酶能够将作物中的植物生物能量（纤维素和半纤维素）分解为生物燃料。这对我来说很新鲜，也具有挑战性。我不得不从其他学院学习课程，以获得我的研究所需的基础知识。我在实验室里有一位出色的导师、同事和博士后，帮助培训了我进行研究所需的所有技巧和技能，这使我能够很好地应对挑战，并在 2012 年从 UIUC 获得了动物科学硕士学位。

因为我喜欢确定酶的属性以及它们如何降解植物生物能量，我对了解产生这些酶的微生物的兴趣不断增长。我开始对社区的微生物研究感兴趣。我遇到了我的一位导师的朋友，他们在那里研究黄石国家公园温泉微生物群落。这是令人兴奋和非常新颖的，特别是因为我的新导师在地质部门与微生物学部门有联系。我需要参加地质学课程，这对我来说也很新鲜。我以前从未参加过任何地质学课程，因此它对我来说也具有挑战性，但我渴望学习所有新材料并获得实验室和野外工作所需的所有技能。我对石灰中保存的微生物生命的研究（从温泉中沉淀出来的碳酸钙）将我引入了天体生物学领域，因为这是用于研究火星碳酸盐沉积物中保存微生物的可能性的环境之一。通过暑期学校，我有机会在国内外会议上与地球生物学/天体生物学领域的知名专家会谈。我喜欢在极端环境中学习微生物，但我也希望将我的研究重点放在环境和相关领域的问题上，如果我决定在毕业后回到加纳，那将更加重要。因此，我开始阅读更多有关其他环境中微生物群落的信息，并发现自己对了解灵长类动物微生物群更感兴趣。因此，我最终获得了第二个硕士学位，而不是 2015 年 UIUC 的博士学位，并转到了一个新的导师那里，他的研究重点是灵长类微生物群。

我目前的博士生导师是人类学系，我再一次发现自己处于新的领域中。然而，与我之前的领域变化相比，生物人类学变化不大。由于我之前在实验室获得了相关技能训练，我开始了对灵长类动物微生物群的实验室研究。毕业后再做两年的博士后研究，我希望在学术界找到一个职位，我可以集中精力了解不同种族的女性阴道微生物组如何影响早产和HIV感染率。由于黑人妇女的早产率和艾滋病毒感染率较高。

尽管我的专业道路并不简单和符合常规，但我有机会在这个令人兴奋的旅程中获得各种信息、知识、技能和技术。由于课程和研究内容的差异以及每个学院的要求不同，每种体验都是独一无二的。我最大的挑战是如何调整和适应这些不同要求带来的变化。随着时间的推移，我处理这些变化的能力变得更好。因此，更容易适应转移到人类学领域所带来的变化。我在动物科学和生物学方面的背景与地质学相比，这一挑战也相对容易处理。由于缺乏该领域的基本背景知识，我在地质学方面的经历可能更具挑战性。总而言之，每次经历都教会了我宝贵的经验教训，并帮助我为下一阶段的专业培训做好准备，我期待在完成人类学博士学位目标时能够收获更多。

与其他女性STEM学者一样，女性生物人类学家在各自的道路上面临着诸多挑战。但他们都能够坚持不懈，灵活应对，表现出较高的韧性和灵活性，同时他们在专业训练方面又是十分严格的，这是进行专业自主选择和有效平衡各种利益关系的根本保证。我们在进行科研评价过程中如果能够将个体的研究成果与其学术生活史结合起来，那么对提高评估的科学性、全面性以及职业生涯指导具有重要意义。

（二）科研项目对大学教师科研影响的访谈

在科技强国战略支持下，中国大学科研经费的增长幅度也不断提高。科研经费有纵向经费和横向经费之分，纵向经费一般由政府投资，根据政府科研规划对个人的申请书进行专家评审，然后确定资助项目和金额。纵向课题旨在加强国家对科研的规划性和导向性，解决一些重点和重大问题。横向课题主要是结合地方经济发展需要，加强产学研结合，做一些有需要的研究，同时接受合作企业的资助。纵观我国40年的科研项目管理历程，无论是从国家、地方、大学还是个体层面看，科研项目都是一把“双刃剑”，用好了，对科研创新和绩效都起到助力作用；用不好，就会阻碍创新，也会带来其他不利影响。下面就科研项目对大学教师科研积极性影响的主题进行访谈和叙事研究。

①甲：你觉得科研项目有利于调动教师的科研积极性吗？

乙：这得因人而异。有的人自己本身喜欢科研，有项目更能激发其积极性，集中精力完成任务；有的人纯粹是为了外在目的，项目对他们来说是一种压力和各种“攻关”手段的利用，对科研没有多少积极作用。

反思与总结：是的。不同人的科研动机不同，科研项目的作用也不同。有的大学教师对科研的性质、意义、功能有清晰的认识，通过科研提升自身的科学素养和教学水平，促进科学和社会发展，并且能够持续不断、专心致志地进行科研；有的人做科研是兴趣和成就动机的需要，有经费反而觉得太麻烦，太受限制，不利于创造性的发挥和科研幸福感的拥有；有的人很有科研潜能，但没有相应的激励机制就不会集中精力从事科研，如果有项目激励和约束反而能够将潜力发挥出来；还有的人纯粹是为了功利目的，为了捞更多的课题经费，为了绩效考评和奖金，为了评职称的需要等，是纯粹功利化目的；还有的人刚开始动机不纯，但随着研究的深入渐渐地也能不断超越科研的功利性目的。对于前两者，有没有经费他们都会一如既往地自觉地结合自己教学和兴趣从事科研活动。但也有的教师性格比较内向，一旦有了项目压力会增大，产生紧张、焦虑等不良反应，不利于个体潜能的发挥。对于这类人最好是顺其自然，让他们按照自己的“生物钟”按部就班地从事科研，学校要积极支持他们进行成果的发表和出版，让他们的价值能够更好地体现出来；具有“功利性”科研动机的人也分多种类型，有的人一旦有了经费更能调动其科研积极性，实现科研潜能，为科学和社会发展做出应有的贡献。但也有的人不择手段，走向了科学研究的反面，科研成了“异化”科学的工具，影响了科学声望，所以需要加强对科研主体的监测评估和整顿治理。对个体科研状况需要做深入考察，不能仅仅看表面现象和各种数量指标。

②甲：你觉得自己属于哪一种科研类型？

乙：我觉得自己属于中间类型，对科研也不是很热衷，但如果需要我做什么课题，做研究，我也能够全力以赴，并且能够胜任。

③甲：你是如何支配科研经费的？

乙：这个比较灵活。首先要懂得相关财务规定和上级文件精神，根据项目标书来支配经费；如果有特殊情况可以灵活机动。

反思与总结：有的人的确有科研潜力，但如果没有外在要求自己不会主动进行研究，从这种情况看，科研经费有利于挖掘个体科研潜能，提高科研绩效。另外目前国家对科研经费管理的文件越来越强调项目主持人的自主权，所以不用有太多顾虑，只要能认真按期完成项目任务，经费可以自由支配，但尽量不要用在请客送礼上，这与科研精神不符，也与大学教师身份不符。可以用在购买必要的仪器设备和参考资料以及专家咨询、出版、项目调研和差旅费用上。

④甲：你觉得有项目压力大吗？

乙：有一定压力，特别是国家项目需要三篇 CSSCI 或 SCI、EI 文章，感觉压力很大，因为现在发表都比较困难，周期也比较长，一不小心就延期结题，所以感觉压力还是蛮大的。不过有课题总比没有课题好，出版发表费用可以从课题经费里面出。

反思与总结：目前课题结题一般都需要在各基金委指定的重要期刊上发表文章，也有的强调技术转化和应用指标。许多研究者在发表环节遇到困难，所以感觉压力增大，而不仅仅是对项目不能够胜任。自然科学和工程领域以发表学术论文为主，但人文和社会科学研究也可以增加著作出版的机会，各基金委会根据实际情况对科研项目和最终成果进行考核，拓展成果形式和实现渠道，发挥不同研究者的优势和潜能，减轻发表焦虑，更好地实现项目目标。

⑤甲：你对目前大学的科研评价是怎么看的？

乙：要区别对待，不能用一个标准评价所有学科的科研成果。

反思总结：大学科研评价必须将统一要求和区分性评价相结合。统一要求主要体现在科研伦理等方面，反对数据造假、剽窃和找人代写论文等违规做法；区分评价主要体现在研究性大学、普通本科院校以及地方职业类院校等要采取不同标准和评价指标体系；文科和理科要有不同标准；年轻教师和资深教师要采取不同标准。另外对科研论文、著作、项目、专利、音像作品等不同形式的科研要采取不同的标准。学术论文更强调原创性和导向性；著作更强调系统性、思想性和深刻性；项目更强调绩效性；

专利要按照不同领域制定的国际、国内、地方标准执行；音像作品体现专业性、导向性和市场认可度。

（三）我国大学教师科研生活叙事研究

①A 老师今年 40 岁，硕士毕业被分配到一所地方大学工作，如今已有 15 个年头了。她说，自己刚入职时教学和科研都很规范，也没有压力，所以按照工作年限到时候就晋升为副教授了，但现在晋升教授需要核心期刊的文章和省部级以上的项目，自己感觉没有希望，所以也不愿太努力，好好教学，科研能做多少做多少，不强求，教授能评上就评上，评不上一辈子当副教授也不错。

实际上她也不是个不求进取的人，但现实竞争太激烈，她曾经多次申报省级项目，一个也没有中，因为项目与成果是挂钩的，她没有多少科研成果，所以项目也批不下来；另外她也不想跑关系找人帮忙，所以现在一个省级项目也没有。好在今年来了一位年轻博士申请了一个国家级课题，她是第三位成员，她想结合此课题好好写篇论文发表，发表后自己在此基础上再申请省级项目。

她平时也经常结合教学写几篇论文，但由于学校强调副教授以上的不允许在北大和南大规定的核心期刊以外的期刊上发表论文，所以她也没有投稿，觉得自己的文章达不到核心期刊的要求，普通期刊又不想发，所以近十年来一篇文章也没有发表，只是作为核心成员参与了领导和年轻博士的几个课题。课题和自己关系也不大，主持人只是为了团队成员结构更合理就把他们给拉进去了。实际上不做主持人基本也没有什么事情可干，也没有什么责任和义务，有时到了快要结题了，主持人会让她帮助整理一下材料，仅此而已。

她的硕士是学教育基本理论的，曾经结合自己的硕士论文完成了几篇论文发表了，那都是十年前的事了，后来学院来了新领导，强调科研绩效，非核心期刊不让投稿，所以自己也就没有再发表什么论文，项目也只是给领导或科研骨干做助手。

反思与总结：在一些地方性大学的确部分教师被科研“边缘化”，他们自己没有能力申请省部级以上的项目，但也结合具体教学完成一些实践反思性教学论文，其学术标准离核心期刊的标准还存在一定的差距，而学院为了科研绩效和评估指标达成度又不鼓励教师在普通学术期刊上发表论文，这就导致此部分教师长期处于科研“失语状态”。在这种情况下他们通过自我“博弈”和“权衡”，最终采取“不作为”的策略。因为他们觉得即使自己全力以赴搞科研也基本是“白干”，还给工作和生活造成额外负担，自己辛勤完成的成果达不到发表的标准最后只好为领导做“填充材料”了，而自己只是在年底科研绩效奖励中能够分到一点领导在分配指标中特殊考虑的小小“恩惠”。

② B 老师今年 35 岁，省重点大学讲师，教育经济学博士。他说自己对科研有一定兴趣，也有胜任感，经过博士训练，自己对科研驾轻就熟，一年就发表了三篇 C 刊文章，还获得两项省部级项目。他的项目与已经发表的论文是密切相关的，已经有了很多积累，所以很容易出成果，结题也没有压力。因为自己以前曾经在学校行政部门工作了几年，所以人际交往比较畅通，项目应用也好联系单位，科研绩效也不错，今年申报了教授特级岗位，并且备案为副教授。他觉得现在精力充沛就好好做研究，加强学术积累，拓宽视野，加强新方法的学习，争取多出高质量成果。但就目前发表的成果看还不是很理想，论文缺少深度，理论基础不厚实，但问题抓得比较准，能够采用适当的方法加以研究并提出解决对策，论文的规范性比较好，文字表达也比较精练，他在这方面有优势，得益于以前在行政岗位的文秘工作训练。

当然了，作为大学教师，教学和科研应该兼顾。他就职十年来基本没有为本科生上过课，以前在行政工作，后来调到学院工作，刚给本科生上了一学期的课就出去读博士了，以后成为教授了需要多给本科生和研究生上课。他目前的科研集中在大学治理和经费投入—产出方面的研究，以后想加强对经济学理论的学习，在此基础上加强对大学经费管理的实证研究和案例分析，为大学的健康发展提供决策咨询。

反思与总结：大学里像 B 老师这样的年轻博士是宝贵的人才资源，拥有博士学位，受过良好的科研训练，拥有比较厚实的“学术资本”，如果再拥有良好的“社会资本”，加上本人的年龄优势和目标定位比较准确，能够集中精力完成卓越科研业绩。大学和学院对于这些人才要少分散其精力，不要过早安排他们从事管理工作，可以支持他们申请国家高层次科研项目，利用项目经费带动团队成员进行科研创新，形成一个研究集群，多出成果，出好成果，并且能够利用各种社会资本有效地实现科研向生产和社会服务方面的转化。

大学里的优秀科研人才属于大学宝贵的人才资源，学校有关政策都向他们倾斜，从工作条件到科研经费都考虑得比较周全，目的是让他们专注于科研，多出优秀成果。在他们创造力最好的时期采取这种人才发展战略也是可取的；有部分教师科研和教学结合得很好，科研产出效率高且质量高；还有部分教师“身怀绝技”但不善于运用规范性的科研范式进行表达，他们的个体智慧对于组织发展也是弥足珍贵的。大学对于不同特点的教师可以采取不同的人才战略。科研管理要与人才管理相结合，并且要将科学研究和实际考察相结合。

③C 教授，博士，博士生导师，目前在中国一流大学任教。他说自己现在基本上不发表文章了，主要精力用在了指导博士生发表文章，不过每年还是需要发表一篇有引领性的成果的，这是学术责任和义务。他说自己年轻的时候受过较好的博士科研训练，遇到了自己尊敬的导师，“亲其师，信其道”，后来自己有了学术积累，也逐渐走上了独立科研之路。科研就是个积累的过程，积累到一定时间会有个爆发期。一般说来，大学教师在55 岁（女性 50 岁）以前，科研是最好的时期，30 岁以前完成硕士和博士学位的学习，30 ~ 45 岁是学术创新的高产期，特别是前沿探索比较多；45 ~ 55 岁科研数量逐渐减少，各类探索性研究减少，独立创新增多，科研更加精致，基本上能确立自己在学科领域的地位，为年轻人树立好的榜样和发挥学术引领作用，也希望有更多优秀硕士生报考自己的博士。他说自己指导博士也比较顺利，因为自己的儿子上学一路考到哈佛大学都很顺利，他把自己教育儿子的一些方法用在了研究生的指导上，既严格要求多给他们自主权，同时也为他们树立榜样，以身作则，要求学生做到的自己首先要做到，无论做学问还是做人都是一样。

另外，多为学生推荐阅读书目，让他们自己阅读，有目的地阅读。导师结合自己的研究及学生的特长给他们分配课题，指导他们做实验，严格训练他们的实验操作程序，培养良好的实验行为习惯，做到一丝不苟。要让他们做好实验记录，除了常规因素外还要注意其他多种变量的交互影响。导师定期组织几个博士生和硕士生一起研讨，写出研讨和实验报告；指导他们完成科研论文的写作。他的学生基本不自己申请课题，因为自己有足够的课题经费供学生使用，同时也将学生吸引到自己所从事的项目中来，希望同学们早日走上科研创新和独立探索之路。

C 教授的学生都很尊重他，就像他当年尊重自己的导师一样。师生关系比较融洽，也没有因为一些利益关系而产生什么纠纷。博士研究生在导师的课题下选择研究方向，在实验室独立完成实验，如果有了新的发现，经过导师的点拨完成了论文，学生往往会将导师放在第一作者，这种情况导师往往会让学生作为第一作者，甚至是独立作者，因为这项研究尽管导师参与指导了，但主要功劳是学生的，是他们学术积累和严谨实验的结果，第一署名理应归属学生。另外博士生的学术生涯才刚刚起步，需要引领和激励，博士生有了第一署名的文章对他们今后的学术发展是非常重要的。

但对于导师所指导的硕士生，甚至本科生的科研情况就有所不同了，我们必须实事求是，导师不能侵占学生的科研成果，但也不能过分夸大学生的科研能力。例如有些硕士生原来的科研基础比较薄弱，导师分配给他们课题任务，他们自己往往不能胜任，经过导师的详细指导能够顺利完成实验任务，包括实验设计、模型建构、参数设计、变量控制等具体步骤导师都给予学生详细指导，学生根据这些前期指导顺利完成了实验，但他们对于结果的分析缺乏独特的专业视角和洞见力，有时还存在方向性错误，关注了非本质因素而筛掉了本质因素。这种情况下导师会重新指导研究生对整个实验的理论基础、文献分析、模型设计、实验过程和变量控制等情况进行反思，然后和学生一起重新对结果进行整理和分析，完成一篇规范性的实验报告或论文，最后与自己指导的硕士生联名发表。这种情况下导师可与所指导的学生联名发表，导师可以作为第一作者署名，因为如果让学生作为第一作者也是与事实不符的，会夸大这个阶段硕士生的科研能力。导师和学生合作发表第一篇规范性论文，学生会以此为榜样反思整个的实验过程、基本思路、方法以及模型建构和结果分析。李教授对学生在学术道德、科研伦理和科研方法方面的训练还是很严格和真诚的，在指导学生时特别注意学生的学术修养和学术人格的提升，希望他们能够保持谦虚和真诚，学术的发展能够与人格的完善相辅相成。

反思与总结：像李教授这类的博士生导师更是大学和国家宝贵的人才资源，大学要把他们的健康放在首位，在身体健康和精力允许的情况下让他们在专业建设和高层次人才培养方面做出更大贡献。他们一般都经历了生活中的各种考验，从学术到人格都相当成熟，能够在学术领域发挥带头和模范作用。在科研项目经费的申请方面可以多向这些资深学者和博士生导师倾斜，目的是能够带动培养更多的高层次学术创新型人才。对于他们的科研考核主要是看其指导学生科研情况以及团队科学攻坚的整体实力，而不再强调个人的科研发表情况。

（四）大学院系科研生活叙事研究

1. 某大学历史文化学院的科研生活

某大学的历史文化学院是一个具有悠久历史的传统学院，学科齐全，师资力量雄厚，有博士、硕士、本科完整的人才培养梯队及博士后流动站。有世界史、中国古代史、中国近现代史、历史地理学等八个二级学科。一个教育部人文社会科学重点研究基地，一个史学文献数字化实验室；设有欧洲研究中心、世界现代化进程研究中心等五个研究中心和中外关系史研究所、当代企业文化研究所、历史文化资源研究所等六个研究所。其人才培养目标兼顾学术性和社会性，突出学术性、厚基础、重方法、强能力、涵素养。学院加强国际交流，培养具有国际视野和本土底蕴，具有极强研究能力和传播能力的高层次史学人才。

历史文化学院原来是按照洪堡的大学理念，专注于教学和研究，并且重视科研方法和思维训练，将教学和科研统一起来。现在受到数字传媒以及学术市场的影响，学院的科研和教学生存方式也发生了转型。由于高等教育环境的变化以及与数字技术的结合，学院在新闻、影视作品的制作及咨询、古文物的修复、博物馆的建设、文化资源开发等领域比较活跃，特别是本科生人才培养和就业有了新的市场，相关领域的知识服务和社会资助也不断增加。硕士和博士、博士后的研究视野更加开阔。但历史系的科研经费主要还是来源于国家政府一些大的工程项目和基金资助，例如“丝绸之路”的经济、政治与文化考察，敦煌壁画的修复与重建，世界出版史与技术史，文化资源与文化产业，数字技术与文物保护等。多数学者还是专注于自己的研究领域，他们申请资金的目的是更好地辅助自己的研究深化，另外部分经费用于研究生培养和到世界各地进行考察的费用。有了充足的经费支持，教师可以吸引优秀本科生、硕士生参与重要的研究项目，并且不断拓展学术边界，利用精致的科研更好地服务于史学科学发展和经济社会发展。

历史文化学院与国内外一些大型科技和历史博物馆、重点旅游和文化景点、文化创意公司和新闻影视制作、图书出版以及城市规划部门都保持了广泛的联系，并且加强了学术交流和学术服务，也为学生考察、实习提供了重要基地；另外历史文化学院也在校外建立了历史与文化咨询公司，为一些地方撰写地方史或提供咨询服务，其中任职的多数是本院的毕业生和在校生。目前历史文化学院的教学和人才培养方式也发生了很大变化，一些基础课程通过网络空间学习，学生通过自主学习、自主考试完成基础课程，然后通过小班研讨和项目团队加强科研训练和专业能力训练。部分学生会选择学术方向，他们会专注于阅读和文献分析，掌握史料考证的方法和技术，能够独立完成高水平科研论文和项目报告。研究生参与学院和导师的科研项目，有的专注于文化创新和知识生产，出版系列大型史学研究丛书和普及读物；部分同学选择就业方向，他们除完成所需要的学分和阅读书目外，部分时间在基地从事咨询服务或者深入实地考察，对他们的综合素质训练要求较高。历史文化学院教师的科研成果不再仅仅局限于发表高水平科研论文，而且在专著出版、系列丛书出版以及文化创意产业、历史文化服务项目等方面也成绩斐然，收到了良好的史学教育和社会效果，具有较高的学术声望和社会声望。历史文化学院在服务社会的过程中始终秉承其学术理念和人文精神，重视证据，重视一手史料的掌握，将知识生产和文化服务建立在坚实的研究和考证基础上，树立自己的学术品牌、文化品牌和创业品牌。

历史文化学院教师的工作模式也发生了很大改变，原来主要是个人专注于某一领域的研究，现在他们建立了许多“研究中心”“文化基地”“研究所”，学生有时不在教室上课，而是到“基地”“中心”边观摩边学习，边创作，学以致用，学习—实践—创新相融合。教师之间的合作也得到加强并形成了许多同质性和异质性研究团队，大家优势互补，群策群力，更好地完成一些重大项目。历史文化学院的教师习惯于专心致志地从事研究，性情比较随和，所以即使是加强了与社会的联系也没有扰乱正常的教学和学术生活，没有影响他们的科研质量，所有教师，包括资深教授和新引进的博士都很快适应了新的学术生活。大学教师从事科学研究有了更好的条件和更充裕的经费支持，并且有常规的学术休假和学术旅游，他们的生活压力也减轻了，思维更加清澈和通透，“幸福指数”提升了许多，中国传统知识分子那种“学究式”“边缘化”“被压迫者”“激进者”“牺牲者”的角色形象不见了，这对他们高质量地从事史学研究和教学都具有重要意义。当然，有时他们也需要采取一些迂回的策略获得外界的支持，获取经费，然后专注于从事自己感兴趣的研究，因为有时过多的游说并不能得到大众的理解，所以他们在与外界打交道的过程中也需要技巧和智慧。

历史文化学院一些资深教授获得大量科研经费后，他们会吸引研究生和部分年轻教师一起完成项目，在此过程中发挥榜样和引领作用，同时他们也能够合理安排时间，轮流与外界进行协商和游说，以便得到更多的理解和支持。年轻研究者也能够珍惜科研的机会，会尽心尽力配合研究，认真完成导师或资深教授分给自己的研究任务，并且力争有所创新和发现。

历史文化学院也有个别教师反映科研经费报销很麻烦，需要很多程序。这已经是过去的事情了，国家刚刚出台了文件要求为科研人员松绑，课题负责人有充分的经费自主权；另外大学的财务部门也会不断升级财务报销软件系统，教师不用去财务处在家就可以很便捷地扫描各种单据进行网上报销，或者利用公务卡账号进行消费与报销同步管理，无论你到国外还是国内参加与研究相关的活动，只要在登记处刷公务卡，系统会通过

GPS 即时定位你的活动地点，确认活动性质，如果符合公务报销规定，所有消费资金马上会重新返回账号。随着财务信息管理系统的不断升级，一些教师的相关抱怨也会消失。

历史学院还有一些教师抱怨申请书的撰写和打印项目繁多，太耽误时间和精力。这方面国家基金委也在不断升级数据管理平台技术，并且要求申请者保持良好的个人科研信誉。研究者在任何政府基金平台，甚至期刊平台注册的个人信息都会一键通用，所以以后大家就不用抱怨填写各种表格浪费时间了。再者国家自然基金项目已经开始将青年基金项目和重大项目实行无纸化申请，教师根据自己的研究兴趣和资料积累情况利用几个晚上就可以完成申请书的网上撰写和提交，并且信息更加透明公开，相关数据监测系统也更加完善，更有利于知识产权保护和评审的公正性。

如果研究者没有履行项目承诺是需要问责的。有的研究者是因为身体健康状况不佳没能及时完成任务；有的研究者是因为一些临时安排耽误了结题；还有的研究者是因为课题选择存在方向性问题，结果自己不能胜任。这就需要变更课题主持人或者撤销项目。这种现象毕竟是少数。在历史文化学院类似事件还没有发生，各种项目保持了良好的信誉记录和较高的优秀率。

科研的资本化趋势并没有损坏大学教师的学术独立和学术自由，反而使教师们生活得更有尊严感和价值感，同时也有了更多的责任感和使命感。以往历史文化学院的教师科研和教学的使命感也很强，但往往给人一种“不食人间烟火”的印象，生活很艰苦，同时还在做着神圣的科研工作，所以很多人英年早逝，给家庭和国家造成了巨大损失。现在“我为祖国健康工作 50 年”已成了知识分子的生命常态。有了各种经费的支持，大学教授不用自己从工资中拿出大部分数额购买科研仪器设备和图书资料，不用到处求人帮助处理数据，现在利用科研经费就可以将一些次要工作实行“外包”，也可临时雇用一些大学生进行学术创业，通过相关学术训练和技术培训持证上岗，提高毕业生的就业率和劳动力的科技含量。

总之，历史文化学院的科研模式顺利地实现了后现代转型，大学学术质量、大学的自由和独立并没有因为市场的介入而下降，反而提升了许多，功能更加强大和全面，大学生活更加立体化。正如一位教授说“我们精心指导每位学生就好像开发一件新产品，以便他们能够无与伦比、闪烁出耀眼的光芒，能够在茫茫人海中脱颖而出找到自己的位置，为社会做出杰出的贡献。”

2. 某大学物理系生活实验室的科研叙事

某大学物理系的生活实验室（lifelab）专注于新材料研究及其应用，与企业研发密切相关。它与世界各地的工业和大学有着密切合作，并建立了两家咨询服务公司。生活实验室主要是从事研究，也为学院本科生和研究生讲授一些专业课程，例如讲授物理学，并指导学生在实验室做实验和完成论文。研究经费的主要部分来自国家和省自然科学基金以及与企业合作经费。例如，在2010—2018年，生活实验室共获得国家自然科学基金一般项目五项，重点项目一项，省自然科学基金项目十项，获得直接和间接经费800多万元，另外还获得校企合作经费1500多万元。研究课题涉及煤基石墨烯构架复合材料研究、高能密度钠离子电池性能影响因素分析、典型非晶合金的结构“缺陷”与性能研究、高能量密度锂硫电池研究、镁合金复杂冲压件的成形及组织性能演变规律、不锈钢凝固和热加工特性的基础研究、石墨烯水凝胶构架材料结构调控研究、TiO_2—金属微纳连接机制及其对阻变行为影响机理的研究、航天结构件铸造过程多数学模型模拟研究、多级孔金属骨架活性位点及析氢性能研究等领域。

2013年，生活实验室引进了两位“海归”高层次人才，给实验室带来了几个大的项目和关键技术。目前各项课题进展顺利，并且衍生出一些子课题，形成了研究集群。实验中心的研究人员结合自己的特长和项目每周有一次机会轮流去企业或咨询公司履行职责，加强技术指导和合作研究。

另外，生活实验室利用数据设计和研究条件加强网上协同研发，他们统一商定研发目标，并且做了精细分工，到期汇总和研讨。对于新产品先通过数据模拟设计好研发方案，研发过程中也利用数据模拟和3D可视化技术进行效果实验和测试，最后投入生产和应用。有的是大学和企业联合研发并申请专利，而不都是自己研发自己生产。即使是企业有用的技术他们也先申请专利，然后再投入生产。也有研究人员反映他们研发的产品技术含量达不到国际标准，但由于地方性需求市场较大，所以销量大，利润高，返回的经费资助额度也逐年提高。例如指导企业进行实用新型机械配件和建筑板材的研发等，获得了良好的经济效益。

目前实验室加强了前沿研究，与国际接轨，发表顶尖学术期刊论文，得到优秀学者的回应，形成研究群体，不断向高精领域进军；在研发方面力争与国际先进技术接轨，利用出国学术交流和参加博览会机会，到德国、美国、日本等发达国家进行实地考察，带回一些先进材料样品进行研究。在实验仪器方面近几年也加强了与国际和国家先进实验室的接轨，有的通过数据模拟实验，有的需要借用外地先进的实验条件进行实验。实验室积累了大量实验数据，包括实验教学过程中的数据都由专业的实验室负责人员整理和保管。

实验中心强调团队合作意识，研究人员之间的学缘关系属于异质性团队，但他们有着密切的地缘关系。尽管他们毕业于国内外不同的大学，但他们的家乡多数都在省内，另外由于得力的“学术中心”式的管理模式，同事之间都能够精诚合作，同时又能够在自己所从事的领域内达到卓越科研水准。每位研究人员都具有较高的综合素质，而不仅仅是学术研究能力，包括实验室的管理、研究生学术指导和实验素质的训练以及与外部的谈判与合作研发能力等。他们也有着明确的知识产权保护意识和相关法律知识；在数据处理、数据伦理与数据保护方面也接受过专业训练，所以多年来没有发生过有关知识产权和经济纠纷，有时实验室会出现一些小的事故，但很快就会得到协助解决。研究人员都有自己专门的计算机设备，也有公用的设备，不同设备有不同用处，安全保密级别也是不同的。

研究人员的主动性、创新意识都比较强，每个人都是领导，而不是事事都等“固定”领导安排。他们外出都是以大学以及专家、教授的名义从事合作，只是在衍生的咨询服务公司才有专门的头衔，比方××经理、××主任等。实验室头五年主要精力还是用在了基础性研究方面，近三年开始加大研发力度，加强了产品的商业化，实现了价值转换，同时又争取了更多经费，形成了学术探索—研发—商业化良性循环机制。去年又与信息工程学院合作建立了“区块链”，实现了数字化生产与全方位数据监测与评估。

随着研发的成功和商业机会的增多，实验室的性质发生了一些转变，研究人员在外面奔波的时间增加了，学生兼职的增加了，毕业后直接留在自己基地或咨询服务中心的学生增加了，并且成立了许多子公司。尽管如此，一些新进的年轻博士还是能够专注于基础研究，在国际期刊发表重要的学术研究成果。下设的几个子公司都使用统一的标志对外服务，恪守公司的服务理念：质量保证、科研先行。

大多数研究人员认为，今后还需要回归基础研究，形成一个合理的周期：五年集中精力从事基础研究，少量研发；后续的三年从事大量研发，少量基础研究。每八年一个周期，以保证基础研究的不断深化，保证技术前沿和实验室的可持续创新。

通常项目需要中心的几位研究人员之间的合作，这需要使他们的不同利益相互兼容。为了支持合作，该中心建立了六个课题组和团队。大家尽量归属自己感兴趣的课题组，集中群体智慧攻克难关。各团队成员年龄搭配合理，性格和学术背景也进行了合理匹配，以增强凝聚力和战斗力。在与企业合作过程中，一些科研成果不允许先发表。在这方面中心采取了比较灵活的措施：如果研究中有了创新发现，估计一下在国际期刊发表的时间和概率，如果能够比较顺利发表还是支持先发表；如果在与企业合作研发过程中有了新发现不支持先发表，而是直接研发申请专利，专利属于中心和企业共有，收入按照1∶1分红。大家在合作过程中有一些成文的规定和合同，也有一些心照不宣的心理契约或潜规则。总之希望利益最大化和双赢，另外还要考虑大学教师的角色身份特点和学术责任。中心横向经费和“分红”所得除了按照国家规定缴纳税收外，还定期向“校友基金会”“大学生创业基金会”捐赠一定数额的资金，用于奖励优秀大学生科研成果和创业启动资金。

以上是中国大学产学研结合比较好的案例，但多数大学教师还是以教学、研究、发表、出版、申请项目为主要学术生活方式。随着中国学者英语阅读和写作水平的提高，利用英文在国际重要学术期刊发表研究成果已成为大学教师和研究生的首选，特别是生物、化学等自然科学的学者更倾向于向国际期刊投稿。一些自然科学前沿研究还是需要与国际接轨的。中国在产学研融合方面往往会遇到一些困难，一些学者一旦介入市场和社会代价比较大，所以多数研究者还是专注于研究和发表，至于其后续价值只好依靠大数据传播媒体供同行引用、学生学习以及企业个体学习和技术挖掘利用了。

值得高兴的是，随着大数据平台的建立，各种学术和专利数据库向全球开放，无论是研究者、教师、大学生、企业员工还是普通公民都可以利用便捷的网络和移动工具随时随地获取自己所需要的知识和技术，加快了知识的吸收、传播和应用。从这个角度看，我国大学教师、研究者能够专注于科研，争取多出有价值的前沿研究成果也是比较明智的选择。如果能够通过各种虚拟学习社区的建设，加强学者、教师、大学生、技术顾问以及应用者之间的互动，提供各种精准科研咨询服务，那么也可以弥补一下中国大学教师与生产和社会缺乏沟通的不足。

七、大学科研评价范式重建

依据科研及科研评估新范式，需要重新考虑大学科研评价目标、标准、指标体系及评估方式。彼得·德鲁克在其《后资本主义社会》（Drucker，1993）中提出“知识社会”的概念以来，知识生产范式发生了很大变化。单纯的学术研究已被知识生产概念所取代。前者强调科学共同体的标准、学术组织和人才培养，而后者强调知识的生产与再生产，关注知识的增长和新的增长点。

从斯宾塞提出的“什么知识最有价值?”，一致的回答是“科学知识”；到培根的“知识就是力量”以及联合国教科文组织报告：《教育：财富蕴藏其中》中所倡导的知识创新与知识经济的价值；再到信息化社会中知识增长速度的加快以及人、知识、智能共进模式；从科学共同体到学术企业、创业型大学，甚至学术资本主义，知识生产范式发生了根本性变化。正如 Michael Gibbons 等人 1994 年指出，从“模式 1”到“模式 2”的知识重建已经发生。社会形态正从后工业社会向知识社会转变；价值观从统一到多元化转变；知识生产从“模式 1”到“模式 1”与“模式 2”的有机融合；学术界需要重建知识研究范式。研究者希望通过大学评估促进知识创新和知识生产，提高学生的研究能力，推动信息时代知识生产、传播、扩散与应用的一体化，迎接学习化社会的到来。

大学学术排行及其评估指标体系与知识范式密切相关。例如，美国大学评估在第一阶段即20世纪50年代处于模式1语境下，大学评估考虑国内学术市场，开始采取研究与产出导向；第二阶段处于模式2语境下，其中学术排名从2003年前后开始考虑全球学术市场。第一阶段的排名主要影响了美国的学术职业，第二阶段的排名影响了世界的学术职业。

从科学社会学的角度和方法论来看，知识被认为对高等教育的研究非常重要。知识功能包括发现、传播、应用和控制，换句话说，它分别对应着研究、教学、服务、配置和管理。由研究、教学和服务构成的学术职业被认为是大学和学院活动中最重要的功能。其中，研究和教学被认为是学术职业的主要功能。学术生产力包括科研生产力和教学效率。大学科研评价应该兼顾科研产出和教学学术两个方面，并且在知识经济框架下更好地实现融合。改革教学模式，提倡研究性教学，重视本科生科研以及研究生、博士生学术创新能力的培养。

在知识生产模式1中，大学被认为是“学术中心”，大学教师应该专注于基础研究和方法教育，教学和科研相融合，科研的社会价值通过培养有理性的公民参与社会生活、生产而实现。知识生产模式2强调大学知识生产直接与外部世界的接轨。目前模式1与模式2相互融合的趋势越来越明显。通过培养新式公民或者通过一些诸如知识产权服务、知识咨询等中介机构在大学与社会之间搭建桥梁，从而更好地实现融合，也可以使得大学能够避免市场的过度干扰和压力，学术研究、教学和服务相互融合，促进社会公正、社区发展和公共利益，而不是部门利益和私人利益。

这些不断变化的资本模式对大学研究会产生怎样的影响？不同研究单位是如何应对变化的？研究人员体验如何？由于目前一些短期的合作项目增加，要想既保持科研本身的特质又加强产学研之间的联系比较困难，往往会出现教师日常教学和科研的各种冲突，甚至影响教学质量。以市场为导向的价值观和理想得以强化，大学领导层强调绩效，希望吸引更多外部资金，在资助机构内建立良好声誉，提高经营效率，创建和维持与外界大型协作网络之间良好的互动关系。与此同时，传统的学术价值观和理想，如自由和自治、学术声誉、科学界的认可、发表文章的高被引量以及对某一领域的知识贡献仍然受到大学的重视。

市场导向和学术取向之间存在着几种紧张关系，需要不断平衡和研究人员的大量额外工作。因此，在市场压力之下，保持“学术中心”核心学术价值观和理想不是一件简单的事情。许多研究人员似乎真的担心市场导向将进一步侵蚀学术研究，从而使学术兴趣和个人发展的机会越来越少，对社会和公共利益的贡献越来越少。每个部门都可以看到对学术生产模式的某种抵制和对“回归基础战略”的渴望。一些研究者在接受访谈过程中总有一种怀旧情感，觉得以前的研究多么单纯和超越，他们享有学术自由和价值感、尊严感。

许多研究者认为学术导向是他们研究的强大动力，而市场导向是次要动力，是一种将压力变成动力的机制。这种压力对于有些研究者来说是可以激活潜能，实现更大的产出和创造更多的价值；但对另外一些人来说可能会由于压力过大而产生焦虑或者无助感，也可能产生不公平感和抱怨等等负面体验，影响其工作和生活质量，也会影响科研本身的声望，造成不良的社会影响。这种现象对一些不善于交往、社会关系不畅通的教师以及没有受过严格科研训练、研究能力不强的教师表现尤为突出。

大学科研的活力来自一些专注于科研又有效能感的学术带头人以及良好的激励机制。正确的科研选题是决定科研前景的关键，也是能否形成学术高地的关键。有了好的研究课题，可以凝聚一批人一起研究，形成优秀的研究团队，也可以通过人才培养从本科、硕士到博士培养人才梯队，加强学术创新和扩散。学术界需要以更加灵活的方式适应不断变化的环境，同时保持学术的独立性、研究的特色和核心价值，保持其在学术界较高的声誉和对年轻学者的吸引力。

为适应大学知识生产模式的转换，大学科研评价也需要实现范式的转型。一是采用多元化的评价价值导向，将科学价值与人文价值相结合，求真与求善、求美价值相结合。二是采取多元化的评价方式和方法，将量化评价与质性评价相结合，个体科研评价与团队科研评价相结合，关注科研的社会语境性和地方性，重视差异性评价和叙事评价。三是利用大数据语境和大数据技术，加强对科研的全景式评估。通过文献计量可以更好地反映科研的历史走向和不同时期关注的热点问题；通过地理信息系统可以准确定位科研的空间分布和扩散趋势；通过全球创新指数可以全面了解各国的创新能力和优势、劣势所在。

需要强调的是，尽管知识生产模式 2 下的学科交流和跨界合作加强，但对于不同学科来说还存在着“学术边界”。这就要求大学科研评价在知识生产模式 2 范式下还要考虑学科的特殊标准。由于学科之间的相互渗透以及科研合作行为的加强，科学家之间的相互依赖性加强，化学家依赖于物理学家的理论和技术进展，但并不意味着化学领域将要接受物理学领域的重要标准，或者承认其学科的优先性等级和正统性。大学科研评价在考虑新的评价范式的同时要更加清晰学科的独立性原则，保持学科的内在一致性和自主性，聚焦学科重点和重大课题，推动学科发展，进而为整个人类科学做出更大的贡献。

最后谈一下新的知识生产模式对编辑出版文化的创新要求。编辑出版界要加强知识转化力度，精准预测市场需求，打造作者群和读者群，加强创新主体与知识消费者之间的互动，更好地推动知识创新与传播扩散，形成共创共进的知识创新生态模式。

国家鼓励创新，重视知识产权保护和创新转化，新技术、新传媒的不断涌现也推动了编辑出版的改革和创新。编辑出版在原有纸质出版的基础上加大了电子出版的力度，在加快传播，实现价值增值的同时，加大知识产权保护力度。另外拓展了出版范式，将音像制品、动漫设计、创意作品、技术专利与科技文化、文字图书一起纳入出版行列并赋予其应有的创新价值，重建人类文明知识体系，体现科学文化的丰富性。

加强编辑与作者的实时互动，将编辑的新理念一起融入创新过程和创新产品中去，提高成果的易读性，扩大读者和应用范围。编辑好的创意，好的点子有时能够使得成果蓬荜生辉；编辑的严谨性、求是性、理解性和公正性是创新价值实现的重要保障。从出版规划、申请到策划、编辑和出版都渗透着编辑对知识和出版的尊重和理解，同时又能够精准预测读者群体和传播扩散渠道，加大出版力度，和作者一道“正心、诚意、格物、致知”“为天地立心，为生民立命，为往圣继绝学，为万世开太平”，用优秀的作品支撑起“中国文化的脊梁”。

“一部出版发展史就是不断记录、反映科技文化创新的历史。历史上重要的思想创新、科学发现和技术进步主要是通过出版物得以传承和发展的”❶。新的出版理念强调创新的时效性，提高出版效率。编辑要善于在众多作品中“去伪存真”“去莠存优”，及时识别有思想、有价值、有创新，内容健康，思维清澈，学理深厚，方法科学，结论正确且具有引领性的作品，通过知识认证和出版占领创新高地，引领创新发展，聚集大批共识者和创新者，形成创新集群和创新景气。同时，编辑出版也要与时俱进，将新理念、新技术、新思维及时纳入编辑出版行业中。在新媒体和数字化时代，文化的科技含量越来越高，科技的文化向度也日益受到重视。为此，知识生产和评估、认证、出版需要将科学、技术、人文融为一体，再现人类知识图谱，用人类文化的丰富性、本真性去哺育一代又一代新人，为大众送去文化的甘露，营养心灵，提升素养，增强创新本领。

小　结

大学科研评价从价值基础到标准、方法、思维模式都需要与时俱进，因地制宜，及时实现范式转型，提升科研质量和科研效能感。科研评价要关注质性研究和文化人类学考察，加强叙事评估，在叙事过程中加深理解，突出问题，寻找意义。在大数据语境下，科研评价要关注不同形式的科研新形态，将文字与音像产品、文化创意产品都纳入科研评估行列，同时要制定新的评估标准。今后需要就具体学科、主题在进行文献计量研究的同时进行文化人类学考察，形成科研创新及其应用扩散的全息图景，更好地发现创新契机、问题和新的创生点。也希望大学加强《学术人类学》课程建设，更好地配合地方性知识开发以及专业建设。

---

❶ 范军，等. 出版文化与产业专题研究［M］. 华中师范大学出版社，2012：17－18.

第七章　大学科教融合及其实现路径

科教融合　课程整合　导师制　顶点项目

科研方法　科研伦理　知识产权

“科教融合”包括不同含义，从宏观层面看，主要指科技、教育、文化的融合，例如，国家设立的科技部、教育部、文化部三部可以相互融合，而不是各行其是；从中观层面看，主要指产学研的融合；从微观层面看，主要指大学科研与教学的融合。本章主要指科研与教学的融合。

科研与教学是相辅相成的，但由于受市场模式和绩效考评的影响，大学教师的科研往往游离于教学之外，结果导致科研与教学之间的诸多冲突。为了更好地促进科研与教学的融合，一是需要进一步明确大学科研的性质与功能；二是通过多元导师制、高年级科研体验等制度创新，基于任务、项目、问题、产出等教学模式改革，提高学生的自主学习和研究能力；三是通过加强大学生学习社区的建设，加强师生之间、同伴之间以及大学与社会、行业之间的联系，资源共享，多元参与，形成学习与创新共进机制；四是通过加强课程整合，提高大学生的创造能力；五是加强科研伦理研究与教育，倡导科学精神和负责任的研究；六是加强知识产权研究及教育，通过知识产权管理促进创新和转化。

引　言

自洪堡在德国的柏林大学倡导大学要成立“研究中心”以来，洪堡理念已成为大学教学和科研相结合的理想模板。洪堡针对当时教学中的教条主义和不求甚解、死记硬背之学风，提出大学教学要建立在科学研究的基础上，希望能够教学生学会独立思考，让知识建立在清晰的证据基础之上。随着大学评估对科研绩效的强调，大学科研逐渐远离了初衷，科研成了与教学相隔离，甚至相互对立的活动。相对于西方大学，中国大学在培养学生批判性思维和创新能力方面有些欠缺，另外在跨学科学习和参与科研实践活动和科研项目方面，中国大学生也有些不足。

洪堡的“科研与教学相统一”思想开启了现代大学的风气，但20世纪以来随着科学功能不断得到强化，大学科研也走向了功利化之路。20世纪末，博耶针对大学教学倍受冷落的现实，提出“教学学术”的概念。这与实践反思型教师的研究范式遥相呼应，强调对教学本身的学术探索。大学教师结合自己所教学科就学科知识体系、范式转换以及有效教学进行反思研究，同时引导大学生学会研究。日本、德国的大学通过加强产学研结合促进科教融合；美国、加拿大、北欧各国重视科学教育及其方法在各学科中的渗透；中国近几年也开始重视产学研融合以及科学与人文的融合。但各类大学评估导致大学教师对科研功利性的追求，科研与教学出现了各种分离甚至冲突现象。为此需要加强科教融合，通过科研评价改革，将教学学术成果也纳入科研评价指标中。重视基于项目、任务、问题、产出的教学改革，重视本科生科研以及导师制度改革。

全面提高高等教育质量，必须将多方面的办学优势转化为人才培养的新优势。科学研究作为大学的一个核心优势，是保障高等教育质量的关键，引起了社会和高等教育界的普遍关注。北京师范大学校长钟秉林教授认为，“全面提高高等教育质量，必须不断丰富和拓展高校人才培养的渠道和资源。科学研究是目前高校最大最丰富的资源之一，当前迫切需要建立一种新观念和新机制，推动高校科学研究真正融入大学人才培养体系当中，增强高校人才培养、学科建设、科学研究三者之间的协同与互动，处理好‘人才是根本，学科是基础，科研是支撑’的辩证关系。”❶

不同类型的大学具有不同的发展语境、大学文化和办学使命。研究型大学强调精英教育、前沿研究和卓越项目，创业型大学强调科学—技术—社会以及知识—应用之间的联系。不同大学根据办学目标选择不同的课程体系和教学模式。研究型大学应践行公正和理性精神，维护科学的严谨性和独创性，尊重学术权力，并根据严格的科学标准和专业标准进行评估。由政府、行业部门、社区和研究赞助商进行的外部评估也是必要的，但只能是有益的补充。无论哪种大学，毕业生的以下特质都被强调：诚实性、坚韧性、创造力、主动性、自信心、人文性、价值、伦理、自主性，差异在于知识、技能、能力的类型、宽度和深度不同，各类科研项目主管部门将与大学和投资者、企业合作，通过财政支持，加强科教融合。不同类型的大学可以采取不同的融合策略。

高科技，尤其是大数据、可视化、模拟技术等信息技术应融入高校教学、科研和管理中。例如，我们可以使用人工智能进行课堂教学评估，以精确监测教学效率和学生的学习偏好、学习困难；使用大规模在线课程来分享世界范围内优秀的教学资源；使用仿真技术进行产品设计、风险评估、做实验和专业技能培训；使用大数据挖掘和分析技术进行可视化研究并动态预测趋势；使用大数据、可视化和模拟技术从宏观到微观进行决策研究。

本章结合前面几章的研究，探索了大学科研与教学深度融合的有效机制，挖掘了一些典型案例和成功做法，提出加强大学生学习社区建设、导师制、高年级“顶点项目”以及基于科研成果和项目的教学项目申请和人才培养转化、加强科教融合经费支持等建议，希望大学以科学精神为引领，实现科研与教学、产学研的有机融合。

---

❶ 马海泉，任焕霞．科教融合与全面提高高等教育质量——北京师范大学校长钟秉林访谈录［J］．中国高校科技，2012（5）：4－6.

一、大学科教融合的理论与实践综述

（一）有关科教融合的文献分析

科教融合有不同的分析视角及不同的含义：宏观层面一般是指科技、教育、文化三者的融合，例如，国家科技部加强与教育部、文化部的融合；中观层面是指加强产学研的结合；微观层面主要是指科研与教学的融合，例如科学院成立了科学院大学，大学加强科研与教学的相互渗透与相互促进等。董涵琼等在《科教融合：起源、演变、问题与思考》一文中系统梳理了“科教融合的内涵、起源与国内外发展现状，分析当前科教融合在理念、做法等方面存在的问题，从制度和文化建设、人才培养过程、科教协同与转化平台搭建等角度提出促进科教融合的策略。”❶

周详、杨斯喻指出，“长期以来，科研和教学的冲突成为大学功能的核心问题。对教师来说，教学和科研并不是非此即彼的关系，它们是相互促进的”。❷ 大学重视科研并无过错，错误在于过度“功利化”的科研评价导向，致使大学科研偏离了科学精神，背离了科研的本质，导致科研功能的“异化”，科研成了与教学相互冲突甚至对立的力量。

19 世纪后半期应用科学被引进大学，并且促进了国民经济的增长。洪堡是康德的大学理念和学术自由思想的倡导者，他于 1809 年向普鲁士国王递交了一份著名的提案，主张将教学与研究相结合，1810 年柏林大学建立了一所真正意义上的现代大学。大学要自治，要摆脱政府的束缚，同时要培养民族性格和精神。在英国，赫伯特·斯宾塞与纽曼的大学理念不同，主张知识的最高形式不是知识本身即目的而是对社会有用。英国的城市大学兴起并且与所在城市和地区保持着良好的互动关系。1918 年社会学家索尔斯坦·凡勃伦（Thorstein Veblen，1962）打破了自由模式。主张大学是

---

❶ 董涵琼，刘辉，赵醒村．科教融合：起源、演变、问题与思考［J］．医学教育管理，2019（2）：129－134.

❷ 周详，杨斯喻．从“科教分立”到“科教融合”：大学功能的结构、变迁与实现［J］．首都师范大学学报（社会科学版），2017（3）：153－159.

一个科研基地，教学处于从属地位。

美国在20世纪后期两种模式开始分离，一种主张知识即目的，另一种主张知识的价值在于应用。实际上是科学与人文两种文化的碰撞。现代大学由于对科研功能的过度强调，导致科研与教学的分离甚至对立。正如博耶（Boyer，1990）所指出的，“教授在指导学生方面投入的时间少，而在自己的研究兴趣上花费的时间多。教师职位越高，用于教学的时间越少。”❶ 新人文主义者试图将科研与教学相整合，共同担当起探索和传播真理的使命，但受到研究性大学和学术精英主义者的挑战。

雅斯贝尔斯（Jaspers，1923）在《大学的理念》中再次阐述了学术自由的观点，并指出，“大学是一个教学、科研、文化传递同时发生的地方”；加塞特（Jose Ortega Y Gasset，1994）在《大学的使命》中提出类似的观点，“大学的功能包括文化传播、职业训练和科学研究的追求”❷。

周光礼、马海泉指出，“从科教分离到科教融合是中国高等教育哲学的重大转变，是实现中国高等教育转型、提高高等教育质量、提升高校创新能力和建设高等教育强国的现实选择。”❸

科研与教学协同创新不仅必要，而且可行。大学教师只有静下心来结合自己所学专业和所教学科从事严肃的科学探索，才能够不断增加自身的学术积累，发现新的知识或者新的证据。而这种严肃的治学态度和探索精神以及学术积累、科研发现反过来又能够促进教学的深化，增强教学的证据感和说服力。

肖燕飞等在《科教融合培养应用型创新人才》一文中以冶金学科的教学为例介绍了“冶金学科利用优势科研资源，通过教学与科研交叉、融合，推动优秀科研成果、科研项目和设备等科研资源转化为教学资源，搭

❶ 亚瑟·科恩．美国高等教育通史［M］．李子江，译．北京：北京大学出版社，2010：315.

❷ 杰勒德·德兰迪．知识社会中的大学［M］．黄建如，译．北京：北京大学出版社，2010：50.

❸ 周光礼，马海泉．科教融合：高等教育理念的变革与创新［J］．中国高教研究，2012（8）：15－23.

建创新实践教育教学平台，有效提升了应用型创新人才的培养质量。”❶ 他们基于自身优秀的科研成果和项目，精细分解和再利用，将科研中的新方法、新发现与教材编写、本科生科研以及教学项目申请有机结合，实现了科研成果价值的最大化。

从中国知网有关“科教融合”主题的文献计量分析可见，我国对科教融合的研究从20世纪90年代开始，到2012年达到热点，之后保持持续增长趋势，2018年又再次形成研究热点。其关键词主要集中在科教融合、创新性人才培养、产学研结合、教学模式改革、本科生科研、协同创新等。其总体研究趋势，如图7－1所示。

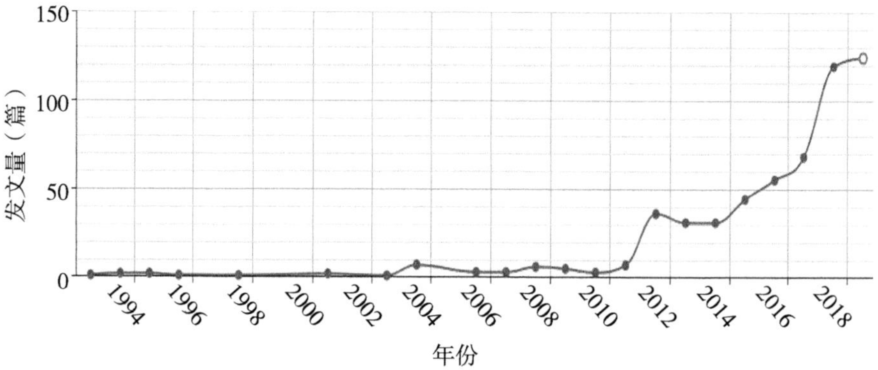

图7－1　我国科教融合研究总体趋势

（二）有关研究性学习的文献分析

莫甲凤“以华南理工大学基因组科学创新班的人才培养模式改革实践为个案，探讨研究性学习在拔尖创新人才培养过程中的路径和效果，结果显示，创新班初级阶段的研究性学习包括研究性课程、本科生科研、科研导师制及综合性评价；高级阶段的研究性学习包括高峰体验课程、研讨班、跨学科项目式学习、分类导师制及表现性评价”。❷

---

❶ 肖燕飞，徐志峰，王瑞祥，李金辉，曹才放．科教融合培养应用型创新人才［J］．中国冶金教育，2019（2）：48－50.

❷ 莫甲凤．研究性学习在拔尖创新人才培养中的实现路径——以华南理工大学为例［J］．高等工程教育研究，2018（3）：158－164.

刘实通过分析我国生物本科教学的现状，提出建立研究性学习的教学模式，为达到培养高素质应用型人才的教育目的积累自己的经验”❶

纪瑞峰、隋彦明研究发现，“当今有成就的科学家在大学阶段甚至在大学以前就开始尝试独立从事研究探索。我国科学家温元凯在中学时代就注意全面培养自己的独立研究能力，动脑筋研究小型科研课题，并建立了‘家庭实验室’，用火棉做土火箭，从向日葵中提炼碳酸钾等。在大学更加勤于探索新问题，不仅在科研上初具成果，而且培养了科研素质”。❷

陈茜、颜士刚“围绕大学生研究性学习过程中存在的问题在投入学习理论的指导下进行了研究和探索。认为产生这些问题的原因主要是学生学习的投入水平不高。作者在实践的基础上，从情感投入、行为投入、认知投入三方面提出了问题解决对策，以此来促进研究性学习顺利开展”。❸

具春林、贾楠研究了“在投入学习理论视域下，目前的学案导学存在的问题，提出了解决学案导学问题的对策：加强学案设计，调动学生积极的情感投入，致力于引导学生的行为投入，关注学生的认知投入”。❹

大学生研究性学习首先要培养学生的探究兴趣和问题意识，其次是培养他们的科研方法和科学思维，最后要养成良好的科研行为习惯，包括实验的程序、观察的精致性以及对实验结果分析的专业视角等。大学生的研究性学习还要与同伴研讨、项目合作等学习模式相结合。教师结合所教内容提出研究课题，同学分组合作，集体制订研究计划，然后分别完成各自的研究任务，最后集体讨论形成研究报告。

田阳等“通过分析混合学习环境的特征，构建出混合学习环境下的学

---

❶ 刘实．对生命科学本科研究性学习教学模式的探索［J］．亚太教育，2015（35）：317.

❷ 纪瑞峰，隋彦明．高校图书馆文化力构建与大学生学习研究［M］．南昌：江西人民出版社，2018：300.

❸ 陈茜，颜士刚．基于投入学习理论指导下优化大学生研究性学习过程管理的对策——以《学科教学论（信息技术）》为例［J］．教育信息技术，2014（6）：60－63.

❹ 具春林，贾楠．投入学习理论视域下学案导学的问题和对策［J］．教育理论与实践，2013（2）：47－49.

习与社交协同框架，最终以‘关键少数’‘阈值临界点’‘精准干预’‘有效引导’‘尝试管理’等思路或路径提出相关策略”。❶

黄昌勒“以促进研究性学习与学习云空间深度融合为目标，对学习云空间支持下研究性学习各要素进行适配分析，提出了学习云空间支持下的研究性学习系统架构和功能设计”。❷

张建林指出“大学本科研究性学习的实施可以在教学过程中分层次体现，即在‘第一课堂’的教学计划进程的宏观层次、课程教学的中观层次、课堂和作业的微观层次，和‘第二课堂’教学层次中体现”。❸

另外，还有学者从本科生导师制的视角探讨了大学生的研究性学习。例如，佚名指出，“研究型大学的一个非常重要的目标是提升学生的科研创新能力和写作能力。主张将研究型大学中过去局限于高年级本科学生实施的学年论文制向大一、大二的学生延伸。在学年论文的考核、评价方面，学校（院）不能局限于对学生的终端考核，而应强化过程考核，跟踪其论文的选题、材料搜集、研究现状调查、论据整理和论文撰写、修改完善的全过程”❹

（三）有关大学生“顶点项目”的研究

罗伯特·杜雷尔将顶点设计课程定义为：“本科阶段最后开设的课程，具有顶点性或体验性特点，目标是把大学阶段学到的零碎的知识整合为统一的整体。作为学业结束前的最后课程，目的是为学生提供成功的体验和值得憧憬的未来。”❺

---

❶ 田阳，杜静，黄荣怀. 面向混合学习的学习与社交协同策略探究［J］. 中国电化教育，2018（5）：8－14.

❷ 黄昌勤，王希哲，张冬冬，梅晓勇，周宇文. 学习云空间支持下的研究性学习研究与实践［J］. 中国电化教育，2015（8）：21－28.

❸ 张建林. 大学本科研究性学习的层次性体现［J］. 高等工程教育研究，2005（4）：105－108.

❹ 佚名. 研究型大学学年论文制与本科生导师制的互动［J］. 大学教育科学，2018（5）：55－60.

❺ Durel R J. The Capstone Course－a Rite of Passage［J］. Teaching Sociology，1993，21（3）：223.

结合杜雷尔的理解，工程顶点设计课程可以定义为："大学为高年级工程类学科的学生特别是临近毕业的学生开设的整合性课程，为学生提供综合、拓展、批判和应用所学的专业知识和技能的机会，以此延伸、深拓、扩展整个工程类专业的经历，帮助学生顺利从学校通向职场、从在校生过渡为在职者，培养学生适应工程类职业的能力，为学生可持续的职业发展打下基础。美国工程顶点设计课程有如下三个愿景：一是着眼于学生的过去学习体验，把相对零碎的专业知识整合成统一的整体；二是创造真实的生活场景，让学生把先前所学知识和技能应用于实践，引导学生适应将来的职业生活；三是提供开放性项目，增加学生对工程相关领域的道德和社会等问题全局的认识，帮助学生理解理论和实践的相关性"[1]。顶点项目还有一个重要目的就是提升工程教育领域学生的理论和方法素养，重视课程的整合和跨学科学习，重视模拟、设计、建模等技术在工程学习中的渗透。

顶点项目与教师参与、经费支持、行业赞助有很大关系。企业为得到所需毕业生也加大了与大学的合作，包括课程咨询以及校企联合培养等。[2]《斯坦福大学2025计划》提出，到2024年，斯坦福大学商学院将推出十个建立在本科生能力之上的教学中心，这些能力包括：科学分析、定量推理、社会调查、道德推理、审美解读、沟通有效性等，每个中心的负责人将负责开发交叉学科的课程，每个中心也都将成为斯坦福大学的组织结构，《斯坦福大学2025计划》将推行"有使命地学习"，通过其在世界各地建立的一系列"影响实验室"，师生们通过浸润式学习、研究和讨论如何应对全球性的问题和挑战。比如，为生活在南亚地区的人们提供清洁水源，斯坦福大学与国际奥委会共同组织的"脑力奥运会"，试图将全世界最好的学者和研究人员集中起来，共同解决全球面临的各类科研和实际难

---

[1] 熊华军，刘兴华．美国大学工程顶点课程的设计及启示——基于美国工程教育协会2005年调查的分析［J］．清华大学教育研究，2012（4）：89－96.

[2] Howe S. Where Are We Now? Statistics on Capstone Courses Nationwide. [J]. Advances in Engineering Education, 2010, 2 (1): 1-27.

题，诸如气候、公共卫生、水源、粮食等重大国际问题。❶

约翰·霍普金斯大学重视加强产学研的深度融合，根据企业需要规划科研项目，并且为学生开设相关课程。约翰·霍普金斯大学的商学院开发了“从发现到市场”（Discovery to Market）的学术项目，学生研究团队与学校科技转移办公室的人员合作探索如何将科技前沿发现推向市场；杜克大学在2010年发起的创新创业倡议，鼓励学生努力将想法转化为实际行动，用纳税人的钱解决社会问题，真正影响人们的生活，而不仅仅是发表期刊论文。例如，杜克大学的临床研究所与医疗和制药行业深度合作，其研发的产品有着极高的社会影响力和经济效益，研究所的研究始终处于前沿，并且与政府有着密切合作，这是大学实现产学研深度融合以及创新商业化的根本保障。

二、加强大学科教融合的对策研究

（一）建立灵活多样的本科生导师制

导师制14世纪产生于英国，牛津、剑桥大学最先开始实行，以后逐步推广并形成一套完整的制度。每个导师负责4～10人，指导学生的学习、行为及其生活。

本科生导师制在中国大学的实施一般仅限于高年级毕业论文的指导，研究性大学也有的从低年级开始对本科生进行科研训练。最近几年随着产学研结合以及基于项目、任务、产出、学科竞赛等教学模式的兴起，导师制又有了许多新的形式，例如混合导师制、学业导师制、高年级同伴导师制等。一些研究性大学重视本科生科研训练和科研体验，导师如果有课题经费还可以让学生实质性参与科研过程。有的学生在导师指导下完成很有价值的论文，基于学科教学将理论运用于解决实际问题，或者发现学科知识中的问题并深化研究。

调查发现，目前本科生导师制实施过程中遇到的主要困境就是导师的

---

❶ 王佳，翁默斯，吕旭峰．《斯坦福大学2025计划》：创业教育新图景［J］．世界教育信息，2016（10）：54－57.

时间和精力顾不上，导师身份角色的多样性，既要完成大量的教学任务，又要完成科研任务，所以花在本科生科研指导上的时间很有限。要想使导师制富有成效，导师的课时量要减少，或者改变教学模式，提倡研究性学习。另外，还存在本科生与导师之间的知识产权纠纷，有的导师指导本科生科研论文发表时导师署名前后的问题也引起了诸多争议，这也使得本科生导师投入不足。

各种新媒体交流工具和虚拟学习社区的兴起，为导师制的有效实施提供了便利条件，导师可以在家里利用电子邮件、微信、QQ 等社交软件与学生沟通，并且也可以规定一周当面指导一次。学生参与导师的课题，帮助导师查找资料、整理数据的过程也是一种学习。经过一段时间的训练，学生自己也学会了科研的基本方法和要求。在虚拟学术社区中，学生可以自由阅读导师发布的论文和相关研究信息，导师也可以阅读学生的论文并留下评语，学生也可以结合自己的理解对导师的文章加以评论。这样的学术交流随时可以进行，有利于促进师生双方的理解，提高指导的针对性和有效性。

在本科生导师制具体实施方面，我国部分高校已先行实施，并且也取得了许多宝贵的经验。2002 年北京大学成为本科生导师制试点单位，浙江大学 2002 年在本科生中全面推行导师制。多年来本科生导师制积累了丰富的经验，不同学校、不同院系可以根据自身的人才培养方案选择合适的导师模式。

改变现行的学术评价制度，评价教师的学术水准不仅仅以本人发表论文作为唯一衡量标准，还要看指导学生科研的情况。为了减轻导师的工作和指导压力，学校可以考虑为每位导师配备若干名助导，助导可以是高年级优秀本科生、研究生或博士生。助导首先要接受导师的指导，然后协助其导师对本科生进行科研指导。这样既可以增加对本科生的指导次数，同时对助导来说也是锻炼和提升自我的机会。在对低年级学生的指导中，助导也可以把自己被指导的经历同本科生分享，这样可以与他们产生共鸣，使得本科生能够很快掌握科研的基本方法。

（二）加强大学生虚拟学习社区建设

大学生学习社区是以学生为中心，教师为主导，基于学科教学、主题研讨以及各类项目而建立的教学与科研相融合的自由学术交流群。优质学术社区可以开阔大学生的视野，分享主题信息，加强基于问题的研讨，为学生提供多种在线课程和参与机会，提升学术修养，深化大学教学改革。

随着各种新媒体的出现，学习资源观、学生观和学习方式都发生了很大变化，研究性学习受到了各类大学的欢迎。大学生学习社区作为一种非正式研究性学术交流方式是课堂教学的有益补充和延伸。多样性的学术社区可以更好地配合大学教学改革，学生可以根据教师布置的研究主题，基于自己的特长和兴趣选择参加的学术社区，深化课程学习，提升综合能力。

20 世纪 60 年代在美国兴起了多元文化教育思潮，旨在追求平等、尊重差异、促进合作。奇可森特米海依（Csikszentmihalyi）在创造力的研究中指出，“创造力是由社会、文化与个人相互作用而产生的现象，如果没有社会与文化的影响，个人是不可能产生出创造力的”。❶“精英”并不特指科学家，也不仅仅局限于“大脑”，也包括身体智慧和动手能力，包括技艺精湛的“工匠”和工程师；还有一些“精英”热衷于公益事业。❷

教育要重视学生的差异性，并将这种差异性变成有效的教育资源。学生群体的多样性有利于学生之间的相互学习、理解与适应。建设生态化大学生学术社区不仅有利于同伴之间学习资源和隐性智慧的分享，也有利于大学生情感、态度、社会性和创新能力的发展，更好地配合大学教学模式改革，形成线上与线下相关联，教师、学生、技术、资源、服务各要素协同共进、自主适应的教学新生态。

王震亚等指出，“利用互联网技术组建跨地域、跨学校的课程教学团队，形成‘开放式建设、共享式教学’的新型教学共同体模式，能够更好

---

❶ 姜磊．从社会心理学视角看创造力研究［J］．社会心理科学，2005，20（5－6）：18－24.

❷ 潘雅．继承和发扬根植于民族血液里的创新精神——访以色列教育部部长夏伊·皮隆［J］．世界教育信息，2015（1）：3－8.

地适应教与学的需求，构建全新的教与学关系”。[1] 多召军等（2019）研究验证了网络学习社区功能设计及干预活动的有效性。[2]

根据本书作者的调查发现，目前我国大学生参加学习社区类型人数最多的是 QQ 和微信群，其次是兴趣小组、创新创业团队、对分易（校友邦、蓝墨云等）、同乡会、学科小组、考研联盟、体育小组、教师联盟。交叉分析发现大学生参与学习社区的类型存在着明显的年级和专业差异，文科生和工科生使用 QQ 和微信群以及对分易（校友邦、蓝墨云等）占比最高，而艺体生选择创新创业和校外兼职占比较高，加入虚拟学习社区占比较低，理科生处于中间水平。70% 以上的同学认为学习社区最大的优势是互动性强、时效性强、学习资料丰富多彩，57% 的同学回答满足个性化学习需求，58% 的同学回答促进协作学习和项目学习，提高了学习效能感。大学生采用 QQ 和微信群与教师交流的占比最高，其次是对分易、校友邦、蓝墨班课等课堂学习社区，再次是邮件。回答学习社区有一些规章制度，但不规范的占 45. 54% ，认为大家有心理默契的占 23. 21% 。78% 的同学认为学习社区对学习有积极影响；同时认为学习社区中仍然存在一些问题：网络社区中存在虚假信息、有害信息，信息太多，浪费时间，现实中的学习社区排外性太强，存在帮派性。大学生最希望学习社区提供更多的共享资源（如学习资料）的占 76. 68% 、和自己课堂学习和真实需求结合的实际服务的回答占 75. 78% 、希望生活或工作指导的占 43. 05% 、希望虚拟交友的占 12. 11% 、希望提供游戏的占 10. 76% 、其他的占 5. 83% 。

本调查发现大学生参加学习社区的认知需要大于情感性需要，与课堂教学内容的关联性以及即时咨询与辅导是影响社区参与度和学习效能感的重要因素。这可能与目前我国大学生学习与就业压力有关，学习的工具价值得以强化；另外缺少能够为参与者提供具有学习参与及人性关怀的高质量学习社区也是重要原因之一。随着移动工具的普及以及网上学习平台与

[1] 王震亚，宁芳，张强，王子健．利用在线开放课程开展共享式教学初探［J］．中国大学教学，2018（8）：58 –61.

[2] 多召军，赵蔚，任永功．移动网络学习社区构建新范式：大学生自我调节学习效能感培养视角［J］．现代远距离教育，2019（1）：10 –17.

移动学习的整合，课堂教学与新媒体整合速度加快，大学生使用对分易、蓝墨班课、雨课堂、校友邦、科研之友等新社交网络媒体的人数不断增加，从中也能反映出技术与应用普及之间的共进关系。

国内外研究表明，随着各类社交媒体、Web2.0、living lab 等新学习媒体的出现，学习社区、小组合作学习、同伴辅导等新的学习方式显示出明显优势。但必须有良好的小组协调网络系统、明确的目标和合作、信任基础才能使得这种非指导性、自由自主的小组学习环境更有利于激发学生的创新学习和自主管理。

虚拟学习社区整合了几个 Web 2.0 工具，如维基百科、博客、微博、微信、QQ 等。Popescu E 介绍了 eMUSE 在 Web 2.0 增强型学习空间中的功能，为学生和教师提供增值服务：学习者跟踪功能，监控和可视化功能，评分和评估支持。作者提供了 eMUSE 的基本原理、平台架构和功能的描述，以及基于项目的学习环境中的实验验证。❶

Peppler K A 和 Solomou M 在“创造力构建：社交媒体环境中的协作学习和创造力”一文中基于系统的创新方法和社会文化建构的学习方法，突出了社区内创造性思维的融合及其成员之间的互动。❷

调查研究表明，我国大学生对优质学习社区有很高的需求，但目前大学生对优质学习社区信息掌握不充分，优质资源利用率不高，大学生所加入的学习社区范围比较小，并且认知需求大于情感和社会性需求。这与大学生参与学习社区的功利性目的有关，也与学习社区供给质量有关。

据此，一是研究者、教师、平台及软件供给方需要加强实证研究，提高供给的精准性；通过技术创新及平台的升级，创造更多需求，通过供给侧改革打造生态化学习社区，更好地满足大学生学习、情感、社会性需求，同时激发创新活力，增强学习创新，打造增值性、共进性、生态性学习社区优质品牌。

---

❶ Popescu E. Providing collaborative learning support with social media in an integrated environment [J]. World Wide Web, 2014, 17 (2): 199 - 212.

❷ Peppler K A, Solomou M. Building creativity: Collaborative learning and creativity in social media environments [J]. On the Horizon, 2011, 19 (1): 13 - 23.

二是加强社区文化建设，优化学习社区环境。充分调动大学生参与社区管理的积极性，形成自由、自律、自主的学习社区文化氛围。社区既有约定俗成的制度规范，也有心理默契和文化约束，可从大学生心理需求、人际和谐以及审美层次考虑社区生态建设；根据大学生需要建设适切度高的学习社区。例如，与学科课程高度相关的学习社区，学生通过学习社区可以弥补课堂学习的不足，查漏补缺，互通有无；通过学习社区拓展课堂学习的应用与创新渠道，加强学术交流，教师可积极参与到学习社区中，配合论文指导和项目指导，提升学生的研究能力，基于研究的课程与教材研究能力和应用能力。大家基于项目进行合作创新，传播学科文化，将学科学习推向更高层面；根据大学生的兴趣爱好建设高质量特色学习社区，为学生潜能的发挥提供更多机会和展示的平台；拓展学习社区，增强多样性。建立校际、区际、国际之间的开放式学习社区，培养学生的国际视野和适应能力。

加强学生领袖的培养，发挥其带头和扩散效应。优质的学习社区离不开榜样的示范和引领，这些榜样可以是某一学科领域的学习榜样，发挥咨询辅导作用；也可以是优秀的组织管理者，他们善于组织协调各类成员、活动场地和各种信息资源，达到优化组合，提高利用效率。

教师要积极参与到学生学习社区中，并结合自己所教学科，发现和培养学习骨干和组织领袖。各学院可通过大学生创新创业项目、学科技能比赛、本科生科研、高年级“顶点项目”等内容，发现和培养各路骨干，然后加强个别辅导，获奖后就可以进一步发挥其带头和辅导作用，带动全体同学发展。

例如，在学科竞赛学习社区中，教师通过辅导优秀学生参加全国、全省大学生专业技能大赛，获奖选手回来后向全院学生分享其参赛的过程、经验和收获，并参与指导下一届参赛选手。这样不仅使参赛选手得到了锻炼，而且带动了其他同学的学习和技能提高，发挥了榜样的扩散作用。师生还可以及时总结提炼学科竞赛人才培养模式，形成宝贵的学习资源。其他科研项目、“顶点项目”也可以照此模式先培养骨干，后带动全体发展。

对于那些学业落后的学生，教师可以协同社区领袖做好调查研究，按照需求为他们提供优质服务；对于多才多艺的学生，要善于发现他们多方面的潜能，并创造多样化机会和平台让他们发挥其潜能。教师可以适当予以纠偏、点拨和激励。

教师辅导过程中所传递的不仅仅是学科知识、技能，更是一种思维模式和文化，一种爱心和责任。这样的“认知学徒制”更有利于组织学习中隐性知识的学习以及学科文化的形成。

教育中著名的“皮格马利翁效应”启示我们，赞美、信任和期待具有一种能量，它通过暗示和能量传递能改变人的行为。当一个人获得另一个人的信任、赞美时，他便感觉获得了社会支持，从而增强了自我价值，变得自信、自尊，获得一种积极向上的动力，从而维持这种社会支持的连续性。“皮格马得翁效应”说明学生潜能的巨大性和发展的无限可能性。教师要善于发现和培养各类学生领袖，通过个别辅导传递教师的隐性经验和文化，再通过学生领袖将教师的教育智慧传播开来，带动全体发展和学科文化建设。教师自身也要用其纯正之心，“以其昭昭，使人昭昭”，引导学生自主发展，多方共进，不断超越，走向更高境界。

三是加强技术与教学的融合，促进协同创新与共进。目前由于信息与技术的不对称性，增加了大学生选择的盲目性和风险性，对一些优质教育平台和资源利用率太低，造成技术与资源的浪费；另一方面平台开发商对教育改革趋势和大学生需要、信息技术前沿也存在盲区，无法实现精准供给。

为此，第一，技术供给侧要加强与学习者的联系，了解大学生目前的学习需求和所应用的学习社区类型，提供及时的技术服务，促进技术的升级与整合，将规范化的学习平台与移动学习有机结合，提高学习的便捷性和交互性；第二，大学生学习者要提高学习的主动性和创新性，在利用各类学习社区的同时不断研究人机交互规律，熟悉技术，创新学习，增强效能感，从而使得知识学习与技能提升相结合，学习与产品开发相结合，打造增值性学习模式；第三，技术研发者要将学习分析技术嵌入到教育软件和课程中，让学习过程更加可视化，进而更好地利用分析结果促进学习及技术的改进。

总之，建设生态化优质大学生学习社区是一项系统化、动态化工程，需要技术、政策、师生、技术研发者、平台供给商多方协同共进。目前的系统理论研究和深入的实证研究仍然不足。可以利用大数据技术与方法支持，加强对不同学科优秀师资及学生的监测与选拔培养。结合学科竞赛、本科生科研、高年级“顶点项目”等内容，更好地发挥首席学科教师专家和学生领袖的榜样和带头作用。另外利用大数据技术进一步加强对学习社区中的生态指标和地方性知识的研究，诸如师资生态指标以及基于学习大数据及学习分析的师生、生生、人—机—数字—环境交互生态指标的研究等，为大学教学改革及人才培养模式改革提供理论及证据支持。

（三）加强课程整合，提高创造能力

目前各类大学都重视培养“T”型优秀人才，既具有精深的专业知识，又具有多学科背景和综合能力。而科学—技术—工程—艺术—数学（STEAM）课程范式是适应各类大学的课程范式，也有利于科研项目的申请。STEAM 范式通过科学、技术与艺术的融合，有利于培养学生的创造力和科学人文素养。不同学科可以基于学科优势开发不同的 STEAM 课程模块。例如化学制药专业的学生可以在学习专业课程的基础上引入东西方医学史、文化人类学、人体艺术、计算医学等课程，在原有的纯粹科学制药标准的基础上再增加一个人类体质多样化标准，进而使得药物的研发更符合人道主义精神，满足多样化需求。在药物实验和检验过程中可以充分利用大数据技术挖掘各类药品的消费地区，精准定位各种疾病的地区差异，进而更好地定位发病的环境因素和遗传因素。

另外，大学可以通过虚拟学习社区吸引不同学科背景的学生加入，相互交流，优势互补，形成同伴辅导和自主学习的优质社区；教师也可以和同学一起申请科研和教学项目，加强与外界的合作，更好地实现知识的价值。通过“从做中学”“从研究中学习”深化对知识原理的理解，促进创新。另外，学习社区中也可以邀请各学科教师、专家和科学家参与，方便学生与之建立学术联系，或者为以后考研做好准备。更重要的是可以通过虚拟学习社区，让学生感受到优秀学者和科学家的科学精神，研读其学术

成果。

人类所面临的许多问题都需要复杂思维和跨学科视野。传统的科学教育重基础知识的学习，而不注重方法训练和实验研究；近代以来在知识生产模式 1 的主导下，自然科学及其方法又占据了主导地位，导致思维的分化和自然、技术、人文、社会四种文化的割裂与对立。在知识生产模式 2 下，跨学科知识与一体化思维受到欢迎。加强科学、技术与人文、艺术的结合有利于激发创新，形成新的更符合人性化需要的研究方案和创新范式，以鼓励有远见的创新和解决复杂问题所需要的能力。

目前许多大学都进行了基于 STEAM 理念的课程设计，例如纽约州立大学波茨坦分校是这一课程开发的理想场所。作为州立大学最古老的师范教育学校和音乐教育的发源地，它在教育和艺术方面有着悠久的课程创新历史。此外，它还拥有强大的科学课程，专注于为学生提供与教师合作进行真实科学研究的机会，从学科视角开发了基于问题的跨学科解决方案和课程结构，包括生物学、计算机科学、数学、音乐教育、心理学、戏剧、视觉艺术和声乐表演。一是重视学生的文献研究和实证研究能力，二是重视学生的数字设计和模型建构能力。

STEAM 课程理念不仅专注于培养跨学科人才和提升学生的研究能力、综合能力，而且专注于研究如何能够更好地激发学生的创造力和学术潜能。如思维的灵活性、新颖性和独特性、深刻性、连续性和缜密性等。大学生思维创造力的培养必须将灵活性、批判性与深刻性、连续性、缜密性相结合，而不是“一过性”的求异思维或过多的发散性思维。参与 STEAM 课程训练的大学生可以从人文和社会科学中培养共通感，提高创造性思维，培养灵感，另外 STEAM 课程能够提供丰富的学习与研究资源以深化学生的思考，形成系统的、富有创新性和有价值的成果。

STEAM 培训计划重视为学生提供更多的体验和参与实践机会，包括参与真实研究的体验和参与实践的体验，诸如所有类型的沟通、谈判和问题解决以及对真实问题的应用。培养学生良好的习惯和元认知能力，例如学会做笔记、自主设计或查阅文献资料、进行调查和实验设计等。鼓励学生成为积极的问题解决者和建构者，学生参与社区工作的经验受到重视，相互负责和承诺。创造性的个体是积极的、主动的、热情的、专注和投入的学习者和创新者。教师的研究指导对学生创造力的培养也是非常重要的，例如，提供有价值的研究问题和应用场景，启发学生多视角探索解决路径，采用更有效的方法等。学生着手自己收集资料和研究，在此过程中又会不断发现新问题和新的路径，在原有的基础上不断拓展研究空间，最后得到最优的解决路径。有效的问题空间和思维空间以及适当的学科边界和理论基础对于富有成效地解决问题相当重要；学习社区中的共享资源、相互支持的社会情境对学生创造力的激发也很重要。

马里兰州艺术学院拥有 STEAM 研究重点领域，并整合了艺术和 STEM 的非正式教育以及设计实践，设计思维和艺术教育中心；罗德岛的布莱恩特学院以创造性地解决问题、团队合作和创新过程为核心，专注于全球业务，并在国外进行一段时间的集中培训和项目合作。伦斯勒理工学院提供电子艺术、游戏和模拟艺术与科学—设计—创新和社会方面的课程；俄克拉荷马州立大学设有创新研究所，负责协调创意奖学金和创新教学的研讨会，以及针对各种问题的创造性解决方案的技能竞赛；斯坦福大学（设计学院）是一个创新中心，由跨学科的学生团队负责世界各地的工作。学生参加一门创意和创新课程，学校也支持校友创意夏令营。STEAM 课程计划中包括第一年的强化课程和解决问题的课程，在整个课程中嵌入创造力成分，并增加了环境的设计和海外学习经验，多次的实习和模拟仿真设备供学生使用。他们将是富有创造力和创新精神的思想家，能够以独特的方式发现问题和解决问题。他们善于自我激励，富有自我效能感、坚持性；善于从错误中吸取教训；善于合作并能够承担起个人、专业和社会责任。随着年级的提升，他们将开展一系列项目，这些项目在各学期间都是相互衔接的、持续深化和不断拓展的，最后通过高水平研究论文或实习项目表现出来。学院一般设有学术顾问和高年级同伴导师伴随学生的整个学习和项目始终。STEAM 课程体系非常重视各项活动之间的关联性和晋级性，只要按照设计好的课程和活动认真执行，到毕业时都能提交高质量毕业论文和实践报告。另外专职的学术顾问和同伴导师的全程跟进对顺利达成项目承诺也是非常重要的。

纽约州立大学波茨坦的以学生为导向的整合课程模式（Student－Initiated Integrative Major，SIIM）围绕三组活动展开：领域知识、整合学习模块和问题解决研讨会。领域知识涉及发展科学专业知识，包括学科和同类科学的基础知识。整合学习模块（Integrative Learing Module，ICM）将涉及针对特定主题的多学科问题解决方案，例如全球人口过剩或水资源短缺。学生将提出课程主题，然后选择相关问题进行学习，以便他们对自己的项目拥有主动权。每学期至少会有一个综合学习模块。此外，学生将参加问题解决讲习班，其中一些将在冬季学期举行，为密集课程，届时他们可以完全沉浸在项目中。学生必须实习，并制订计划，还要在国外学习一个学期。学术体验的高峰时刻是“高级顶点研究项目”，应用科学知识来解决一个重大问题。

每个学生计划将包括四个主要部分：

跨学科专业（25%～48%）：学生设计的、具有前瞻性的专业，至少有两个不同的学习领域。

综合核心（42%～49%）：基于问题的多学科、学生驱动的、贯穿整个课程的应用学习。

实习经历（2%～10%）：远离校园的真实实践体验。

其他要求（5%～14%）：通识教育和文科必修课程。

表7－1是学生自己设计的两个学位课程样本。[1]

如前所述，纽约州立大学波茨坦的现有课程结构允许对其他机构计划中确定的共同要素进行调整。国际学习或与美国境内机构交流增加跨文化体验，重要的是要有一个教师群体为学生提供个性化服务和更多参与机会。

课程的有机整合有利于提高学生的理论素养，同时也使得学生能够及时掌握先进的数字模拟、设计和建模技术，最后还能够将经济、社会因素

---

[1] Madden M E，Baxter M，Beauchamp H，et al. Rethinking STEM education：An interdisciplinary STEAM curriculum［J］. Procedia Computer Science，2013，20（Complete）：541－546.

表 7-1　纽约州立大学波茨坦的整合课程模式

湖沼学学位课程	能源分析学位课程
学生发起的跨学科专业整合课程（SIIM）	GEOL 103 物理地质学
BIOL 151 普通生物学Ⅰ	GEOL 204 历史地质学
BIOL 152 一般生物学Ⅱ	GEOL 301 沉积地质学
BIOL 300 生态学	GEOL 311 矿物学
BIOL 311 遗传学	GEOL 321 光学和岩石学
BIOL 409 淡水生态	CHEM 341 有机化学Ⅰ：讲座和实验
CHEM 105 通用化学Ⅰ：讲座与实验室	GEOL 420/440 地球化学/经济地质
CHEM 106 通用化学Ⅱ：讲座与实验室	CHEM 105 通用化学Ⅰ：讲座与实验室
CHEM 341 有机化学Ⅰ：讲座与实验室	CHEM 106 通用化学Ⅱ：讲座和实验室
ARTS 369 视频Ⅰ	ECON 105 微观经济学原理
ARTS 395 视频Ⅱ	ECON 110 宏观经济学原理
整合核心课程	综合核心 ECON 302 全球经济入门课程
整合核心（创造力和问题参与）	PHYS 325 能源与环境综合学习模块
两个 9 学分的 ILM	整合核心课程
三个 6 学分的 ILM	入门课程（创意与问题参与）
学生驱动课程简介	综合学习模块（ILM）
三个 2 学分的 Winterim 问题参与课程	两个 9 学分的 ILM
综合顶点项目研讨会（ICP）	三个 6 学分的 ILM
两个 6 学分的 ICP 研讨会，其中包括一个综合顶点项目学习领域	学生驱动课程简介
额外的通识教育必修或选修课	三个 2 学分的 Winterim 问题参与课程
综合顶点项目研讨会（ICP）	综合顶点项目研讨会（ICP）
实习（或外地学习）经验	两个 6 学分的 ICP 研讨会，其中包括一个综合顶点项目学生的学习领域
	额外的通识教育必修或选修课
	实习（或学习）经验

渗透到工程设计中，进而能够独立解决复杂的现实问题。这也是实现产学研结合的有效途径。例如土木工程的学生还要学习环境、岩土工程、运输或结构工程课程以及模拟课程、图纸设计以及经济评估等课程，现场实习也是增强体验所必需的；化学工程设计课程通常涉及过程的模拟或分析、实验室及设备建设等；机械或制造工程的课程通常涉及样机的安装和测试、生产过程及设备设计或系统集成，也可以提供纸质设计或可行性报告；许多电气和计算机工程的整合课程包括具有重要硬件组件

的项目，包括计算机软件与相关硬件的交互。STEM 课程旨在加强工程教育与科学和数学的联系，重视学生的设计素养和建模能力的培养，尽可能多地考虑各种变量和可行性评估，重视系统设计细节和建模，进而为学生的可持续发展和综合能力的提高打下宽厚的基础，同时又重视实践和科研体验。

除了课程加强整合外，大学教学模式也要相应地改革，强调基于项目、问题、科研考察等内容的学生的自主探究式学习，增加大学生的科研体验。一是通过作业改革，加强研究性学习和研究指导；二是加强师生合作，鼓励学生参与教师科研项目，增强科研体验；三是加强实践体验，加强实证数据的收集。

三、加强大学科研方法研究及教育

（一）加强大学科研方法教育的意义

大学科研强调负责任的研究，而负责任的研究必须强调方法的适切性。研究人员有时采用不恰当的统计测量方法来处理实验数据，结果得出非科学的结果；只选择一种方法或有限的实验数据，以得出特定结果，或者草率下结论，结果导致研究的偏颇。负责任的研究首先必须关注方法的适切性，考虑研究主题与方法之间的耦合性。另外还要关注细节，准确地记录实验数据，或者采用新技术手段辅助数据的采集、保存和重放。忽视细节可能导致对重要变量的疏漏，影响数据的完整性和结果的科学性。

刘剑莺在“方法的介入：科研管理的最近发展区”一文中指出“要从教师的‘最近发展区’出发，给予教师科研方法上的引领和策略上的支持，从而推进课题研究的深入，真正促进教师的专业成长。”[1] 可从学习式管理、支架式管理、参与式管理、介入式管理、成果式管理五个方面加强对教师的科研管理，促进科教融合。这不仅有利于提升教师的科研能力，而且对科研评价和科研管理也具有启发意义。科研管理者要参与到教师具

---

[1] 刘剑莺．方法的介入：科研管理的最近发展区［J］．江苏教育研究，2017(14)：66－68.

体的科研过程中去，并且提供一些实用的科研工具，在互动过程中促进教师科研能力的提升和研究目标的达成，同时加强成果的持续性管理，产生连动和增值效应。

科研方法是实现科教融合的手段和保障，也是科研管理的重要内容。无论教师、学生还是科研管理者都应该对不同领域的研究方法及其范式转换保持专业的水平，准确判断研究方法与研究主题的符合度，提高研究的信度和效度；同时能够及时吸收新技术和新方法。自然科学、人文科学和社会科学有不同的研究范式和研究方法，尽管我们强调三种不同文化的融合，但在教学过程中首先需要教学生掌握本学科适切的研究方法，当他们熟练掌握并会应用这些方法进行研究时，再将其他方法、技术整合进来，为研究提供新的视角。在本书第一章绪论里详细介绍了文献计量法、叙事研究法、比较研究法、调查研究法。这些方法比较适合人文和社会科学领域的研究。利用中国知网以“科研方法”为题目，共检索到 5958 篇文献，其关键词包括科研方法、科研管理、科研能力、科研项目、科研评价、科研成果等。从中可见相关作者在研究科研管理和科研评价时非常重视科研方法。

（二）加强大学科研方法教育的途径

一是结合具体的学科教学加强科研方法的渗透和指导。例如，庄媛等在“化学实验与科研方法课程教学模式探讨”一文中“将研究型教学模式引入化学实验与科研方法课程，通过构建‘课堂学习—自主实验—科学指导’三位一体的教学体系，开展科研方法论理论教学，设计以文献调研、实验设计、实验实施、结果分析为主线的研究型教学实验，建立多元化考核体系，激发学生科研热情和创新意识”❶。齐金勃、寿莉在“司法会计科研方法研究”一文中指出“司法会计的科研方法既是司法会计理论的重要组成部分，也是促进其理论发展的重要技术手段。应培育多学科背景的司法会计科研主体、加强研究团队建设，明确科研客体，建立兼具多学科研

❶ 庄媛，刘杰民，姚喆．化学实验与科研方法课程教学模式探讨［J］．大学化学，2017，32（7）：44－47.

究方法的司法会计科研方法体系，增加司法会计科研成果的检验环节。”❶

通过科学手段和科学方法得出的认识相对于日常生活中的认识以及思辨性认识来说具有明显的优势，那就是结论比较明确，并且可以重复和用以解释同类现象，其中包含着对一类研究对象的深刻认识，所以对具体事物具有一定的迁移和指导价值。科学研究有一套特有的程序和符号系统、概念体系，从事科学研究的人必须熟悉这一套体系。研究方法有普适性的方法，如观察法和实验法，还有一些特定学科的研究方法，如光谱分析法等。

二是结合大数据语境介绍科研方法新理念、新技术。例如，张峰、张迪在“论大数据时代科研方法新特征及其影响”一文中指出，“科学研究已进入大数据时代，大数据使科学从仅追求因果性走向了重视相关性，颠覆了以往的思维方式。新理念结合新技术，从而给科研方法也带来了革新，也将对科研活动产生重大影响”。❷

谢海涛等在“科研社交网络中跨学科情报推荐方法研究”一文中指出，“科研社交网络是科研人员分享学术情报和寻找合作伙伴的重要平台，对跨学科合作有极大推动作用。将用户的差异化信息传播贡献纳入考量，设计了侧重跨学科情报推荐的协同过滤算法。”❸

大数据有望成为科研的“第四范式”，目前一些领域可以利用人工智能进行科研论文的撰写，自动进行科研选题、文献综述、方法选择、实验或研究过程，得出结论，对结论进行评估并提出建议。但也有学者提出人工智能所做出的科研的署名权问题。尽管我们可以利用人工智能撰写论文，但还是需要人的参与，例如，相关软件和技术的操作也需要一定的技术，还需要对论文进行润色等，如果投稿，作者还需要对数据和结果承担

---

❶ 齐金勃，寿莉．司法会计科研方法研究［J］．湖南财政经济学院学报，2017，33（3）：101－107.

❷ 张峰，张迪．论大数据时代科研方法新特征及其影响［J］．科学学研究，2016，34（2）：166－170＋202.

❸ 谢海涛，肖雯，黄劲松．科研社交网络中跨学科情报推荐方法研究［J］．情报杂志，2019（5）：186－194.

伦理责任。

尽管各种新技术、新方法对传统科研方法提出了挑战，但我们还不能完全丢掉传统方法，因为其中凝聚了人类历代科学发展的精华，其中的精神价值、思维价值都是不可替代的，所以各学科教学都要重视对学生进行系统的方法训练，辅助以新的技术和新的方法。下面对科研方法的基本内容简单加以介绍。

（三）科研的一般程序和基本要求

科研的一般程序包括：选题→收集数据→建立数字模型→数字处理→检验→得出结论→建立理论体系。选题一般来源于科学问题，科学问题要是真问题，可以通过实践发现问题，也可以是科学领域存而未决的问题，也可以是新出现的问题，如科学理论与事实的矛盾，不同学说之间的矛盾；还有一些不可预知的风险问题。培根提出，科学始于观察；波普尔提出“证伪论”，科学研究在于不断发现反例，然后去求解，科学研究开始于问题，提出新的问题，新的假设，从新的角度去解决问题，也可以从不同维度去解决问题，如从“点—线—面—体”到多维转换。

科学研究既要有战略目光又要深入到具体问题和细节。战略目光需要对科研问题和趋势有所把握，在关注总体趋势的同时能够深入到研究的内部看到本质和问题；也可以从现实中发现问题，然后通过独特的学科专业视角去探索解决问题的最佳方案和最优路径。

科研需要进行必要性和可行性分析。必要性分析可以从理论和应用方面阐释研究的意义。有些研究需要对已有研究进行回顾，发现前人研究的成果对自己的研究有哪些启发，前人做出了哪些贡献，你所从事的研究将有哪些突破点和创新点，等等。应用价值在于解决了哪些现实中的问题，是否有利于生产效率的提高、安全性能的提高、成本和污染的控制；是否改善了生产流程，是否提高了产品的性能等。

除了必要性分析还要做可行性分析。有的研究尽管很有价值，但不具备可行性也是无法付诸实施的。比方“翻转课堂”在小学语文教学中的运用主题，从理念上看是先进的，对策建议也很好，但实施起来却相当困难，涉及师资水平和学生原有的基础、资源条件等诸多因素，所以还必须结合各学校的具体情况谈对策。

教育科学研究有些是引领性的，有些是解决实际问题的。诸如“如何减轻小学生的课业负担”是个很有现实意义的课题，但是多少年来也没有得到很好地解决。为了减轻学生的课业负担，政府规定小学 16：30 放学，结果社会就办起了“16：30”以后的各类补习班，导致学生的学习竞争更加激烈。仅靠制止是不行的，那还不如加强对课后辅导机构的质量监管力度，发挥社会优质资源的积极作用助力教育。这其中也存在许多问题，所以需要结合个案做深入细致的研究，提出适切性的对策建议。如果从家长到学生、教师都发现课后（16：30 以后）的确是学校教育的有益补充，那么就应该大力鼓励和支持。随着时间的推移，可能还会出现各类新的问题。社会事业如同科学发展也是在不断发现问题、解决问题的过程中推陈出新、发展及进步的。

有的研究需要很长的时间才能看到效果，这就需要做出长远规划或者形成一个研究的“接力赛”，形成一个良好的年龄梯队和学科交叉团队，否则研究就有可能中断。哈佛大学的许多心理学实验都持续 20 年、30 年甚至人的一生，最终能够坚持下来并得到有价值的科学发现，造福人类。

科学研究还要考虑研究者的立场问题。例如，对于“翻转课堂”实际效果的研究，许多同学都选择教育实验研究：选择一个对照班，一个实验班，前者采用常规教学，后者采用“翻转课堂”模式。结果多数同学都得出了“翻转课堂”的应用与学生学习、心理健康方面呈现出高度的正相关，于是建议要大力推广。这其中有太多的漏洞，比如师资水平、教学设施、资源、学生用于学习的时间、实验效应等。“翻转课堂”主要是适应新媒体技术而提出来的，学生利用各种新媒体技术自主获取学习资源并且可以加强与同伴及教师之间的互动，进而改变了已有的教师讲、学生听的教学模式，促进学生全面发展。“翻转课堂”作为一种新的教学模式或理念是可以接受的，但不考虑具体条件全面推广也是不可行的。

例如，信息技术专业的学生在研究同一主题时多数是站在“技术至上”的立场考虑问题，因此他们会在研究过程中有意无意地渗透自己的价值观和感情因素，这种倾向也会影响到实验的效果。另外他们在教学中对于技术的操作和指导得心应手，这也会影响教学效果。而受过系统心理学专业教育的学生则更倾向于从心理学的专业立场去设计各种变量，控制研究过程，结果往往得出与信息技术专业同学的研究相反的结果，或者是一个折中的结果。他们会强调一些中介变量或者调节变量的作用，例如同伴领袖、协调者的作用、师生的技术熟练程度以及教师的参与程度等，这些可能是影响“翻转课堂”效果的主要因素，而不是一味地强调“翻转课堂”的优势。

再有，一些科学家研发的各种保健品主要是为了增强人体某些方面的功能，提高免疫力。但一些保健品在增强人体某一方面功能的同时又可能导致对其他功能的损害；还有基因修复、器官移植等技术，如果用在治疗方面是可取的，但如果滥用就可能造成人类生态的失衡，破坏自然的秩序，带来新的社会伦理问题。所以对于此类的研究还必须进行可行性和伦理性分析。

不同学科有不同的选题范畴。例如，心理学关心的是人从出生到老是否能够保证心理健康和增强幸福体验，提高生命质量，更好地实现人生价值。他们不仅关心先天健康人的心理，也关心先天处境不利的群体。他们是否能够在各个阶段都顺利完成发展的任务和潜能的实现？如何从认知、情感、意志、人格等不同角度去对人的心理现象进行深入细致的研究，找出各种心理变量之间的关系以及心理与身体之间、心理与社会之间相互影响的关系，进而提出系统的优化策略。

每个学科都有与研究主题和范畴相适应的研究方法和体系。例如，心理学自从 1879 年冯特在德国的莱比锡大学建立的第一个心理实验室开始，其研究方法随着研究主题的不断深入和扩展而形成了庞大的方法体系，其中有内省的方法，也有实验法和测量法，还有质性研究法，如家谱调查法、观察法、人种志法等，在具体数据处理方面还会用到统计分析、回归分析、相关分析、大数据分析等技术。

实验方法是在特定环境下强化对象及其条件，纯化和简化对象，模拟研究对象，并且考虑经济性原则和最优化原则，实验结果是可重复的。依测量手段的不同可以将实验分为定性实验和定量实验。前者主要是发现对象某种属性；后者主要是用于精确测量属性的量值。依实验手段的不同可以分为直接实验和间接实验。前者是在实验仪器干预下观测对象的变化并记录各种变化和反应数据；后者主要是通过各种图像和数据技术进行的模拟实验，设计出反映对象属性的模型，再设计各种参数并作用于模型，通过模型实验了解原型即对象性质和变化规律。模型包括物理模型、数学模型和功能模型、思想模型等。

实验要求进行实验规划和设计，尽可能多地考虑各种变量，然后按照某种属性设计几个维度对变量进行分类建立模型或者结构方程式。接下来就是选择实验仪器、设备和材料，开始实验——确定控制变量，尽量减少不确定性变量的干扰；选定变量的测定方法；选择适当样本，尽可能进行对比实验，注意消除实验者的心理定势和先入之见，排除主观情绪干扰，实验应该具有可重复性。注意保存好各种实验数据，包括成功和无效的数据。最后进行数据收集和处理。

对现象的观察和时机的捕捉以及对结果的处理都渗透着理论的指导和观察者的解释，观察不仅是接受信息的过程，也是加工信息的过程，所以必然与观察者的知识背景、理论素养、对研究领域的把握情况以及生活经验相联系，对于同一现象不同的观察者可能会看到不同的现象，得出不同的结论。有的人善于从稍纵即逝的现象中发现机遇，有的人却抓不住关键。所以对现象的观察也是非常重要的，我们要求观察的客观性，但纯粹的客观是做不到的，观察之中渗透着理论的支撑和对现象的阐释。一个理论素养深厚的科学家头脑不会过于发散，他们会沿着前人探索的道路继续深化研究，而不是走许多弯路，他们往往能直抵科学前沿领域，看到别人看不到的奇观，发现新的知识。

实验中的机遇捕捉也是非常重要的，以前由于生理原因错过了现象出现的良好时机，那么会影响对实验结果的解释。现在有了各种模拟技术和3D 摄像技术的支持，对实验过程中出现的各种现象记录会更完整，并且可以多次回放。研究者要有敏锐的观察力，重视一些意外事件的发生，能够从看似毫无联系的现象中找到联系，看出本质。

在掌握了大量数据的前提下，研究者对数据的分析也需要坚实的理论素养和大量的文献阅读，然后才能透过数据看到本质，发现规律。科学抽象是科学认识从感性阶段向理性阶段飞跃的决定性环节。人类思维需要完成两次飞跃：从感性到抽象，再从抽象到具体。从纷繁复杂的现象中抽象出问题或者提出科学假设，然后通过研究验证假设得出科学结论，抽象出科学原理，用于解释或指导具体。各门学科都有自己的理论和概念体系，典型的实验和独特的研究方法以及各种设计模型或思想模型。科学符号包括自然语言符号系统、人工语言符号系统、科学专业术语，如元素符号、计算机程序语言等。人工语言符号系统建立在自然语言符号系统的基础之上。从科学事实到抽象的概念、原理、公式、假说、理论体系是需要一个过程的。

思维过程包括分析、综合、比较、抽象、概括化和具体化。无论哪个环节都是大脑加工处理的过程，运用了一系列思维策略。分析是将整体不断细分，然后通过对部分的深入研究透视本质；综合是有机地综合，而不是各个要素的简单相加，有机综合可以形成关于研究对象的新的知识、新的原理、新的定理或新的方法。科学研究过程中需要很多决策，在设计时一般采取优化原则，利益最大化，代价最小化，然后统筹规划，系统筛选或运筹。模型化是把真实系统抽象为虚构的模型，通过模拟进行仿真实验或者真实实验，求得优化的结果。

类比也是科研中经常采用的方法，一是可以形象化，二是可以采用替代思维。根据两类对象之间在某些方面的类似或同一，推断它们在其他方面也可能类似或同一的逻辑思维方法，逻辑学上又叫作类比推理。类比包括质料类比、形式类比、综合类比。

数学方法具有高度的抽象性，逻辑的严谨性和结论的确定性，应用的普遍性。数学模型方法是通过建立和研究客观对象的数学模型来揭示对象本质特征和变化规律的方法。建立数学模型的过程，就是对实际问题进行具体分析的科学抽象过程。“科学计算是把所要研究问题的数学模型，转换为能输入计算机进行数值运算的形式，或直接建立计算机仿真模型，在计算机上通过系统地变换参数作大量数值计算，经过分析比较从而得出某种结论或科学发现。有学者指出：科学计算已经成为与观察实验、数学并列的第三种基本的科学方法。”[1]

工程领域的研究一般需要考虑以下内容和程序：

准备阶段：项目选择和验证→文献搜索→专利搜索→研究方法→可行性报告→市场分析→风险评估→研究步骤和承做→项目预算→实验设备；

设计阶段：图纸设计→项目整合→每周状况报告→详细图纸→样机→产品样本→测试或实验→数据分析→最终报告。

另外，基础研究、应用研究、社会研究所关注的重点、所选择的方法也是有所偏好的。基础研究一是产生新知识，如新原理、新理论、新公式、新方法、新证据等；二是发现变量之间的因果关系，进而判断谁是决定性因素；三是理解各种自然和社会现象，给予科学恰当的解释，提供有说服力的证据。

应用研究主要是运用理论和方法解决应用情境中的问题，并且能够收到成效，让大家看到实惠。比方企业的产品质量大大改进了，生产效率提高了；学生心理健康水平改善了，学习成绩提高了，等等。

社会研究主要是运用一定的理论和方法解决社会群体互动过程中的问题，例如社区风气问题、各种社区组织的问题、吸毒问题、犯罪问题、家庭暴力问题等，通过研究发现问题，依据一定的理论透析问题，并提出对策建议，或者配合参与性实验或访谈，在与研究对象互动的过程中建立一种信任关系，促进事态的改进和问题的解决。当然社会问题的解决一般比较复杂，需要社会多方面的协同和配合，研究者不仅需要研究问题，而且需要一定的政策支持和组织配合才能更好地达成目标。

四、加强大学科研伦理研究及教育

（一）科研伦理研究的主题和趋势

曹南燕在《科研伦理入门——ORI 介绍负责任研究行为》一书中从利益冲突，包括经济利益冲突、职责冲突、个人关系的冲突和学识的冲突；

---

[1] 石钟慈．第三种科学方法：计算机时代的科学计算［M］．清华大学出版社、暨南大学出版社，2000.

数据的所有权、数据的共享、数据的保护；导师与学生的责任；合作关系；署名与出版等几个方面比较详细地论述了科研伦理问题。❶

根据赫尔辛基宣言的原则，人类参与者的研究是按照道德规范进行的。其中涉及的基本原则包括：尊重参与者的权利和福利；合理审查，即在研究开始之前和研究开始后进行任何修改之前，必须经过适当的伦理委员会审查和批准；研究人员在制定研究方案时必须清楚地描述研究目的、研究设计，统计分析必须合理和适当；提供有关资金赞助商与机构的关系，以及任何其他潜在利益冲突的信息；考虑对新知识的贡献并考虑环境因素；参与者因参与研究而受到伤害，确保为参与者提供充分的补偿和治疗；参与者必须有知情同意权，等等。❷

一些研究者利用大学生进行各种心理学测试和实验基本都是免费的。部分大学生只是被动地接受实验；部分是出于好奇心在不知情的情况下而自愿参加实验；只有少数心理学专业的志愿者明白实验的过程和可能的危害而主动参加实验。❸

我国有关科研伦理的研究主题主要集中在生命伦理、医学伦理等领域，有关科研伦理的理论探索主要关注了伦理审查、科研诚信、科学研究、科技伦理、知情同意、伦理规范、伦理问题、影响因素等主题。其关键词可视化网络如图 7 - 2 所示。其他相关研究还涉及商业伦理、体育科学研究、生物科学、心理学等具体学科的研究伦理。

国外学者特别注重从研究方法本身去反思科研伦理，例如，质性研究中的伦理问题，关注数据收集技术、数据分析、报告以及有效性、可靠性和道德问题，研究者以什么身份进入现场，如何从各种档案文件中挖掘所需要的数据，案例研究中数据收集和互动性问题，定性数据的分析和报

---

❶ 曹南燕．科研伦理入门——ORI 介绍负责任研究行为［M］．北京：清华大学出版社，2005：63 - 129.

❷ World Medical Association（WMA）Declaration of Helsinki. Ethical Principles for Medical Research Involving Human Subjects［J］. Jahrbuch für Wissenschaft und Ethik, 2009, 14（1）: 233 - 238.

❸ 杨卫．中国科研：诚信好转，伦理堪忧［N］．科技日报，2019 - 05 - 10（01）.

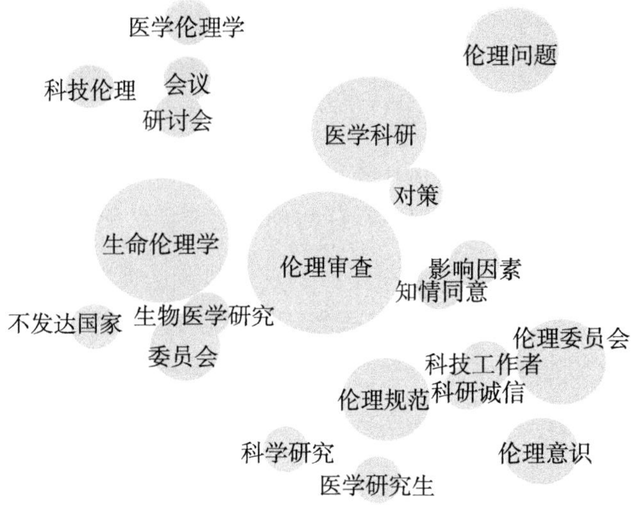

图 7－2　中文有关科研伦理研究关键词可视化网络

告，分析技术和数据管理，分析水平，计算机辅助数据处理以及处理有效性、可靠性和相关对策，案例研究报告的特殊要求等。❶

（二）加强大学科研伦理教育的对策

刘晨、康秀云在《加拿大高校科研伦理规范的监管机制、政策体系及实践启思》一文中介绍了“加拿大在实践中尝试建立了‘行会主导’‘学校自治’的内外联动监管机制，并着力通过制定个性化、协同性的校本政策，提升高校科研伦理规范的针对性和实效性。其中英属哥伦比亚大学从‘处置不端行为’‘规范审批程序’‘严肃伦理审查’‘平衡义利冲突’等四个方面制定科学、系统的政策体系。”❷

研究者要从事负责任的研究，必须做到诚实、准确、有效率和客观，通过负责任的研究增进人类知识，造福个人和社会，促进专业发展，满足成就动机和自我实现的需要。

---

❶ Merriam S B. Qualitative Research and Case Study Applications in Education. Revised and Expanded from “Case Study Research in Education.” . [J]. British Educational Research Journal, 1998, 41 (2): 287－302.

❷ 刘晨，康秀云．加拿大高校科研伦理规范的监管机制、政策体系及实践启思[J]. 黑龙江高教研究，2018，36（4）：78－82.

第一，研究者要对被试负责。实验前需要取得被试的知情同意，保证实验过程不会对他们的身心造成伤害，或者将风险降低到最小，包括有形的伤害和无形的伤害，例如各种“心理暴力”等；另外还要保护被试的隐私权。一些医学和心理学实验可能会涉及个人隐私，研究者必须承诺保护被试的隐私权。大数据时代利用大数据技术可以跟踪用户的各种信息和行为偏好，其中会涉及个人隐私的问题。研究者在利用大数据对个体行为偏好进行研究时需要尊重被研究者的个人隐私权。

第二，大学教师要处理好职责冲突。大学教师首先要履行对所在大学的承诺，认真完成各项职责，如果有产学研合作或者咨询服务项目，要在保证不影响正常工作的前提下加强与外界的合作，并且不能在外单位担任管理职务。也不能将本单位其他同事没有公开发表的研究成果或专利技术据为己有，或用于有偿咨询服务。

研究人员通过严肃的研究获得的成果可以公开发表，也可以申请各种奖励，以补偿其研究过程中身体健康和其他方面的额外透支。但是也要处理好个人与团队其他成员之间以及与组织之间的关系，避免发生知识产权和利益纠纷。个人独立研究成果属于个人所有，拥有独立知识产权，单位享有声誉权。一所大学拥有的知名学者越多，其学术声望越高。研究者如果在研究过程中有其他合作者，应该按照其贡献大小予以署名及利益分享。

中国国家自然基金委《关于进一步完善科学基金项目和资金管理的通知》要求“加强科研伦理、科技安全审查和监管。依托单位要建立健全科研伦理和科技安全管理制度，加强伦理审查和过程监管。科研人员要加强科研伦理和科技安全等方面的责任感和法律意识，自觉接受伦理审查和监管。充分尊重科研自主权，保护、调动和发挥科研人员积极性；加强科学基金项目研究成果管理；积极促进科研成果的科学普及与转移转化。”❶ 根据我国相关文件精神，大学教师与用人单位、公共资助部门共同拥有科研数据的管理和使用权，同时也共同承担科研责任。

---

❶ 国家自然科学基金委员会、财政部．关于进一步完善科学基金项目和资金管理的通知［Z］．国科金发财〔2019〕31 号，2019 年 3 月 28 日．

第三，处理好导师指导学生科研过程中的伦理问题。导师，特别是研究生导师有责任训练学生的科研素质，使得学生能够掌握一套与专业相适应的研究方法、实验操作规范和程序，培养科研创新能力。师生之间建立一种相互尊重与诚信的关系。研究生的科研进步有一个过程，在初始阶段导师投入多一些，如果在此期间学生在实验过程中有了新的发现，但自己又不具备充分论证和发表的能力，此时需要导师的大量指导，其最终成果可以由导师作为第一作者发表；如果学生有了独立研究能力，尽管导师也给予指导，但主要功劳是学生的，其研究成果学生应该作为第一作者，导师可以作为第二作者，或者不署名。

第四，遵守同行评议伦理。同行评议主要是对没有发表和已经发表的成果进行规范性和创新性等指标评价以决定其是否发表或者是否能够获奖。同行评议要公正，不能根据学缘关系或其他个人关系有所偏向，避免情感偏向、技术偏向和利益偏向，要尽可能站在“中立”的立场上进行评价。同行评议者不能将同行的成果据为己有，也不能向其他人或单位透露所评议成果的内容，更不能进行权钱交易，合伙倒卖同行成果。

第五，遵守科研中的数据伦理。良好的数据管理对负责任的研究非常重要。研究者有权对自己在实验过程中的各种实验数据进行收集、存储和传播、利用，但不能窃取同事的研究数据为己所用。如果有公共科研经费资助，资助方对数据拥有管理权和公共使用权，研究者自身也拥有数据的使用权和传播权；如果是私有部门或个人资助，数据所有权归属于资助方，可以用于科研或商业目的等。如果通过数据平台或相关免费软件进行数据处理，数据平台和软件提供者拥有对数据的使用权。

“美国的匹兹堡大学规定研究人员和大学都对科研负责，因此他们都拥有数据的保存和使用权。研究数据属于大学所有，即使研究人员离开大学，大学仍然要对数据的完整性负责。如果研究人员离开，需要与所属实验室鉴定数据转让和处理协议。”[1]

---

[1] 曹南燕. 科研伦理入门——ORI 介绍负责任研究行为［M］. 北京：清华大学出版社，2005：83.

美国的信息自由法案（FOIA，Freedom of Information Act）规定，“除非对机密性有强制性要求，否则，研究数据必须与其他研究人员和公众共享。美国的健康研究院也规定，在保障参与者的隐私权、保护机密和专有数据的同时，应当尽可能宽泛、自由地共享数据”❶。数据共享有利于研究者之间的交流，促进新的研究视角和多元的研究建议，也使得新入门者能够便利地获取前沿数据，避免重复研究。对公众来说，科研数据的开放可以增进公众的知情权，有利于合理地运用和监督科学成果的应用。但研究成果必须公开发表后才能开发。

研究者在利用数据挖掘工具进行用户行为分析时要尊重用户隐私权，可以从中发现规律，但不必要在研究成果中出现真实姓名，不能有意无意地透露个人隐私，例如宗教信仰、身体缺陷等，更不能对被研究者进行人身攻击。对于一些具有商业价值的信息也要考虑其数据的归属权等问题，还要考虑国家的经济安全问题。

五、加强大学知识产权研究及教育

（一）知识产权对创新的作用

知识经济就是以产权化的知识为基础的经济，知识产权也是创新的动力和保障。知识产权部门主要负责技术研发和专利申请、转化、交易等，也处理一些知识产权纠纷、侵权、造假等事务。他们需要有专业知识，需要了解同类技术的国际国内前沿和各种国际、国内标准，同时还需要了解市场需求情况以便更好确定技术的等级和价值；他们还需要掌握先进的鉴别技术，以鉴别真假。其服务的对象也可能是跨国公司，所以他们还需要具有跨国交流的能力，了解国际惯例和相关法律。知识产权人员在管理协调中也是一个不断辩论、论证和修正、发现的过程，也是一个促进创新和公正的过程。确保知识产权制度为创新主体提供支持，对人民的生活带来积极影响。

---

❶　曹南燕．科研伦理入门——ORI 介绍负责任研究行为［M］．北京：清华大学出版社，2005：90.

知识产权管理涉及技术自身以及多元利益相关者，一方面需要对知识产权法国际国内进展和各种典型案例进行分析和回顾，确保知识产权法与时俱进，另一方面，又能够符合现实需求，平衡好多方利益。知识产权局不仅是知识产权登记、审批的场所，也是一个协同创新的机构，可以与广泛的利益相关者，包括研发界、知识产权专业人士、企业、金融家、创造者和企业家进行广泛的讨论、协商和合作。可以与不同国家和经济体、公司、部门等多元利益相关者建立合作伙伴关系，更好地推动创新和事业发展。

（二）知识产权推动创新的个案研究

1. 新加坡知识产权局（IPOS）如何推动创新

新加坡知识产权局（IPOS）与国家研究基金会、科学—技术—研究机构（ASTAR）等公共机构密切合作参与管理研究项目或推动各自领域的创新，并且制定了国家知识产权（Intellectual Patent，IP）协议。新的 IP 协议规定了机构应如何管理政府知识产权的关键原则和指导方针。该协议明确指出，各机构应通过允许行业获得公共资助的研发来为新加坡创造和获取更大的经济价值，从而专注于知识产权商业化。

IPOS 还深入参与帮助实现新加坡知识产权资产价值化。通过 IPOS 子公司知识产权价值实验室（IP ValueLab，IPVL），向其他政府机构提供深入的知识产权知识，以识别、开发和管理其创新活动产生的无形资产。知识产权管理顾问团队的任务是为各政府机构提供建议并进行合作。IPVL 还加强了与新加坡企业的合作，协助他们识别和发展无形资产，以便扩大规模，并走向国际化道路。知识产权商业化被确定为其关键战略之一，IPOS 致力于为 150 家公司提供定制的一对一知识产权审计和知识产权战略援助。

为了向当地企业提供知识产权专业知识和管理专业知识，IPOS 与新加坡商业联合会（新加坡最大的商业协会）合作，帮助约 25000 名会员获得其 IP 服务系列资料，其中包括知识产权培训和教育以及知识产权管理和战略方面的咨询服务。这套 IP 服务补充了新加坡生活实验室的价值主张，完善了创新价值链，为社会带来了实实在在的社会经济效益。随着它转变为创新机构，IPOS 将继续创新和更新其服务产品，以支持本地和全球创新。

新加坡知识产权学院（IPA）是新加坡知识产权局下属的教育和培训机构，通过优质教育，构建一个由训练有素的知识产权专业人士和用户组成充满生机的知识产权网络，为国内外组织培训知识产权专业人士，通过培训项目构建一个由知识产权专业人士组成的知识产权网络，建立有益的关系网，深化与多方的合作。

新加坡通过光伏技术创新以及知识产权服务，展示了小国如何在推动创新方面发挥巨大作用。通过生活实验室可以使全球创新者能够参与实验、创新和协作，并在创新生态系统中快速开发、测试和部署新技术。政策制定者和企业可以将专利分析作为一种有用的决策工具，把握全球创新前景和走向，以精准定位其研发和投资。国家知识产权局通过建立健全的法律框架和知识产权制度，在发展充满活力的创新生态系统方面发挥着关键作用。除此之外，知识产权局还通过与生态系统中的其他公共机构合作，完善创新价值链，为企业提供深厚的知识产权专业知识，使他们能够将技术推向市场，并将创意转化为战略资产。

关键技术和方法：IPOS－International（IPOS－I）利用其内部专利检索和检验专业知识开发了专利分析功能，以满足新加坡政府的需求。IPOS－I与多家公共机构合作，帮助解决组织挑战，识别全球趋势，发现机会和领域，并通过专利态势分析提升新加坡的研发能力。

2. 日本的知识产权制度

“二战”之后，日本通过引进美国和欧洲的先进技术并进行模仿、改造和再创新，加上其严格的质量标准和“工匠精神”，日本的电子产品、汽车等产品畅销全球，创造了一个时代的辉煌，也因此建立了后发赶超的典型模式，即“日本模式”。20世纪90年代，日本在高技术领域的竞争力逐渐衰退，特别是随着一些电子产品市场优势被诸多模仿产品占领，日本的经济出现了衰退迹象。在此背景下，日本开始确立“知识产权立国”的国策。

日本于1970年制定了著作权法；1985年制定了工业产权法，包括专利法、实用新型法、外观设计法和商标法，其他还有防止不正当竞争法，对植物新品种进行保护的种苗法。

日本于2002年制定了《知识产权战略大纲》和《知识产权基本法》，提出创造、活用、保护三个战略，另有人才吸纳和配套政策的配合抢占科技市场制高点。同年，日本内阁成立了“知识产权战略本部”，由首相任本部长，并设立了“知识产权推进事务局”，每年发布一次“知识产权推进计划”，对国家主管部门、教学科研单位，各类企业的相关任务与目标都作了规定。2005年，日本成立了“知识产权上诉法院”。

日本通过知识产权立法，简化程序，优化资源配置，充分发挥网络平台在专利注册和审理过程中的作用，加快了专利申请和审理、认证的速度。通过建立知识产权法庭，加大了打击假冒伪劣产品和盗版侵权的治理力度，加强促进知识产权体系的国际合作和协调，加强知识产权通则建设，加强高科技手段在知识产权保护和鉴定中的应用，加强对商业秘密的保护，开展高科技创新领域的保护等等。

（三）加强知识产权管理与知识产权教育的对策

1. 及时利用大数据技术，提高知识产权鉴定和管理效率

大数据技术为知识产权的管理提供了诸多便利，诸如产品技术的鉴定，可以利用数字模拟、仿真、可视化等技术，也可以利用新的化学生物检测技术，提高技术鉴定的质量和准确度。另外利用各种知识库和检索技术可以更好地鉴定技术的创新性水平和剽窃、模仿情况。

2. 国家可以通过专利和注册外观设计法修正案，扩大专利宽限期

发明者在申请专利之前可以适当披露相关信息用于战略和商业目的，例如联系投资人、评估市场需求等，这也为专利鉴定提供了用户反馈评价的数据参考。还可以利用大数据进行消费者行为的挖掘和分析。有关知识产权法案的修订除广泛征求专家意见、加强理论研究和证据分析外，还可以利用网络和数据技术进行大规模民意调查，以更好地反映民情民意和多元利益群体的需要。

在具体的实施过程中进一步完善知识产权争议解决系统，用一种更简明、更容易理解以及性价比更高的机制来更好地为中小企业和企业家的需求服务。有关知识产权生命周期的内容包括从创造到注册到维权的整个过

程。更好地应对新技术发展、经济转型和全球化挑战。

3. 知识产权局要推动创新向生产转化，减少阻力和风险

要进一步加强知识产权队伍建设，需要既懂专业又懂相关法律，同时还掌握计量分析和生化分析手段的高层次专业人员，扩大知识产权就业面和人才库的建设，推动多方创新与整合创新。知识产权局具有行政和企业双重属性。要加快各类知识产权管理认证平台建设，建立企业自主知识产权服务门户网站，创新者和企业可以在网站自主检测、申请和监测技术使用情况和反馈情况，自主使用知识产权创业指导资源库和诊断工具包。加强与战略伙伴合作，为国家创意和创新提供服务，为经济和社会创造价值的企业家和企业提供政策法律和技术、资金等方面的支持。构建创意驱动型、创新密集型经济。

知识产权管理的重点是将研发成果转化为有价值的知识产权资产，让企业可以通过这些资产变现和实现商业化。知识产权资产带来的收益可以再投资于新的创意和研发工作。在政府和企业相关机构配置知识产权专家帮助科技密集型企业将创新技术从研发转变成产品和服务。为帮助地方企业配备知识产权专有知识和管理知识，需要与工商管理部门合作，帮助其成员使用知识产权局的知识产权配套服务，例如，知识产权培训和学习以及提供知识产权管理和战略相关咨询。获得知识产权保护的成本更低，另外通过提高维权费用鼓励知识产权所有人向社会放弃他们不再需要的知识产权。简化知识产权申请和申诉流程，申请人可以通过网上注册进行知识产权备案，让备案变得更为轻松快捷。门户网站可以设立多个自助工具和多种查询功能，方便用户进行知识产权申请和咨询，网站为用户提供专业数据库，例如有关标准和检测核准数据库，在线视频教程，为申请人提供专家指导。如果申请人希望当面提出申请，也可以到交通便利的客户服务中心寻求帮助，在中心就其知识产权备案需求获得个性化的服务。

4. 加强国际知识产权合作，将创新技术和知识产权资产无缝对接国际市场

让中国公司更好地了解目标市场，量身定制适当的知识产权和商业战

略。在数据密集化、内容驱动的数字经济时代，版权起着至关重要的作用。世界产权组织 WIPO 成员国加强合作，为全球经济共同开发一个充满活力的版权系统，促进创新，推动经济发展。目前的知识产权保护有了许多新的形式，如网络创意、视频保护、档案室版权保护以及实验室和图书馆各种行为数据的保护等。需要转换思维，应对挑战，更好地服务创新，保持创新，推动创新价值最大化，以创新作为经济增长的促进因素。打造一个良好的生态环境，支持可持续创新和知识产权迅速商业化。从国家战略看，要扩大国际知识产权合作，企业可以通过侵权申诉加强对同类产品的了解，在更高层面上推动创新，但同时又反对一切通过不正当手段窃听、窃取他人创新成果的做法。帮助发明者、企业通过专利申请更好地促进创新，增长利润。

面对全球科技竞争局势，我国必须加强知识产权教育和人才梯队建设。一是加强知识产权管理部门与大学的合作，共建知识产权学院；二是加强大学知识产权通识课程建设，面向全体大学生进行知识产权基础知识和相关政策、通用技术与方法的教育；三是结合大学不同专业和专门技术进行知识产权的前沿技术预测和专利申请等有关方面的专业教育；四是在企业或者大学设立知识产权办公室，建立专门的专利数据库，加强特色专利管理、转化和相关技术人才的培养，保证研发的连续性和不断升级。

“不同类型的高校可以根据实际需要，结合不同专业特点开设有针对性的知识产权课程，如文学院的学生增设著作权法相关知识；工学院学生增设专利法以及专利知识图谱与计量分析相关课程；商学院学生增设商标法以及专利商业化策略相关课程等。同时，以专业选修的形式开设应用性较强的课程，增强学生应用实践能力。在教学内容上要突出与学生所学专业以及未来职业等知识背景、应用场域的关联性，可以针对工科、文科、商科的学生分设不同的班次，精准授课。也可以将线上精品课程资源与线下授课和研讨相结合，夯实学生的基础知识，提高其综合应用和创新能力。”❶

---

❶ 王玉秋，顾成青．加强大学知识产权教育的必要性与路径分析［J］．科技与创新，2014（11）：110－111.

小　结

大学科研评价要促进科研与教学和深度融合，加强科研向学科与教材建设以及人才培养转化。改革教学模式，倡导研究性学习，探索多元导师制、高年级科研体验以及基于任务、项目、问题、产出等新的人才培养模式。提高学生的自主学习和研究能力，加强研究方法和思维训练；加强大学生学习社区建设，加强师生之间、同伴之间以及大学与社会、行业之间的联系，从实践中发现问题，用所学专业知识分析和解决问题；实现资源共享，多元参与，形成学习与创新共进机制；通过课程整合，完善大学生的知识结构，培养学生多视角分析问题和解决问题有能力，提高其创造能力和研究能力；加强科研伦理教育，倡导科学精神和负责任的研究；加强知识产权教育，为知识产权管理培养高层次专业人才，通过知识产权管理促进创新和转化。

大学科研评价可以通过管理体制改革，加强大学科研管理部门与教学管理部门的整合，将大学教学项目也纳入科研管理行列。原来的教务处主要负责教学的日常运行秩序和实践教学的管理与协调；协同科技处、资产处及实验中心等部门科学论证教学和科研仪器、设施的建设，加强管理与维护，提高教学管理效率；加强本科生科研和产学研结合力度，推动研究性学习的顺利开展，提高人才培养质量和科研质量。

[案例7－1]

高校教师科研绩效评价满意度调查报告

为了更好地了解大学教师对目前科研绩效评价的态度和存在的问题，笔者在不同层次和不同类型的大学教师中进行了问卷调查。问卷内容包括两大类，第一类是参与者基本情况，诸如所属大学、性别、年龄、工龄、学历、职称、所属学科、工作性质（教学型、科研型、教学—科研型）、科研类型（基础研究、应用研究、技术转移、成果转化）、每天工作时间等。第二类主要是调查大学教师对大学科研绩效评价的满意度，包括教师对个体的科研状态、科研绩效的满意度，对大学科研绩效评价的导向性、评价方式、评价周期、评价标准、评价内容，以及评价的公开性、公平性、公正性等方面的态度。共收到105份有效答卷，其结果分析见下文。

一、基本情况分析

从总体答卷情况看，参与者来自重点高校、普通高校和地方高校等不同层次的高校。从性别上看，男性57人，占54.29%；女性48人，占45.71%。从年龄分布来看，30岁以下的17人，占16.19%；30~40岁的41人，占39.05%；40~50岁的35人，占33.33%；50岁以上的12人，占11.43%。具有硕士学位的34人，占32.38%；具有博士学位的66人，占62.86%；本科及以下的5人，占4.76%。工作5年以下的占25.71%，6~10年的占14.29%，11~20年的占30.48%，20年以上的占29.52。具有初级职称的占8.57%，中级职称的占29.52%，高级职称的占61.9%。学科门类基本全部覆盖，但管理学、教育学、经济学、理学占比较高，分别占47.62%、14.29%、8.57%、6.67%。所从事的科研类型主要是应用类和基础类，分别占52.38%和42.68%。所从事的工作性质属于教学科研型的占67.62%，教学型和科研型占比相同，各占13.33%。每天工作时间超过8小时的占67.62%。

从科研动机来看，首先大学教师从事科研的主要动机是完成岗位职责和职称晋升，其次是个人的兴趣爱好和获得科研奖励。影响科研积极性的主要原因是科研经费管理问题，其次是教学任务繁重、没有科研团队。目前科研中存在的最大问题是学术成果发表困难，其次是课题资助和科研条件缺乏保障。对学校科研绩效评价感到最不满意的是评价指标不合理，其次是评价方式欠公平、公正。回答对科研评价的管理权由学校决定的占50.48%，回答由学院自主管理的占36.19%。对大学科研绩效评价的导向性回答主要是强化个人考核的占78.1%。对科研绩效评价的方式回答主要是采用计量指标和“代表作”制度的占81.9%。对科研绩效分类评价的回答主要按照教学类和科研类进行分类评价的占49.52%，回答没有分类评价的占34.29%。大学教师对科研绩效评价满意和非常满意的占24.76%，不满意和非常不满意的占26.67%，感觉一般的占48.57%。另外，大学教师对自身的科研状态以及科研评价中的公平性、公正性、公开性，科研绩效评价的周期性和评价的标准等方面都表现出极低的满意度。

二、交叉分析

交叉分析主要是分析不同年龄阶段、不同职称、不同学历、不同学科的大学教师对科研绩效评价标准、公正性等方面的认知和满意度差异。从表7－2中可见，31～50岁的大学教师对科研绩效评价的满意度最低，他们正处于事业的最佳年龄阶段，对科研的期待值比较高，对科研评价标准和方式有自己的理性判断，他们希望大学能够制定更加合理的评价标准和指标体系，采取更加公平、公正的评价方式，通过评价更好地激励创新，提高科研质量和科研产出。

表7－2　不同年龄的大学教师对科研绩效评价的满意度调查结果

项目 年龄	非常满意	满意	一般	不满意	非常不满意	小计
30岁及以下	1 （5.88%）	4 （23.53%）	7 （41.18%）	4 （23.53%）	1 （5.88%）	17
31～40岁	0 （0.00%）	4 （9.76%）	22 （53.66%）	13 （31.71%）	2 （4.88%）	41
41～50岁	2 （5.71%）	7 （20%）	12 （34.29%）	11 （31.43%）	3 （8.57%）	35
51～60岁	0 （0.00%）	2 （18.18%）	5 （45.45%）	3 （27.27%）	1 （9.09%）	11
60岁以上	0 （0.00%）	0 （0.00%）	0 （0.00%）	0 （0.00%）	1 （100%）	1

从表7－3可见，不同学历层次的大学教师对科研绩效评价的认识也存在明显差异。具有博士学位的大学教师对科研绩效评价指标体系以及评价方式欠公平、公正两个项目的选择人数最多，说明他们对大学科研评价的认识比较理性、科研的责任意识比较强，本科及以下的教师选择分类标准、指标权重以及评价方式欠公平、公正的占比较高。忽视分类评价在科研评价中的确是突出问题，但科研绩效评价指标中存在的问题远远不只是分类标准的问题，其中还涉及价值导向和利益分配等问题。

表 7-3 不同学历的大学教师对科研绩效评价的满意度

项目 学历	评价指标制定	评价分类标准	评价指标权重设定	评价专家的确定	评价周期的设定	评价方式欠公平、公正	没有进行科研绩效评价	不清楚
本科及以下	2 (40%)	3 (60%)	3 (60%)	2 (40%)	1 (20%)	3 (60%)	2 (40%)	0
硕士研究生	17 (50%)	10 (29.41%)	10 (29.41%)	5 (14.71%)	3 (8.82%)	16 (47.06%)	10 (29.41%)	3 (8.82%)
博士研究生	42 (63.64%)	30 (45.45%)	28 (42.42%)	21 (31.82%)	18 (27.27%)	37 (56.06%)	11 (16.67%)	4 (6.06%)

表 7-4 不同学科大学教师的科研困境及感受

项目 学科	获得课题资助	发表学术成果	科研工作没有兴趣	心理压力太大	人际关系不和谐	科研条件缺乏保障
教育学	8 (53.33%)	12 (80%)	3 (20%)	3 (20%)	1 (6.67%)	4 (26.67%)
管理学	21 (42%)	41 (82%)	4 (8%)	20 (40%)	5 (10%)	20 (40%)
理学	2 (28.57%)	3 (42.86%)	1 (14.29%)	4 (57.14%)	2 (28.57%)	4 (57.14%)
经济学	4 (44.44%)	5 (55.56%)	2 (22.22%)	4 (44.44%)	1 (11.11%)	3 (33.33%)

从表 7-4 可见，不同学科的大学教师对科研中存在问题的认识和感受也不同。管理学和教育学科的教师认为学术成果发表是最大问题，而理学教师的学术发表相对容易一些，他们认为科研条件得不到保障是最大问题。教育学科的教师对科研条件的要求比较低，他们获得经费支持的机会比较少，所以非常希望能够获得更多的课题立项和相应的经费支持；教育

学科的教师对科研的兴趣明显低于理学和管理学教师对科研的兴趣。这其中与学科属性和科研价值导向有关；经济学科的教师也希望获得更多的课题经费，他们对科研的兴趣也不是很高，对科研条件、人际关系以及学术发表等项目的回答都表现出居中趋势，介于理学和教育学教师的得分之间。理学教师的心理压力最大，可能与学科共同体的学术标准要求较高有关，另外也与其人际交往和生活方式有关，其中有28.57%的理学教师回答存在人际关系不和谐问题，而教育学科的教师只有6.67%的人选择此项。据此，对不同学科的大学教师的科研管理应采取不同对策，要精准定位不同学科教师的科研需求和心理需求，然后采取适切性对策措施，提高其科研积极性和效能感。

三、对策建议

通过以上分析可见，高校教师科研的主要动机是为了完成岗位职责和获得晋升、奖励，其次是个体的兴趣爱好。研究表明，绩效评估可以提高组织科研产出，但与个体科研创新性之间没有显著正相关。科研创新需要坚实的学术基础和深厚的学术涵养，不能单纯依靠外部强化实现。大学教师要在大学理念引导下，明确科研的目的、意义，掌握科研方法，培养良好的科学素养和科学精神气质，在日积月累的学习、研究和实践反思中不断实现自我超越和科研突破，提高科研质量，恪守科研伦理，提高科研的责任意识和创新性。

高校科研管理部门以及二级学院领导要不断提高科研管理的理性水平，养成评估意识，完善各类科研成果和科研绩效评估标准，明确科研目的和科研伦理，增强科研的导向性和动力性，提高科研评价的公信力，激励高水平科研、负责任科研和创新性科研。另外，要将科研评价与教师人力资源评价相结合，成果评价与绩效评价相结合，显性评价与隐性评价相结合，通过评价更好地促进教师科研能力、科研境界的提升，增强个体的科研创新性和效能感，提高组织的科研绩效。

四、问题与展望

本研究具有良好的信度和效度，调查所反映的情况具有普遍性和代表性，但还需要配合深入访谈和实地考察，才能更全面地了解不同高校教师的科研状态和影响因素，诸如教师的工作量、各种教学和管理常规任务以及教师参加学术研讨活动等情况，教师的工作压力以及感受，高校组织内部中各种利益关系以及与外部学术共同体之间的关系，这些关系对教师科研素质提升、科研积极性以及科研绩效的影响等。

参考文献

政策文件类

[1] 国务院.《全民科学素质行动计划纲要（2006—2010—2020 年)》[Z].（国办发〔2005〕44 号)，2006－03－20.

[2] 国务院办公厅关于印发《全民科学素质行动计划纲要实施方案(2016—2020 年)》的通知 [Z].（国办发〔2016〕10 号)，2016－02－25.

[3] 科技部，教育部，人力资源社会保障部，中科院，工程院.关于开展清理“唯论文、唯职称、唯学历、唯奖项”专项行动的通知 [Z].(国科发政〔2018〕210 号)，2018－10－15.

[4] 中华人民共和国教育部.教育部关于印发《高等学校科研助理管理办法（暂行)》的通知 [Z].（ 教技〔2010〕4 号)，2010－11－25.

[5] 中共中央办公厅、国务院办公厅.关于进一步弘扬科学家精神加强作风和学风建设的意见 [EB/OL]. 新华社，（2019－06－11）. http：//www. gov. cn/zhengce/2019－06/11/content_ 5399239. htm.

著作类

[6] 乌利齐·施莫河，等.国家创新体系比较 [M]. 王海燕，译.北京：知识产权出版社，2011.

[7] 布鲁诺·拉图尔.科学在行动—怎样在社会中跟随科学家和工程师 [M]. 刘文旋，郑开，译.北京：东方出版社，2005.

[8] 劳伦斯·维赛.美国现代大学的崛起 [M]. 栾鸾，译.北京：北京大学出版社，2011.

[9] 亚瑟·科恩.美国高等教育通史 [M]. 李子江，译.北京：北京大学出版社，2010.

［10］杰勒德·德兰迪．知识社会中的大学［M］．黄建如，译．北京：北京大学出版社，2010.

［11］约瑟夫·劳斯．知识与权力［M］．盛晓明，邱慧，孟强，译．北京：北京大学出版社，2004.

［12］美国中部州高等教育委员会．美国高等教育质量认证与评估［M］．谢笑珍，译．北京：北京大学出版社，2013.

［13］李如密．教学艺术论［M］．北京：人民教育出版社，2011.

［14］郑玮．实践文化科学观［M］．济南：山东人民出版社，2011.

［15］范军，等．出版文化与产业专题研究［M］．武汉：华中师范大学出版社，2012.

［16］王玉秋．教育生态研究［M］．南昌：江西人民出版社，2017.

［17］王玉秋．走向生活世界的教师——对大学教师生存方式的考察［M］．济南：山东人民出版社，2013.

［18］赵丽芬．管理学全球化视角［M］．北京：中国人民大学出版社，2013.

［19］L Oean Webb，M Scott Norton. 教育中的人力资源管理——人事问题与需求［M］．徐富明，等，译．北京：中国轻工业出版社，2005.

［20］卡尔·雅斯贝尔斯．什么是教育［M］．邹进，译．北京：生活·读书·新知，1991.

［21］吴式颖．外国教育史教程［M］．北京：人民教育出版社，1999.

［22］曹南燕．科研伦理入门——ORI 介绍负责任研究行为［M］．北京：清华大学出版社，2005.

［23］Patton M Q. Qualitative evaluation and research methods［M］．2nd ed. SAGE publications，1990.

［24］迈克尔·吉本斯，等．知识生产的新模式：当代社会科学与研究的动力学［M］．陈洪捷，等，译．北京：北京大学出版社，2011.

［25］戴维·H. 乔纳森．学习环境的理论基础［M］．郑太年，译．上海：华东师范大学出版社，2002.

期刊类

［26］郭建宏．科研活动的信息不对称与科研管理的作用：问题和对策［J］．社会科学管理与评论，2012（1）：36－41.

［27］彭卫民．失落的期刊分级与本真的同行评议——再论我国大陆与台湾学术评鉴的比较分析［J］．社会科学管理与评论，2013（2）：14－22.

［28］李勇军，任光超，杨德利．文献计量分析近20年全球水产学科布局及发展趋势［J］．上海海洋大学学报，2018，27（6）：956－964.

［29］华薇娜，刘艳华．中国高校人文社会科学走向世界的历史进程——基于SSCI和A&HCI的数据调研与分析［J］．中国高教研究，2009（12）：30－34.

［30］赵美娣．高校人文社科研究国际化发展的分析及思考——基于SSCI、A&HCI数据库相关信息的研究［J］．图书情报工作网刊，2010（12）：14－22.

［31］李中国，黎兴成．我国高校教师教学研究的热点状况分析——基于2005—2015年CNKI文献的共词分析［J］．教育研究，2015，36（12）：59－66.

［32］沈固朝．好文章，好刊物，好评价——兼谈期刊评价与CSSCI［J］．评价与管理，2013，11（2）：6－7.

［33］汤建民，邱均平．高校科研业绩量化评价中的常见陷阱及超越策略［J］．科技进步与对策，2017，34（15）：101－106.

［34］汪社教，沈固朝．知识生态学研究进展［J］．情报理论与实践，2007（4）：572－576.

［35］徐荣成．研究所科研工作综合评价指标初探［J］．科研管理，1981（1）：51－55.

［36］吕军昌．科研成果的经济效果评价［J］．科学学与科学技术管理，1981（3）：42.

［37］和金生，赵焕臣，杜秀珍．用层次分析法探讨科研成果的综合评价［J］．系统工程理论与实践，1985（1）：33－38.

［38］张新华．科研群体的数学模型及评价［J］．科学学研究，1999

(1): 25 -28 +111.

[39] 雷朝滋，黄应刚. 中外大学技术转移比较 [J]. 研究与发展管理，2003，(5): 45 -52.

[40] 李希孔. 用情报计量指标评价农业高校科研学术水平的尝试 [J]. 农业图书情报学刊，1991 (3): 5 -8.

[41] 许庆瑞，赵建. 科研项目评价的专家系统 [J]. 科研管理，1991，12 (4): 25 -31.

[42] 金碧辉，刘筱敏，陆耘. 科研绩效评价的重要工具——中国科学引文数据库 [J]. 科研管理，1998，19 (5): 74 -78.

[43] 徐婕，周宁. 公共财政支持的科研项目如何保障公众利益——来自美国加州干细胞研究项目的启示 [J]. 中国科技论坛，2012 (9): 148 -152.

[44] 由由，吴红斌，闵维方. 高校经费水平、结构与科研产出——基于美国 20 所世界一流大学数据的分析 [J]. 高等教育研究，2016，37 (4): 31 -40.

[45] 陈瑜，丁堃. 新兴技术价值前置型治理的研究现状与述评 [J]. 自然辩证法研究，2018，34 (4): 26 -29.

[46] 王晓珍. 我国高校创新效率评价研究：八大区域视角 [J]. 科研管理，2019，40 (3): 114 -125.

[47] 邱均平，韩雷. 双一流背景下 ESI 在研究生评价中的创新性应用——以 2017—2018 年研究生评价结果为例 [J]. 甘肃社会科学，2018 (2): 113 -118.

[48] 邱均平，段宇锋，陈敬全，宋恩梅，嵇丽. 我国文献计量学发展的回顾与展望 [J]. 科学学研究，2003 (2): 143 -148.

[49] 邱均平，柴雯，马力. 大数据环境对科学评价的影响研究 [J]. 情报学报，2017，36 (9): 871 -877.

[50] 贡如云，李如密. 美国阅读教学模式的结构及启示 [J]. 现代中小学教育，2015 (10): 112 -116.

[51] 汤建民，邱均平. 评价科学在中国的发展概观和推进策略 [J].

科学学研究，2017，35（12）：1813－1820＋1831.

［52］万昊，谭宗颖，朱相丽．同行评议与文献计量在科研评价中的作用分析比较［J］．图书情报工作，2017，61（1）：134－152.

［53］林原，刘盛博，丁堃，等．工程科学内在关联学科与外在支撑领域研究——基于引文分析的视角［J］．科技管理研究，2017，37（19）：253－261.

［54］钟义信．人工智能的突破与科学方法的创新［J］．模式识别与人工智能，2012，25（3）：456－461.

［55］王博，刘则渊，丁堃，等．产业技术标准和产业技术发展关系研究——基于专利内容分析的视角［J］．科学学研究，2016，34（2）：194－202.

［56］何玲，刘惠芬．网络学习社区研究动向辨析［J］．现代远程教育研究．2004（1）：45.

［57］王陆，马如霞．意见领袖在虚拟学习社区社会网络中的作用［J］．电化教育研究，2009（1）：54－58.

［58］张峰，张迪．论大数据时代科研方法新特征及其影响［J］．科学学研究，2016，34（2）：166－170＋202.

［59］甘永成，陶舟．E－Learning、知识管理与虚拟学习社区［J］．电化教育研究，2006（1）：18－22.

［60］张豪锋，卜彩丽．略论学习生态系统［J］．中国远程教育，2007（4）：23.

［61］祝智庭，彭红超．智慧学习生态：培育智慧人才的系统方法论［J］．电化教育研究，2017（4）：5－14.

［62］多召军，赵蔚，任永功．移动网络学习社区构建新范式：大学生自我调节学习效能感培养视角［J］．现代远距离教育，2019（1）：10－17.

［63］杨雪，姜强，赵蔚．大数据学习分析支持个性化学习研究——技术回归教育本质［J］．现代远距离教育，2016（4）：71－78.

［64］张军，姚飞．大数据时代的国家创新系统构建问题研究［J］.

中国科技论坛，2013（12）：5.

［65］徐宗本，冯芷艳，等．大数据驱动的管理与决策前沿课题［J］．管理世界，2014（11）：158－163.

［66］王飞跃．知识产生方式和科技决策支撑的重大变革——面向大数据和开源信息的科技态势解析与决策服务［J］．中国科学院院刊，2012，27（5）：527－537.

［67］胡税根，单立栋，徐靖芮．基于大数据的智慧公共决策特征研究［J］．浙江大学学报（人文社会科学版），2015，45（3）：5－15.

［68］蒋余浩，贾开．区块链技术路径下基于大数据的公共决策责任机制变革研究［J］．电子政务，2018（2）：26－35.

［69］张斌，李冰，等．基于医疗大数据的院长决策系统研究与实践［J］．中国数字医学，2018，13（3）：29－31＋43.

［70］詹国辉，熊菲，栗俊杰．面向大数据的计算社会科学：一种诠释社会现象的新范式［J］．科学技术哲学研究，2018，35（3）：104－108.

［71］马费成．推进大数据、人工智能等信息技术与人文社会科学研究深度融合［J］．评价与管理，2018，16（2）：1－5.

［72］张务农．论大数据之于教育研究“科学化”的价值与局限［J］．中国远程教育，2018（8）：16－21＋79.

［73］人工智能创作物获得版权保护的合理性［J］．科技与法律，2016（3）：488－508.

［74］陈凯泉，张春雪，吴玥玥．科研信息化时代高校科研组织虚拟化的创新之路——基于对中国、美国和新西兰五个案例的研究［J］．高教探索，2019（2）：5－12.

［75］王玉秋，初承桢．虚拟学习社区研究及其创新共进 STAMP 模式探索［J］．科学与管理，2019，39（2）：78－87.

［76］王玉秋，王晓亮．教育软件在小学英语教学应用中存在的问题及对策研究［J］．教育现代化，2019，6（16）：128－132.

［77］黄小忠．知识管理的数字档案馆中的数据挖掘［J］．档案学通讯，2008（4）：58－60.

［78］王硕等．教育部第四轮学科评估指标体系变化分析［J］．创新科技，2016（8）：54－56.

［79］刘献君．自治·共治·善治——大学治理的特征、方式与目标［J］．探索与争鸣，2015（7）：45－47.

［80］姚荣．激活学术心脏地带：中国大学基层学术组织自治如何走向制度化［J］．清华大学教育研究，2016，37（2）：72－79.

［81］王玉秋，初铭铜．基于学校效能理论的教师专业发展动力机制探索［J］．教学与管理，2015（3）：63－66.

［82］潜伟．科学文化、科学精神与科学家精神［J］．科学学研究，2019，37（1）：1－2.

［83］徐善衍．关于我国科学文化发展与构建的思考［J］．科学教育与博物馆，2019，5（1）：1－3.

［84］刘咏梅．科技馆与科学文化——论科技馆在提高全民科学文化素质中发挥的重要作用［J］．科技与创新，2019（1）：116－118.

［85］马海泉，任焕霞．科教融合与全面提高高等教育质量——北京师范大学校长钟秉林访谈录［J］．中国高校科技，2012（5）：4－6.

［86］周详，杨斯喻．从“科教分立”到“科教融合”：大学功能的结构、变迁与实现［J］．首都师范大学学报（社会科学版），2017（3）：153－159.

［87］周光礼，马海泉．科教融合：高等教育理念的变革与创新［J］．中国高教研究，2012（8）：15－23.

［88］莫甲凤．研究性学习在拔尖创新人才培养中的实现路径——以华南理工大学为例［J］．高等工程教育研究，2018（3）：158－164.

［89］刘实．对生命科学本科研究性学习教学模式的探索［J］．亚太教育，2015（35）：217.

［90］田阳，杜静，黄荣怀．面向混合学习的学习与社交协同策略探究［J］．中国电化教育，2018（5）：8－14.

［91］佚名．研究型大学学年论文制与本科生导师制的互动［J］．大学教育科学，2018（5）：55－60.

［92］熊华军，刘兴华．美国大学工程顶点课程的设计及启示——基于美国工程教育协会2005年调查的分析［J］．清华大学教育研究，2012（4）：89－96.

［93］王佳，翁默斯，吕旭峰．《斯坦福大学2025计划》：创业教育新图景［J］．世界教育信息，2016（10）：54－57.

［94］何玲，刘惠芬．网络学习社区研究动向辨析［J］．现代远程教育研究．2004（1）：45－48.

［95］王震亚，宁芳，张强，王子健．利用在线开放课程开展共享式教学初探［J］．中国大学教学，2018（8）：58－61.

［96］多召军，赵蔚，任永功．移动网络学习社区构建新范式：大学生自我调节学习效能感培养视角［J］．现代远距离教育，2019（1）：10－17.

［97］丁炜．中美小学语文教材内容建构的比较——以课文《手捧空花盆的孩子》为例［J］．复印报刊资料小学各科教与学，2009（3）：59－62.

［98］Hickens D. Evolving regimes of multi－university research evaluation［J］. Higher Education，2009，57（4）：393－404.

［99］Pietil，Maria. Tenure track career system as a strategic instrument for academic leaders［J］. European Journal of Higher Education，2015，5（4）：371－387.

［100］Lazzarotti V，Manzini R，Pellegrini L. Open Innovation Models Adopted in Practice：An Extensive Study in Italy［J］. Measuring Business Excellence，2010，14（4）：11－23.

［101］Paul Brockman，Inder K. Khurana，Rong（Irene）Zhong. Societal trust and open innovation［J］. Research Policy，2018，47（10）：2048－2065.

［102］Nonaka L，Takeuchi H，Umemoto K. A theory of organizational knowledge creation［J］. Organization Science，2014，5（1）：14－37.

［103］Joshi K D，Chi L，Datta A，et al. Changing the Competitive Landscape：Continuous Innovation Through IT－Enabled Knowledge Capabilities

[J]. Information Systems Research, 2010, 21 (3): 472-495.

[104] FernandezDonoso. A simple index of innovation with complexity [J]. Journal of Informetrics, 2017, 11 (1): 1-17.

[105] Blind K, Grupp H. Inter dependencies between the science and technology infrastructure and innovation activities in German regions: empirical findings and policy consequences [J]. Research Policy, 1999, 28 (5): 451-468.

[106] Teece D J. Profiting from technological innovation: Implications for integration, collaboration, licensing and public policy [J]. Research Policy, 1986, 15 (6): 285-305.

[107] Etzkowitz H, Leydesdorff L. The dynamics of innovation: from National Systems and "Mode 2" to a Triple Helix of university-industry-government relations [J]. Research Policy, 2000, 29 (2): 109-123.

[108] Daim T U, Rueda G, Martin H, et al. Forecasting emerging technologies: Use of bibliometrics and patent analysis [J]. Technological Forecasting & Social Change, 2006, 73 (8): 981-1012.

[109] Weingart P. Impact of bibliometrics upon the science system: Inadvertent consequences? [J]. Scientometrics, 2005, 62 (1): 117-131.

[110] Narin F. Patent bibliometrics [J]. Scientometrics, 1994, 30 (1): 147-155.

[111] Hicks D, Wouters P, Waltman L, et al. Bibliometrics: The Leiden Manifesto for research metrics [J]. Nature, 2015, 520 (7548): 429-431.

[112] Abramo G, etc. Allocative efficiency in public research funding: Can bibliometrics help? [J]. Research Policy, 2009, 38 (1): 206-215.

[113] Kostoff R N, J. Antonio del Río, Humenik J A, et al. Citation mining: Integrating text mining and bibliometrics for research user profiling [J]. Journal of the American Society for Information Science and, Technology, 2001, 52 (13): 1148-1156.

[114] World Medical Association (WMA). Declaration of Helsin-

ki. Ethical Principles for Medical Research Involving Human Subjects [J]. Jahrbuch für Wissenschaft und Ethik, 2009, 14 (1): 233 -238.

会议录及论文类

[115] 史双瑶. 数字化建模及变形仿真技术的研究与应用 [D]. 南京: 南京航空航天大学, 2004.

[116] 刘则渊. 科技管理若干问题的研究 [A]. 中国科学学与科技政策研究会成立二十周年 (1982—2002) 纪念文集 [C]. 中国科学学与科技政策研究会, 2002: 15.

[117] Larson R R. Bibliometrics of the World Wide Web: An Exploratory Analysis of the Intellectual Structure of Cyberspace. [C]. Asis Meeting. 1996, 33: 71 -78.

后　记

自 2017 年教育部人文社会科学研究项目评审结果公布之日起，我始终保持着对科研评价研究的极高兴趣和热情，全身心地投入到课题研究中去，经过一年多的调查、访谈、研讨和系统反思，于 2019 年 6 月 1 日顺利完成书稿。

感谢知识产权出版社和本书责任编辑荆先生的严格要求，认真审稿和精心编辑，让我能够心无旁骛、精益求精，认真完成书稿的审校。编辑的沟通能力和专业素养对知识创新与传播发挥着重要的媒介与激励作用。

作为一名大学教师，我首先要履行教书育人的职责，认真备课、上课，并结合所教学科指导学生进行研究性学习。尽管平时工作任务比较繁忙，但我能够平衡好教学和科研的关系，力争使二者相互促进。我会将自己在研究过程中的一些新的发现和思考渗透到教学中去。凡是经过系统研究和深思熟虑的内容，一旦传递给学生，更容易引起学生的共鸣，给学生以更多的启迪和引领。有关科研本质和科学人类学的知识也会有意无意地渗透到教学中去，给学生以方法的启蒙。

科研项目是建立在前期连续研究基础之上的。2013 年我发表了《大学科研创新评价体系初探》一文，2014 年此文获得了山东省软科学优秀成果奖。同年，获得一项山东省软科学一般项目：开放系统中科技创新的网络机制研究；2013 年出版专著《走向生活世界的教师——对大学教师生存方式的考察》，2015 年该著获得了山东省第 29 次社会科学优秀成果奖；2015 年发表《基于学校效能理论的教师专业发展动力机制研究》一文，2016 年此文获得山东省教育科学优秀研究成果奖；2017 年申请教育部人文社会科学一般项目：大数据支持下的大学科研创新评价模型及其网络机制研究，并获批。

我对政策人类学的兴趣主要源于我和北京师范大学孙益博士翻译的，由袁振国、谢维和等知名教授主持的“影响力丛书”中的《政治与教育政策制定——政策社会学分析》一书。这本书“以对政策制定过程中一些关键人物的访谈为依据，试图描绘出撒切尔夫人执政的十年间，教育政策变迁及其形成的图景。书中展示了幕后对政策变化起着举足轻重作用的政治家、公务员及政府顾问所拥有的优先权，教育政策充满了经济、政治和意识形态的矛盾冲突，教育政策制定又是各利益群体‘为争取经济利益和社会声望’而不断斗争的领域”❶。从中我懂得了教育政策分析的社会分析框架和人种志的方法，明白了研究者的立场、身份和访谈的技巧。这对我完成《大学科研评价全景考察及范式转换》一书的写作起到了指导作用。

学者需要专注，有了专注就有了能量和效能感。如果学者能够长期专注于科研和教学，那么就有了更强大的动力和更多的能量，就能够集中精力完成更有价值的研究。学者是自信的，同时又是谦虚的，因为越是深入研究越会发现许多先辈们的思想熠熠生辉，不断给自己以启发和前进的动力，同时也感觉到自己的无知和渺小。这也是推动我不断探索的强大动力。我希望不断与“卓越”“精英”相遇，同时也不断提升自己，影响他人。

感谢书中所引用文献的专家、学者和同仁们，是他们的研究让我看到了自己的不足，也激励我不断自我超越。

最后感谢我的家人对我的理解和支持，感谢他们为我所做的一切，相信明天会更好！

王玉秋

2019 年 6 月 23 日

❶ 斯蒂芬·鲍尔．政治与教育政策制定：政策社会学探索［M］．王主秋，孙益，译，上海：华东师范大学出版社 2011：1－2.